JN298343

韓国の社会保障

「低福祉・低負担」社会保障の分析

高安 雄一

学文社

まえがき

　日本では「社会保障・税一体改革」のもと，社会保障改革や税制改革が進められている。「社会保障・税一体改革」の目指すところは，社会保障の充実・安定化，そのための安定財源確保と財政健全化の同時達成である。今後，高齢化がさらに進むなか，社会保障支出は増え続ける。その財源を確保するためには税制改革を行う必要がある。

　税制改革の第一歩として，今年4月に消費税が8％となり，来年10月には10％に引き上げられる予定である。しかしすでに多額の国家債務を抱えているため，さらなる増税なくして，安定財源確保と財政健全化を同時に達成できるのか不透明である。

　財政健全化のためには，さらなる負担増，あるいは社会保障水準の引き下げが必要であると考えられる。しかし，消費税引き上げの過程では，負担増に対する国民の拒否感が強いことが認識された。負担増の抑制を選択すれば，社会保障水準の引き下げを視野に入れた議論が必要となってくる。

　韓国の社会保障は「低福祉・低負担」で特徴づけられる。「低負担」はさておき，「低福祉」で特徴づけられる制度は，参考にする価値がないとの考えが一般的であるように思われる。しかし高齢化が進むなか，健全財政を維持することのできる社会保障といった観点から，韓国の社会保障には注目すべき点が少なくない。

　韓国では今後急速に高齢化が進み，2060年には高齢化率が世界でも群を抜いた水準となる。このような高齢化の水準のもと，財政の健全性を保ちつつ，「低負担」を維持することは難しい。ただし，負担が許容できないほど高まるわけではない。現在におけるOECD加盟国の平均的な負担を受け入れれば，財政の健全性を維持できると見通されている。世界でも群を抜いた水準の高齢化

のもと,「許容可能な負担」,「健全財政」の両立を可能としているものは,「低福祉」で特徴づけられる社会保障である。

ひと昔前の韓国経済といえば,財閥支配などの経済の特殊性が,主な研究対象とされていた。しかし最近では,マクロ経済の動き,経済政策,三星電子といった主要企業の経営戦略など幅広い経済分野が,日本でも注目されている。しかるに,韓国経済が日本人の興味を引いている現在でも,韓国の社会保障はほとんど関心をもたれていない。

日本の社会保障は,今後,負担を高めてでも現在の水準を維持するべきか,負担を抑えて水準を引き下げるべきか,議論が必要になると考えられる。もし日本が,国民負担を抑えて,社会保障の水準を引き下げるといった選択をした場合には,韓国の社会保障は参考のひとつとなる。これが,これまで関心を集めてこなかった韓国の社会保障をあえて取り上げた理由である。

本書の執筆に当たっては,多くの韓国人から協力を得た。韓国社会保健研究院では,社会保障の様々な分野の第一人者が研究をしている。同研究院の多くの方々に聞き取り調査を行うことができ,韓国の社会保障制度の理解が深まった。とくに,国民年金についてはユンソクミョン博士,基礎生活保障についてはノテミョン博士から,長時間にわたりお話をうかがった。

また金融研究院のパクジョンギュ博士には,筆者が在韓大使館に勤務していた時からお世話になっている。パクジョンギュ博士は,2009年7月から2012年7月まで国会予算政策処の経済分析室長としても活躍され,本書でも紹介した将来的な財政に関する報告書の総括代表執筆者も務められた。韓国の長期的な財政見通しについては,パクジョンギュ博士に聞き取り調査を行うことができ,報告書からだけでは得られない深い知識を得ることができた。

さらに,個々の名前を挙げることは控えるが,行政機関,研究機関,大学などに所属する多くの方々にも,対面あるいは電話を通じた聞き取り調査で大変お世話になった。

聞き取り調査に応じていただいた韓国の方々は,大変親切であり,時にはマニアックである筆者の質問に対し,懇切丁寧に回答くださった。この場を借り

て感謝申し上げたい。

　また本書を刊行する前に，その草稿を，国立社会保障・人口問題研究所の小島克久室長に精読していただいた。韓国の社会保障制度にも詳しい小島室長から多くの指摘を受けたことで，書籍の完成度が高まった。小島室長に厚く御礼申し上げたい。

　なお本書の刊行にあたっては，大東文化大学経済学会から研究成果刊行助成金の交付を受けた。深く感謝申し上げる。刊行助成の審査の際には，3名の匿名査読者の皆様から，多くのご助言をいただいた。査読者の皆様にも感謝申し上げたい。

　最後となったが，学文社の落合絵理氏には，本書の出版を引き受けていただいたとともに，編集などで大変お世話になった。厚く御礼申し上げる。

2014年1月

　　　　　　　　　　　　　　　　　　　　　　　　　　高安　雄一

目　次

まえがき……i

序章……………………………………………………………………………… 1
　第1節　韓国の経済発展と社会保障制度……………………………………… 1
　第2節　韓国の社会保障水準と国民負担……………………………………… 10
　第3節　本書の目的と取り扱う社会保障の範囲……………………………… 16

第1章　国民年金……………………………………………………………… 25
　第1節　年金保険制度の歴史…………………………………………………… 25
　　1．国民年金が発足するまでの歴史……26
　　2．国民年金法の制定以降の改正（1999年改正）……30
　　3．国民年金法制定以降の改正（2007年改正）……33

　第2節　国民年金の概観………………………………………………………… 40
　　1．国民年金の構造……40
　　2．負担と給付……43
　　3．国民年金制度の成熟の程度……54
　　4．基礎老齢年金……59

　第3節　財政計算と財源………………………………………………………… 62
　　1．財政計算……63
　　2．国民年金の財源……67

第2章　国民健康保険………………………………………………………… 71
　第1節　医療保険の歴史………………………………………………………… 72
　　1．国民健康保険の導入以前……72
　　2．医療保険の対象拡大の歴史……73
　　3．保険者の変遷……79

　第2節　国民健康保険の概要…………………………………………………… 81
　　1．制度の構造……82

2．保険料負担……83
　　3．医療給付……85
　第3節　医療保険の保障水準の引き上げ……………………………… 89
　第4節　財政の現況と予測……………………………………………… 95

第3章　国民基礎生活保障 …………………………………………… 100
　第1節　公的扶助制度の歴史 ………………………………………… 100
　　1．生活保護法制定以前……101
　　2．生活保護法の制定から1982年の全面改正まで……102
　　3．生活保護法の全面改正から基礎生活保障の導入まで……105
　　4．公的扶助制度の対象者の推移……112

　第2節　基礎生活保障の概観 ………………………………………… 115
　　1．最低生計費とその決定方法……116
　　2．所得認定額と財産換算額……124

　第3節　医療給与 ……………………………………………………… 127
　　1．医療給与の歴史……127
　　2．医療給与の概要……131
　　3．医療給与の管理……135

　第4節　扶養義務 ……………………………………………………… 141
　　1．扶養義務者の範囲……141
　　2．扶養能力の基準……143
　　3．扶養を拒否するための基準……145
　　4．扶養義務者にかかる調査—所得・資産調査……149
　　5．扶養義務者にかかる調査—扶養を拒否する場合の理由調査……157

　第5節　自活事業 ……………………………………………………… 159
　　1．事業対象者……159
　　2．事業内容と効果……161
　　3．労働インセンティブを高める方策……164

　第6節　調査および不正受給への対応 ……………………………… 169
　　1．申請時調査と事後調査……169
　　2．不正受給と保障費用の徴収……173

v

第7節　財政……174
　　1．基礎生活保障の財政……175
　　2．保健福祉部予算における位置づけ……177
　第8節　2014年10月からの基礎生活保障制度……179

第4章　高齢化にともなう社会保障支出増が財政に与える影響……183
　第1節　高齢化と出生率低下……184
　　1．高齢化と出生率の低下……184
　　2．通貨危機以降の出生率低下……192
　　3．第1次低出産・高齢社会基本計画……197
　　4．第2次低出産・高齢社会基本計画……201
　第2節　国の財政状況……203
　　1．国家債務の状況……203
　　2．均衡財政……205
　第3節　社会保障支出の増大が国家財政に与える影響……208
　第4節　社会保障の拡充と実現の困難さ……216
　　1．パククネ大統領が目指した社会保障政策……217
　　2．社会保障の拡充が難しい理由……221

終章……227
　第1節　社会保障制度は整備されている……227
　第2節　社会保険は「低福祉・低負担」……229
　第3節　公的扶助は扶養能力のある扶養義務者が存在すれば受給不可……231
　第4節　社会保障を適正に提供できる仕組みが整備されている……234
　第5節　日本が目指している制度を韓国が導入している例やその逆が存在する……236
　第6節　低福祉により高齢化率40％時にも中負担……237

参考文献……240

索引……245

凡　　例

(1)韓国人名については，原文が韓国語のもので，ハングルにて表記されているものは，本文および注においては韓国語の音にできるだけ忠実にカタカナで表記し，参考文献目録では日本語に加えてハングルを併記した。原文で漢字にて表記されているものは，本文，注および参考文献目録で漢字のまま表記した。そして参考文献目録では，ハングルと韓国語の音にできるだけ忠実にカタカナで表記した読み方を付した。原文が日本語のものは，本文，注および参考文献目録で漢字のまま表記した。

(2)韓国の地名，政府機関，研究機関の名称はすべて漢字で表記した。

(3)政府機関の名称は，機関の名称の前に国名をつけず，そのまま機関の名称だけを記した。日本の中央政府機関は省，韓国は部と呼ばれるものが多いので，どちらの国の機関か識別が可能である。また庁と呼ばれる政府機関は両国にあるが，本書では韓国にのみ存在する統計庁しか出てこない。

(4)参照した文献などについては，書籍，あるいは書籍にまとめられた論文の形態をとるものは，本文中に著者名および出版年のみ示し，本文の末尾に付した参考文献目録に一括して掲載した。報道資料など書籍にまとめられていない資料については，資料名などをそのつど本文などに掲載した。

(5)韓国の会計年度は1月から12月である。よって年度と暦年が一致しており，本書では，韓国に関する記述において「年度」という表現を「年」で統一した。

(6)ウォンを円に換算する際，市場為替レートではなく，OECDが算出した購買力平価を利用した。
　　市場為替レートではなく購買力平価によりウォンを円に換算する理由は，市場為替レートが，投機や国家間の資本移動の影響を受け，円が過大評価されている可能性が高いからである。購買力平価は，それぞれの通貨が有する購買力，すなわち，買える財やサービスの量が等しくなるように計算して求められる。具体的には，多くの比較可能で代表的な財およびサービスで構成されたバスケットの価格が等しくなるレートを算出する。購買力平価は，①貿易の対象にはならない国内の物価（例えば，教育，医療，政府サービスなど）が反映される，②投機や国家間の資本移動の影響を受けないといった長所がある。よって本書では，ウォンを円に換算する際に

は，購買力平価を使う[1]。ちなみにOECDが算出した2012年の購買力平価では，100ウォンが12.78円に相当する。また2013年の購買力平価は本書執筆時に公表されていないので，2012年の数値を使用する。

購買力平価の推移（1ウォン当たりの円）

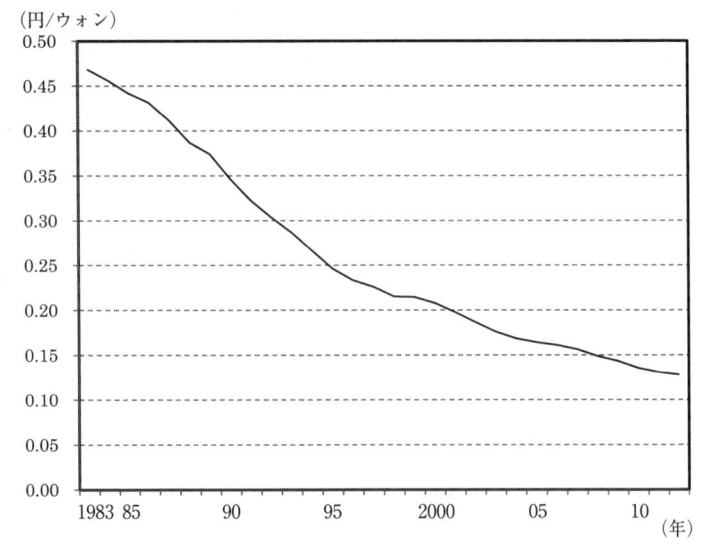

(出所) OECDデータベースにより作成。

1 　総務省ホームページ「国際比較プログラム（ICP）への参加」および，「2008年基準購買力平価，測定値と利用（仮訳）」による。

序　章

第1節　韓国の経済発展と社会保障制度

　韓国の社会保障の歴史は浅い。これを示す根拠として社会保障制度の一部を構成する社会保険の導入時期を先進国と比較することが多い[1]。これによると，韓国では1977年に医療保険が導入されたが，ドイツより97年，フランスより32年，イギリスより29年ほど遅れている。また年金保険は，ドイツより99年，フランスより83年，イギリスより80年，アメリカより53年遅れて導入された。

　韓国の社会保障の歴史が浅い理由のひとつとして，経済的な環境によって社会保障制度の導入が現実的ではなかった点を挙げることができる。一国の豊かさを測る指標として，1人当たりGDP（あるいはGNP）が利用される。1960年における韓国の1人当たりGNPは79ドルであり，最貧国に位置する水準であった。

　このような状況で社会保障制度を導入することは難しく，早くから経済発展を遂げていた欧米諸国などと比較することには無理がある。そこでまず韓国の経済発展と社会保障について見ていく[2]。

◆1945～1961年：アメリカ軍政・朝鮮戦争・復興期

　アメリカ軍政期，大韓民国政府樹立，朝鮮戦争までの時期の韓国経済は停滞していた。この要因として，Kim and Kim（1997：7-8）は，①南北分裂，②

1　例えば，財政経済部「韓国の社会保障制度の現況」（報道資料：2005年2月7日）では，韓国，アメリカ，イギリス，スウェーデン，ドイツ，フランスにおける，医療保険，年金保険，労災保険，雇用保険の導入時期を比較している。
2　以下の記述は，Choi and Kwon（1997），Kim and Kim（1997），韓国開発研究院（2010a，2010b）による。

第1節　韓国の経済発展と社会保障制度

日本の経済ブロックからの急な分離，③マネーサプライの急増によるハイパーインフレーションの3つを挙げている。

　南北分裂の影響はその経済構造によるものである。日本の植民地時代，朝鮮半島の産業構造は，「南農北工」と呼ばれ，南側は農林水産業の生産比率が高く，北側は鉱工業の生産比率が高かった。そして鉱工業についても，南側は軽工業が中心であった一方で，北側では重化学工業が盛んであった。さらに，北側では電力供給の92%を担っていた。

　次に日本の経済ブロックからの急な分離である。植民地時代における韓国経済は日本に依存したものであり，韓国の日本に対する貿易依存度は80〜90%であった。よってこの関係が急に切れたため，中間財の供給元や財の輸出先を一気に失ってしまった。

　最後にハイパーインフレーションである。韓国ではマネーサプライが膨れ上がり，ソウルにおける卸売物価指数は，1945年第4四半期から1949年第4四半期の間に18倍となった。

　残念ながら韓国のGDP統計は1953年からしか得ることができないため，この時期の停滞の程度を数字では把握できない。しかし，この時期に経済成長を遂げたとは考えられず，1945〜1949年は，経済停滞の時期と位置づけていいだろう。

　そして1950年に勃発した朝鮮戦争は，停滞した経済に決定的な打撃を与えた。1950〜1953年の朝鮮戦争期に，韓国の経済基盤は大きく毀損した。産業設備の42〜43%が損害を受け，戦争が終結した1953年の商品生産は，1940年と比較して27%減少した水準に落ち込んだ。

　1953年の休戦後，経済復興が始まったが，この時期の成長も鈍かった。要因のひとつとして，成長に必要な資本がほとんど蓄積されなかったことを挙げることができる。GNPの91%を消費が占め，復興のために必要な投資ができない状態であった。実質的な総投資率は7%[3]に過ぎず，これは既存の資本の減耗

3　総投資率，総貯蓄率は，固定資本の投資額，在庫増加を除いた貯蓄額をGNPで除した

分をまかなえる程度の水準であった。

　十分な投資ができなかった理由は，貯蓄が少なかったためであり，実質的な総貯蓄率は0.6%にとどまっていた。そしてGNPの6.6%に相当する金額の外国貯蓄を導入することで，辛うじて投資を行っていた[4]。その結果，1953〜1960年のGDP成長率は3.4%[5]と振るわなかった。

　政府としては経済の立て直しが優先課題であり，また朝鮮戦争は休戦したに過ぎず，依然として北朝鮮に対する国防力を維持する必要もあった。これは一般会計歳出の配分にもあらわれており，1957〜1960年には，国防費が33.2%，経済的経費は27.2%と歳出の多くを占めていた[6]。

　他方，一般会計歳出に占める社会保障費は2.8%に過ぎず，これでは体系的な社会保障制度が望めるはずもなかった。この時期の社会保障は，避難民や孤児などに対する応急救護事業を主としており，体系的に行われたものではなかった[7]。Choi and Kwon（1997：544）は，1950年代後半までの韓国の社会保障は，外国の救援団体を中心とした民間の慈善活動に依存していたとしている。またヤンジェジン（2008：335）も，この時期の社会福祉サービスは，外国援助や民間団体の自発的な活動に依存していた点を指摘している。

　1945〜1960年までは，政府が社会保障に責任をもつ力がなく，応急的な救貧事業を，外国の民間団体に頼るしかない時代であったといえよう。

◆ 1961〜1979年：輸出主導型成長期

　軍事クーデターにより朴正煕（パクチョンヒ）政権が誕生した。同政権は，経済成長による貧困撲滅を最優先課題として，1962年に「第1次経済開発五カ年計画」を策定した。この計画は，対外志向的な工業化を基礎とした経済成長

数値をパーセンテージ表示したものである。
4　Kim and Kim（1997）7-9ページ，11-12ページによる。
5　各年における数値の平均値である。以下，特段の断りがない限り同様である。
6　韓国開発研究院（1991）107-108ページの数値による。なお社会保障費は，「社会保障費および特殊福祉費」，「その他社会福祉費」の合計である。
7　韓国開発研究院（2010b）240ページによる。

第1節　韓国の経済発展と社会保障制度

を目標としており，戦略部門に資源を集中することで育成を図った。この時期は，援助に頼っていた消費財[8]や輸出用の軽工業品に加え，他産業への波及効果が大きい肥料，セメントなどを育成対象とした。

1967～1971年を目標年とした「第2次経済開発五カ年計画」では，7つの産業が選定され重点的に育成された。7つの産業とは，機械，造船，繊維，電子，石油化学，鉄鋼，非鉄金属である。つまり第2次計画では，育成対象が軽工業から重化学工業に転換された[9]。

輸出主導型成長期の前半期である1961～70年における一般会計歳出の配分を見ると，上記の経済政策を財政的に支援するため，経済事業費が21.8%を占めている[10]。また国防費も27.2%を占めており，依然として国防にも重点が置かれていた。一方，社会保障および特殊福祉事業費は5.5%であり，1957～1960年よりはましになったものの，依然として財政上の優先度が低いことがうかがえる[11]。

韓国開発研究院（2010b：240-242）は，同時期を「社会福祉基盤整備期」と位置づけている[12]。そして，この時期には「生活保護法」，「医療保険法」，「労働災害保障保険法」，「災害救護法」など，社会保障に関する法律が整備されたなど，社会保障の枠組みが作られた点を肯定的に評価している。しかし同時に，社会保障はこれまでの「救済」の水準を超えておらず，実質的には社会保障が発展しなかったとの否定的な見解も示している。

またChoi and Kwon（1997）も，経済開発五カ年計画の基本的な考えは「まず成長，次に分配」であった点，政府は福祉支出を非生産的であると見なしていた点を指摘している。

8　海外から導入していた消費財を国内への生産に転換する政策であるので，実際には輸入代替政策が行われていたといえる。
9　韓国開発研究院（2010a）98ページ，Kim and Kim（1997）21ページによる。
10　1961～1963年は「経済的経費」，1964～1970年は「経済開発費」である。
11　韓国開発研究院（1991）107-112ページによる。
12　韓国開発研究院（2010b）では，「社会福祉」との用語が使われているが，本書では「社会保障」との用語で統一した。

輸出主導型成長期の前半期は，応急的な救貧事業から包括的かつ体系的な社会保障に転換する枠組みが整えられ始めた時期ともいえる。しかしChoi and Kwon（1997：546）によれば，社会保障の枠組みの整備は，軍事政権が国民の支持を得るための手段に過ぎなかった。つまり，1961～1971年は，法律などの枠組みは準備したものの，経済成長が最優先されるなか，社会保障制度の実質的な整備にはほとんど手が付けられなかった時期であったといえる。

　さて「第2次経済開発五カ年計画」では，7つの産業が重点的に育成されることとなったが，「第3次経済開発五カ年計画」（1972～1976年），「第4次経済開発五カ年計画」（1977～1981年）では，重化学工業に重点投資がなされた。政府は，1973～1981年の間に，鉄鋼，非鉄金属，機械，電子，化学の各産業に対する合計96億ドルの投資計画を公表した。重化学工業には莫大な資本が必要となるが，政府は長期融資や税制上の優遇など，民間部門の投資を誘導するための政策も行った[13]。

　このように1971～79年は，輸出主導型成長期の前半期にも増して経済成長に重きが置かれた政策が行われた。よって当然のことながら財政投入においても経済事業に重点が置かれた。国民経済計算統計の一般政府支出から，経済業務費が全支出に占める割合を見ると，1970～1979年は28.3％であった。なお国防費は28.5％であり，政府支出のうえでは経済が国防と肩を並べた[14]。一方で，社会保護費は3.7％に過ぎず，依然として財政上の優先度が低かった。

　この時期には1963年に制定された「医療保険法」の改正が行われた。当初の法律は，事業者に医療保険組合の設立を義務づけていなかったため，枠組みだけで実質がともなわない社会保障制度の典型であった。しかし1977年に限定されてはいたが，一部の事業所においては医療保険組合の設立が義務づけられることとなった。

13　Kim and Kim（1997）21－22ページによる。
14　先に示した1957～1960年，1961～70年の数値は中央政府の一般会計の数値である。よって，中央政府のみならず，地方政府，基金が含まれ，特別会計なども含まれる国民経済計算統計の一般政府支出とは単純に比較できないことには留意が必要である。

第1節　韓国の経済発展と社会保障制度

　1960年代までは，国民あるいは事業所が，社会保険料を負担することが難しいとの判断から，社会保険の実質的な導入が見送られてきたと考えられる。しかし輸出主導型成長期の後半期には高度成長が実現した。1971〜1979年までの実質GDP成長率は10.3％にものぼる。限定的ではあったものの実質的に医療保険が動きだした背景には，高度経済成長の結果，国民の所得も上昇したことがあった。ただし，もうひとつの重要な社会保険である年金保険は，実質的な導入が見送られた。すなわち，1973年には「国民福祉年金法」が制定されたが，法律の施行は石油ショックやそれにともなう世界景気の悪化もあり無期延期となってしまった。

　輸出主導型成長期を通じて，社会保障に対する財政上の優先度は低かった。また高度成長を背景とした国民の所得上昇により，社会保険の一部が実質的に動き出したものの，極めて限定されたものに過ぎなかった。

◆ 1980〜1996年：経済安定化政策期から通貨危機まで

　1970年代の経済政策は高度成長をもたらした。しかしながら，急速な成長によりマクロ経済上に不均衡が生じるようになった。ひとつはインフレ，もうひとつは経常収支の赤字である。

　1970年代の消費者物価上昇率は15.2％であり，石油ショックによる上昇分を差し引いても高い数値であった。この要因としては，マネーサプライの急増が挙げられる。マネーサプライの急増は，企業の投資資金に対する積極的な銀行貸出の結果であり，毎年32％の伸び率を示した。

　経常収支の赤字規模は，1972〜1979年でGDPの4.3％であったが，要因としては，財政赤字および積極的な企業投資によって投資超過になったことが挙げられる。財政赤字は，経済開発を進めることなどに起因するものである。統合財政収支を見ると，1972〜1979年は対GDPで3.0％の赤字であった[15]。

　つまりインフレと経常収支赤字の根本的な原因は，財政赤字，企業の積極投

15　Kim and Kim（1997）33ページ，韓国開発研究院（2010a）110ページ，115ページによる。

資であり，マクロ経済上の不均衡を是正するため，政府は経済安定化政策を講じた。ひとつは緊縮財政である。政府は1983年に財政運営を本格的に緊縮基調とした。その結果，1981年に対GDP比で4.2%であった財政赤字は1985年には0.8%にまで縮小し，1987年には黒字に転じるまでになった[16]。また政府は重化学工業に対する積極的な投資促進策を改め，1980年代中盤より投資調整を行うようになった[17]。

これら経済安定化政策は功を奏し，1983～1996年の物価上昇率は5.1%と，大きく低下した。また経常収支は，1983～1989年には対GDP比で2.5%のプラスとなった[18]。韓国では経済安定化政策が講じられた後も，実質経済成長率が大きく鈍化することはなく，1983～1996年には9.2%の伸びを示した。その間に国民の所得水準も大きく高まった。

この時期においては，高い経済成長率が持続し，国民の所得が高まったことにより，社会保障が充実する環境が整った。韓国開発研究院（2010b：242, 244）は，この時期を，社会保障が本格的に拡充された「社会保障拡充期」[19]，障害者福祉が本格的に発展し，高齢者福祉の基盤が整備された「社会保障成熟期」としている。またChoi and Kwon（1997：550）は，1980年代後半以降，社会保障が政治や経済に欠くことのできないものとして認識されるようになった点を指摘している[20]。

確かにこの時期は，公的扶助制度には不十分な点は残ったものの，医療保険については国民皆保険が達成された。また年金保険も制度の運用が始まり，対象範囲も国民皆年金には達していなかったが拡充されていた。つまり1980年代

16 　韓国開発研究院（2010a）117ページによる。
17 　重化学工業に対する投資調整は，マクロ経済上の不均衡を解消するというよりも，過剰設備を解消する意味があった（Kim and Kim 1997：40-41）。
18 　ただし1990年に入り，企業の過剰投資が再発したため，1990～1996年における経常収支の対GDP比はマイナス1.3%となり，再び赤字に転落した。
19 　韓国開発研究院（2010b）によれば，この時期は1972～1987年までである。
20 　一方，1960年代から1980年代中盤の社会保障政策は，「あたかも市場経済は福祉国家を維持できないかのごとく議論されていた」としている。

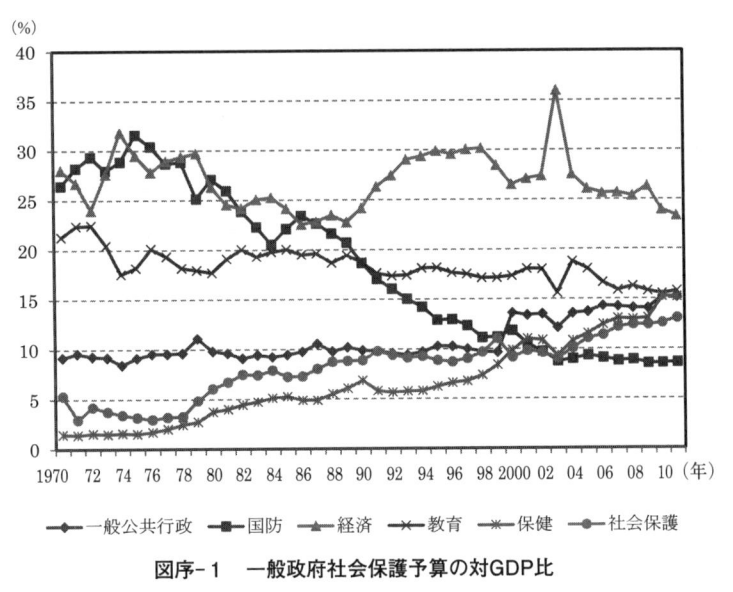

第1節　韓国の経済発展と社会保障制度

図序-1　一般政府社会保護予算の対GDP比

(出所) 韓国銀行データベースにより作成。

の後半からは，不十分ながら，韓国でもようやく社会保障制度が整ってきたといえる。

　ただし社会保障に充てられる財政規模はそれほど大きくなっていない。一般財政支出に占める比率を見ると，1980年から1996年にかけて，経済業務費は26.3%から29.6%と大きな変化はない。また社会保護費も，6.1%から8.7%と2.6%ポイント増えただけである（図序-1）。もちろん年金保険は導入されて日が浅く，年金支給がほとんど始まっていない点，高齢化が進んでいない点を割り引かなければならない。しかし，社会保障制度が整ってきたなか，財政支出に占めるシェアが16年間でほとんど高まっていないことは特筆に値する。

　経済安定化政策期から通貨危機までの時期は，一部に不完全な制度はあるものの，医療保険のように皆保険が達成された制度もあるなど，社会保障制度が整ってきた時期といえる。しかし財政的に優先度が高くない点では，大きな変化はなかったといえる。

◆ 1997年以降：通貨危機以降の安定成長期

　韓国経済は1997年末に通貨危機が発生し，IMFより支援を受けた。支援の条件として，緊縮財政および金利の引き上げを義務づけられ，1998年には5.7%のマイナス成長となるなど，マクロ経済に大きな打撃を受けた。

　通貨危機以降，韓国では金融構造改革と企業構造改革が迅速に行われた。これを受けて，IMFの条件も緩和され，財政拡大および金利引き下げを行えるようになった。その結果，1999年の経済成長率は10.7%となり，韓国経済はV字型回復を遂げた。

　通貨危機後の経済成長率は，1980年代および1990年代と比較して落ち込んでいる。しかしこれは，経済の不振に起因するものではなく，少子・高齢化を背景とする潜在成長率の低下によるものである。韓国経済は，高度成長期から安定成長期に転じたが，通貨危機以降も比較的高い経済成長率を維持した。

　安定成長期においては，1999年に国民皆年金が達成され，2000年には生活保護制度が基礎生活保障制度に変わり，従来は生計給与の対象とならなかった65歳未満の低所得層が給与の対象になった。そしてこの段階では，韓国の社会保障制度の大枠は，先進諸国と変わらなくなった。

　また2011年にもなると，一般財政支出に占める社会保護費の比率が13.1%にまで高まってきた。この要因としては，年金保険が徐々に成熟し始めていること，2000年に高齢化社会となり，それ以降も高齢化がスピードを速めながら進んでいることを挙げることができる。

◆ 経済成長とともに社会保障制度の大枠が完成

　1945年から70年足らずの間に，韓国の社会保障は，民間や外国に頼った応急救護のみが行われた状態から，制度の大枠は整備された状態になった。これは韓国経済が，1960年の段階でも最貧国の一角を占めていた段階から，2013年には１人当たりGDPが世界183カ国中31位と高所得国といってもよい状態にまで発展したことが要因といえる。

　しかし財政における社会保障費の位置づけは，高齢化を背景に若干高まって

はいるものの，それほど高まっていないようである。社会保障を特徴づけるうえでは，制度が整備されているか否かが重要であるが，保障の水準もそれに劣らず重要といえる。そこで次節では，韓国の社会保障の水準がどの程度にあるのか見てみよう。

第2節　韓国の社会保障水準と国民負担

　韓国では2000年代にようやく社会保障制度の大枠が整備されたが，社会保障の特徴を示す際には，保障の水準と，それを維持するための国民負担も見なければならない。そこで本節では韓国の社会保障の水準と国民負担について検討することとする。

◆ **韓国の社会保障は「低福祉・低負担」**

　社会保障の水準を判断する際に，政府による社会保障支出を名目GDPで割った比率（以下，「社会保障支出率」とする）を見ることが多い。そこでOECDのSocial Expenditure Databaseから，韓国の社会保障支出率を見ると，2012年は9.3%である。一方，OECD加盟国の平均値は21.7%であり，韓国の数値より高い。さらに国別に見ると，フランスの32.1%を筆頭に，34カ国中23カ国が20%を超えており，その中には22.4%の日本も含まれている[21]。そして韓国の数値は，メキシコに次いで2番目に低い水準となっている（図序-2）。

　また国民の負担を判断する際には，租税負担率と社会保障負担率の合計である国民負担率を見ることが多い。そこで財務省の資料から韓国の国民負担率（対GDP比。以下同様）を見ると，2010年における韓国の数値は25.5%である。国別に見るとデンマークが最高で48.5%であり，40%を超える国が8カ国，30%を超える国が24カ国ある。日本は28.3%で，韓国よりは2.8%ポイント高い水準

---

[21] 2012年の数値が出ていない国については，数字が出ている直近年の数値とした。なお日本は2009年の数値である。

序　章

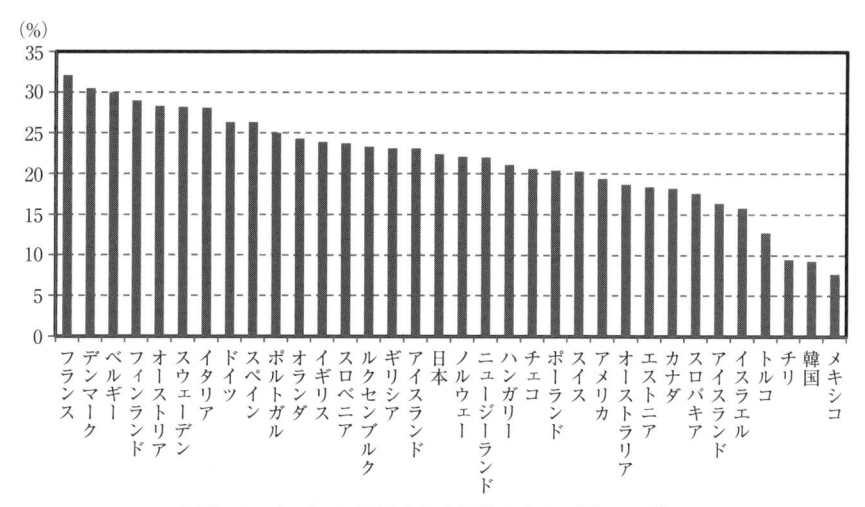

図序-2　OECD加盟国の社会保障支出率（対GDP比）

（注）2012年の数字であるが，数字がない国については，数字が出ている直近の年の数値とした。
（出所）OECDデータベースにより作成。

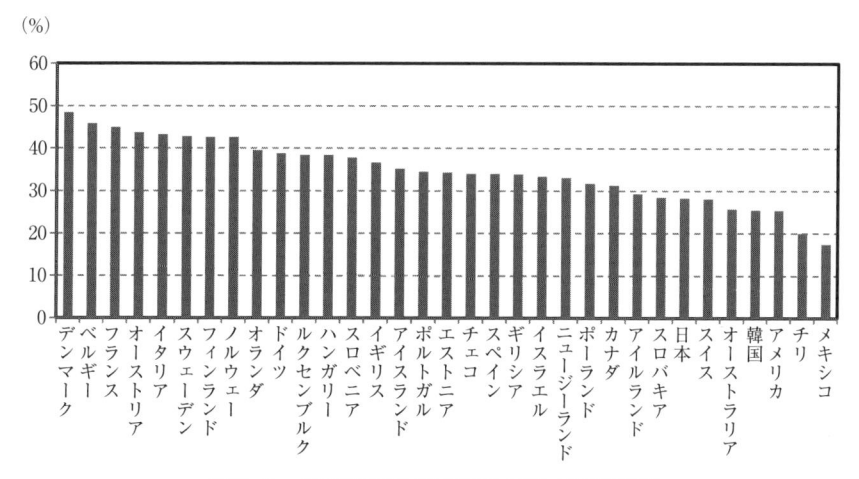

図序-3　OECD加盟国の国民負担率（対GDP比）

（注）ニュージーランド，オーストラリアは2009年，それ以外の国は2010年の数値である。
（出所）財務省ホームページ上の資料「国民負担率（対国民所得比）の国際比較（OECD加盟33ケ国）」により作成。

第2節　韓国の社会保障水準と国民負担

にある。そして韓国より国民負担率が低い国は，アメリカ，チリ，メキシコの3カ国しかない（図序-3）。

国民負担率は社会保障の水準にのみ依存するわけではないが，一般的には福祉水準の高い国は，国民負担率も高い。よってこれら数値から判断すれば，韓国の社会保障は，「低福祉・低負担」といえる。

ただし社会保障支出率が高いからといって，「高福祉」であるとは必ずしもいえない。京極（2009：45-46）は，先進諸国では高齢化が進むなか，社会保障支出費が増大しており，高齢化率と社会保障支出率には正の相関があるとしている。また社会保障支出費は，税と社会保険料などを財源としているため，国民負担率も，高齢化が進むことにより増大する社会保障支出を負担面で支えるため，上昇することを指摘している。つまり高齢化が進めば，社会保障支出率は高まり，それにともない国民負担率も高まる傾向があるといえる。

また井上（2003：40-41）も，社会保障支出率の数値のみをもって社会保障の水準が高いわけではないことを指摘している。そして理由として，社会保障支出率が，国民一人一人にとって実感される社会保障支出の水準を示したものといえない点，また，高齢化率の高い国ほど，社会保障支出率や国民負担率が高まる点を挙げている[22]。

◆ 政府は「低福祉・低負担」と認識

韓国政府は自らの社会保障制度を「低福祉・低負担」と認識しているようである。この認識は，国家財政運営計画に関する資料から読み取ることができる。

韓国政府は毎年，国家財政運用計画を策定している。この計画は，単年度予算編成の限界を克服するため，中期的な視点（5会計年度）から財政運営政策と財源分配の方向性を示すために策定される[23]。

国家財政運用計画を策定する際には，様々な分野にかかる作業班が構成され，

---

[22] 京極（2009）や井上（2003）は，「社会保障給付」といった用語を使用しているが，本書では「社会保障支出」との用語で統一した。
[23] 企画財政部（2011）3ページによる。

序　章

　各班が計画を作るための基礎資料などの作成を行う。作業班のひとつに，長期財政見通し分野を担当するものがあるが，その作業班が，2011年6月に開催された公開討論会で，2050年までの財政見通しを公表した。

　その際に提出された資料が，「2011〜2015年 国家財政運用計画―長期財政見通し分野―」（以下「作業班資料」とする）であるが，その資料では，韓国の社会保障制度を「低福祉・低負担」と位置づけている[24]。この資料は，政府の公式的な立場を示しているわけではないが[25]，企画財政部の依頼を受けて有識者により作成されるものである。

　作業班資料によれば，2010〜2050年の間に年金および医療に対する財政支出が対GDP比で11.8%ポイント増加する。これは2050年の高齢化率が38.2%にまで高まるためである[26]。この間，EU27[27]の高齢化率は平均で28.3%にとどまるが，2050年における韓国政府の年金および医療支出の対GDP比は，EU27より低水準にとどまる。これは韓国の社会保障が「低福祉・低負担」であり，高齢化率が高まるにもかかわらず，それほど支出が増えないためである。

　また作業班資料では直近の数値も紹介して，韓国の社会保障が「低福祉・低負担」であるとしている。すなわち，年金の保険料率は，韓国の9.0%に対し，OECD加盟国の平均値が19.6%である。また年金の所得代替率は，韓国の42.1%に対し，OECD加盟国の平均値が57.3%である。さらに総医療支出に占める公共医療支出の比率は，韓国の54.9%に対し，OECD加盟国の平均値が73.0%であ

24　実際は「低負担・低給与」としている。しかし本書では「低福祉・低負担」との用語で統一した。
25　資料を作成した作業班には，企画財政部の課長級も参加しており，政府見解から大きく離れることも考えられない。
26　作業班資料による数値である。なおOECD Factbook 2013では，韓国が37.4%，EU（27カ国）が28.7%となっている。
27　EU27とは，2013年6月までにEUに加盟した国である。具体的には，ベルギー，デンマーク，フランス，ドイツ，ギリシア，アイルランド，イタリア，ルクセンブルク，オランダ，ポルトガル，スペイン，イギリス，オーストリア，フィンランド，スウェーデン，キプロス，チェコ，エストニア，ハンガリー，ラトビア，リトアニア，マルタ，ポーランド，スロバキア，スロベニア，ブルガリア，ルーマニアである。

る[28]。

　作業班資料は政府の公式見解ではない。しかし，政府の財政運営の基礎となる計画に資する重要な資料において，社会保障が「低福祉・低負担」であると明記されている以上，政府がそのように認識していることは間違いなさそうである。

◆ **韓国並みの高齢化率では韓国以上の社会保障支出**

　韓国の社会保障が「低福祉」であるとの点を，高齢化率と社会保障支出率の関係からも検討する。

　韓国の高齢化率は2012年で11.8％，社会保障支出率は9.3％である。OECD加盟国の多くは，韓国より高齢化率，社会保障支出率ともに高い。よってこのままでは，韓国で社会保障支出率が低い理由が，高齢化率がさほど高くないためである可能性を否定できない。

　そこで，高齢化が進んだOECD加盟国について，高齢化率が韓国並みであった時期に，社会保障支出率がどの程度であったのか見てみよう。OECDのSocial Expenditure Databaseからは，1980年以降に限定されるものの，OECD加盟国の社会保障支出率を入手できる。そこで，1980年以降に，現在の韓国並みの高齢化率，すなわち11～12％になった国について，当該年の社会保障支出率を見てみよう[29]。

　フランス，デンマーク，イギリスといった国は，1980年の段階で，2012年における韓国より高齢化が進んでいた。一方で，オランダ，フィンランド，スペインなどの国は，1980年以降に高齢化率が11～12％となった。

　オランダについては，1980年の高齢化率は11.1％と，韓国における2012年の数値より若干低い水準であった。しかし社会保障支出率は24.8％と，2012年に

---

[28] 国家財政運営計画長期財政見通し分野作業班「2011～2015年国家財政運営計画―長期財政見通し分野―」（公聴会資料：2011年6月22日開催）20ページによる。
[29] IMFのWorld Economic Outlook Databaseから，各国の高齢化率（5年ごとのデータ）を入手した。

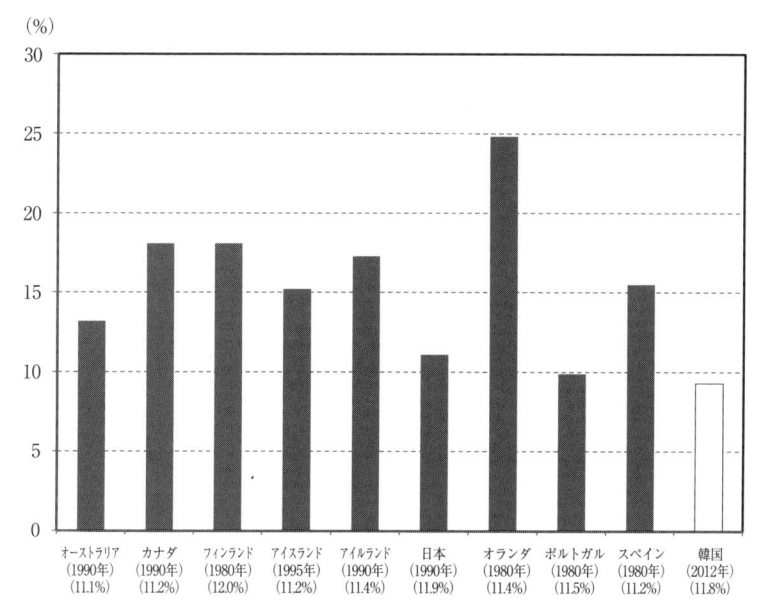

序　章

(%)

[図：棒グラフ。横軸は各国名と年、高齢化率。縦軸は社会保障支出率(%)。オーストラリア(1990年)(11.1%)約13、カナダ(1990年)(11.2%)約18、フィンランド(1980年)(12.0%)約18、アイスランド(1995年)(11.2%)約15、アイルランド(1990年)(11.4%)約17、日本(1990年)(11.9%)約11、オランダ(1980年)(11.4%)約25、ポルトガル(1980年)(11.5%)約10、スペイン(1980年)(11.2%)約15、韓国(2012年)(11.8%)約9]

(注)(1) 国名の下は，2012年における韓国の高齢化率と概ね同じであった年，その下は当該年における高齢化率である。
　　(2) 旧共産圏の国は除いた。

図序-4　高齢化率が韓国並みであった年の社会保障支出率

(出所) IMF "World Economic Outlook Database", OECD "Social Expenditure Database"
により作成。

おける韓国の数値である9.3%よりはるかに高い水準であった。その他，カナダ，フィンランド，アイスランド，アイルランド，スペインも高齢化率が11～12%の年に，社会保障支出率が15%を超えていた。そして，これらの国ほどではないが，オーストラリア，日本，ポルトガルも，高齢化率が11%を超えた時点で，社会保障支出率が韓国を超えていた（図序-4）。つまり，これらの事実から見れば，韓国の社会保障支出率は，高齢化が進んでいないことを勘案しても低水準であるといえる。

そこで，社会保障支出率，国民負担率，作業班資料の説明，高齢化の影響を差し引いた社会保障支出率の比較などから，本書では，韓国の社会保障が「低福祉・低負担」であるとして議論を進めていくこととする。

第3節　本書の目的と取り扱う社会保障の範囲

　日本で1993年に公表された「社会保障将来像委員会第1次報告」によれば，社会保障は，「国民の生活の安定が損なわれた場合に，国民にすこやかで安心できる生活を保障することを目的として，公的責任で生活を支える給付を行うもの」である。

　また同報告書によれば，社会保障は，①貧困者を救済する公的扶助，②貧困に陥るのを防止するための社会保険の2つの制度を起源として形成されてきたが，今日では，③公的扶助ほど厳しい調査を行わない一方，社会保険とは異なり一般財源により給付を行う分野も増えてきた。

　また日本では1997年まで「社会保障関連総費用」を算出しており，総費用は，①狭義の社会保障，②広義の社会保障，③社会保障関連制度に区分されていた。まず「狭義の社会保障」には，公的扶助（生活保護），社会福祉（障害者，老人，児童，母子に対する福祉など），社会保険（医療保険[30]，年金保険，介護保険，雇用保険など），公衆衛生および医療（結核，精神，感染症対策，保健所，上下水道施設など），老人保健（老人医療など）が含まれる。次に「広義の社会保障」には，狭義の社会保障に加えて，恩給，戦争犠牲者援護（戦没者遺族年金，原爆医療など）が含まれる。そして「社会保障関連制度」には，住宅など（第1種，第2種公営住宅建設など），雇用対策（失業対策事業など）が含まれる[31]。

　本書では，これら広範な社会保障制度について，あまねく取り上げるわけではない。本書が対象とする韓国の制度は，社会保険に分類される年金保険，医療保険，公的扶助に分類される基礎生活保障（日本の生活保護）である。

　本節では，本書の目的を示したうえで，数多ある社会保障制度の中から，年金保険，医療保険，国民基礎生活保障に対象を絞った理由を説明する。

---

[30]　出所では「健康保険」と記されているが，本書では「医療保険」との用語で統一した。
[31]　厚生労働省「社会保障の範囲について」，「社会保障の給付費の範囲について」（第1回社会保障給付費の整理に関する検討会資料：2011年9月14日）による。

序　章

◆ **本書の目的**

　本書の目的は，「低福祉・低負担」で特徴づけられる韓国の社会保障制度を分析することである。

　日本では，「高福祉・高負担」の社会保障制度がモデルとされることが多く，スウェーデンを始めとして，保障水準の高い社会保障制度を分析した先行研究が蓄積されている。また2013年6月に閣議決定された「経済財政運営と改革の基本方針について」（いわゆる「骨太方針」）では，目指すべき社会保障の規模は「中福祉・中負担」と明記されている。

　よって「低福祉・低負担」で特徴づけられる韓国の社会保障の分析は，学術的な一領域を分析するといった意義は否定できないまでも，日本が参考にできる社会保障制度を分析するといった意義はないように見える。

　しかし将来的な日本の社会保障の選択肢として，「低福祉」はあり得る。鈴木（2010：116-117）は，今後起こる人口構成の急速な変化を考えると，日本には「中福祉・中負担」などという選択肢を目指す余裕はなく，将来的には「中福祉・超高負担」か「低福祉・高負担」のいずれかの状態に直面すると指摘している。

　日本では，2014年4月に消費税率が8％に，そして2015年10月には10％に引き上げられる。しかし，消費増税の議論を見ると，負担の引き上げに対する国民の拒否感は小さくないと考えられる。そのようななか，IMFは，さらに進む高齢化の下で安定的な財源を確保するため，少なくとも消費税率を15％に引き上げる必要性を指摘した[32]。現状の社会保障の水準を維持するためには，さらなる負担増を行わざるをえない可能性があるが，このような負担増に対して国民のコンセンサスが得られるかは不透明と言わざるを得ない。

　そこで負担増ができないとなると，「低福祉」の社会保障が選択肢として視野に入ってくる。「高福祉・高負担」を目指すか，「低福祉・低負担」を目指すか，あるいはその中間を選択するかは，国民の判断による。国民が「低負担」

32　IMF "Japan 2013 Article IV Consultation"（August 2013）16ページによる。

第3節　本書の目的と取り扱う社会保障の範囲

を望んでいるにもかかわらず，「高福祉」を提供し，「高負担」を求めることは決して望ましいことではない。

　日本が今後「低福祉」の社会保障を選択する可能性が排除できないのであれば，保障水準の高い制度のみならず，保障水準の低い制度の研究も必要である。よって韓国の社会保障を分析する本書は，日本の選択肢のひとつである社会保障制度の研究といった意義をもつと考えられる。

◆「低福祉・低負担」は韓国の選択

　経済の発展段階から見て，韓国は「中福祉・中負担」あるいは「中福祉・中負担」といった選択肢もある。経済の発展段階を判断することは簡単ではないが，国民の豊かさを示すとされる1人当たりGDPを日本と比較することで判断してみよう。

　1人当たりGDPは購買力平価によりドルに換算した値を使用する。参考までに市場為替レートで換算した1人当たりGDPを見ると，2012年で韓国は2万2,589ドルである。日本は4万6,707ドルであるので，日本を100とすると韓国は48となる。つまり日韓間には大きな差が存在する。しかし市場為替レートは，本書の冒頭でも解説したように，投機などによる為替レートの変動の影響を受け，為替レートが過大評価されれば数値が高く出てしまう。

　2012年における購買力平価で換算した1人当たりGDPを見ると，韓国は3万1,950ドル，日本は3万5,855ドルである。この場合，日本を100とすると，韓国は89となり，市場為替レートで換算した場合と比較して，両国間の差は大きく縮小する。さらに2018年には，韓国は4万3,344ドル，日本は4万4,036ドルになると予想されており，5年後には韓国の1人当たりGDPは日本と肩を並べるようになる[33]（図序-5）。

---

[33] 購買力平価で為替レートをドルに換算した1人当たりGDPは，IMFデータベース（World Economic Outlook Database, October 2013）による。2012年4月28日に発売されたイギリスのエコノミスト誌に掲載された。「A game of leapfrog」と題された記事で，韓国が近い将来，日本より豊かになるかもしれないとされている。この記事は，IMFデータ

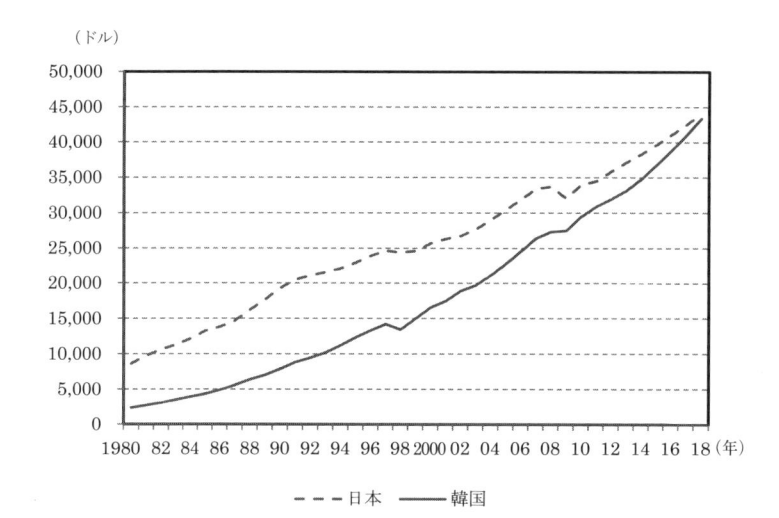

図序-5　購買力平価基準の1人当たりGDPの推移

（出所）IMFデータベース（World Economic Outlook Database, October 2013）により作成。

つまり1人当たりGDPで見る限り，韓国における国民の豊かさは日本と比較して遜色がない。よって経済の発展が遅れ，国民が貧しいため，韓国は「中福祉・中負担」あるいは「高福祉・高負担」といった選択肢ができないわけではない。

事実，韓国では「低福祉・低負担」を選択した歴史がある。年金保険を見ると，1988年の導入当初には70％といった高い水準の所得代替率を約束した。しかしこれでは制度が持続しないことが判明すると，1999年に所得代替率を60％とする制度改正がなされた。さらに想定した以上に少子化が進んだことで，将来的に年金財政が破綻することが見通されたが，その際には保険料を据え置く代わりに，所得代替率を40％にまで引き下げる改正を行った。つまり，負担を高めずに福祉水準を抑制することを選択したわけである。

ベースの数値より，日本の1人当たりGDPは，2017年には韓国に抜かれてしまうと指摘しているが，IMFによる数値の改訂により，2018年においてもわずかに日本の数値が上回る結果となっている。

第3節　本書の目的と取り扱う社会保障の範囲

◆**日本における社会保障改革に向けた議論**

　日本では，社会保障の充実・安定化と，そのための安定財源確保と財政健全化の同時達成を目指す「社会保障と税の一体改革」（以下「一体改革」とする）が進められている。2012年8月には，関連8法案が成立し，その後，社会保障制度改革国民会議が設置され，2013年8月に報告書がとりまとめられた。そして，この報告書などにより，改革の全体像や進め方を明らかにする法案が提出され，2013年12月に成立した。そして，これら法律にもとづき，改革が具体的に進められている[34]。

　一体改革が行われることとなった背景のひとつは，急速に高齢化が進むことによる社会保障費の増大である。現在の年金，医療，介護のサービス水準を維持するだけでも，税金投入が毎年1兆円規模で増加する。その結果，歳出は増加傾向にあるが，一方で税収は伸び悩み，毎年巨額な赤字が発生している。そして財政赤字が累積して国家債務が膨れ上がっている。

　年金，医療，介護は社会保険であり，その給付の財源は保険料のはずである。しかし日本では，これら社会保険の財源に公費が投入されている。2012年度における社会保障給付費は約110兆円（対GDP比22.8%）であるが，保険料でまかなわれている部分は60.1%に過ぎず，残りの39.9%を公費が埋めている[35]。また給付を見ると，年金が49.1%，医療が32.1%を占めている[36]。

　さらに社会保障関係予算を見ると，2013年度予算で，年金が10兆4,770億円，医療が8兆8,789億円と，それぞれ社会保障関係予算の36.0%，30.5%を占めている[37]。

　現在のところ，日本政府は「中福祉・中負担」の社会保障を目指すとしているため，一体改革には，社会保障水準の引き下げは盛り込まれていない。しか

34　内閣官房ホームページによる。
35　なお39.9%のうち，国が29.1%，地方が10.8%を分担している。
36　厚生労働省「社会保障・税一体改革について」（税・社会保障一体改革大綱説明資料）による。
37　財務省「平成25年度社会保障関係予算のポイント」（2013年1月）2ページによる。

し，将来的に「低福祉」を選択することとなれば，社会保障給付費の多くを占め，すでに10兆円程度の公費が投入されている年金と医療について，保障水準の引き下げが不可避である。その場合も視野に入れ，韓国の年金保険や医療保険を分析する意義は大きい。

◆ **社会保障の機能強化にも参考に**

社会保障・税一体改革大綱では，社会保障の安定的財源を得る手段だけでなく，機能を強化するための方策も示されている。年金については，年金の一元化，そして税財源の最低保障年金も盛り込まれている。また医療については高齢者医療制度の見直しが明記され，具体的には70歳以上75歳未満の自己負担率を引き上げるための検討が盛り込まれている[38]。

社会保険と同様，社会保障の根幹をなす公的扶助についても改革案が示されている。生活保護制度については，生活保護受給者の就労・自立支援の充実，生活保護の適正化の徹底が盛り込まれている。とくに後者については，①電子レセプトの効果的活用や後発医薬品の使用促進などを通じた医療扶助の適正化，②調査手法の見直しを通じた不正受給対策の徹底が方策として示されている。

さらに社会保障給付や負担の公正性，明確化を確保するためのインフラとして，社会保障・税番号制度の早期導入を図るべきとしている。

以上の方策の中には，韓国の社会保障制度を参考にできるものがある。第一に，韓国の年金保険制度は一元化されている。また年金制度とは一体化されていないが，税を財源とした基礎老齢年金がある。韓国の国民は一生変わらない固有のID，すなわち住民登録番号をもっており，これを駆使して公的扶助を含めた社会保障制度全体の管理を行っている。

---

[38] 法律上は70歳以上75歳未満の者の自己負担率は20%であるが，2013年10月時点では10%とされている。

第3節　本書の目的と取り扱う社会保障の範囲

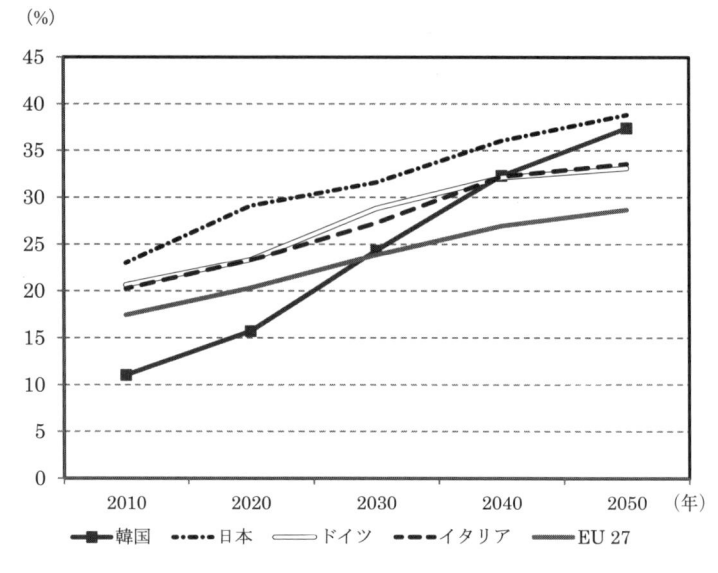

図序-6　高齢化率の将来推計

（出所）OECD Factbook 2013のデータにより作成。

◆ **高齢化が進んでも過度に負担は高まらず財政の健全性も保たれる**

　韓国の社会福祉制度で最も注目すべき点は，急速に高齢化が進むなか，国民負担率が過度に高まらず財政の健全性も保たれることである。

　韓国の高齢化のスピードは，欧米先進国はもとより，先進国で最速と言われる日本よりも早い。高齢化率は，2010年には11.0%であるが，2050年には37.4%と，40年間で26.4%ポイントも上昇する。一方で，日本は15.8%ポイント，EU 27は11.2%の上昇であり，韓国と比較すると高齢化のスピードが遅い（図序-6）。

　第4章で詳しく解説するが，国会予算政策処[39]は，①年金保険料を現在の9%から12.9%に引き上げ，支給年齢を67歳に遅らせる（2025年まで），②付加価値税の税率を現在の10%から12%に引き上げる（2018年），などの方策を講ず

---

[39]　韓国では「処」と称される国の機関がある。単独の行政機関でありトップは長官級（日本では大臣級）である。

れば，2060年における国家債務の対GDP比を65%に抑えることができるとの見通しを公表した。また，先述の作業班資料では，国民負担率が34.8%に高まることを許容すれば，2050年における国家債務を対GDP比で30%に抑えることができると見通している。

　国民負担率34.8%とは，現在におけるOECD加盟国の平均値と概ね同水準である[40]。つまり韓国ほど高齢化が進んでも，国民負担率が過度に高まらず財政の健全性も保たれるわけである。ただしこの前提は，韓国が社会保障制度を変更しないことである。つまり韓国の社会保障制度は，40%といった高齢化率の下でも国民負担を抑えつつ，持続可能な財政を実現するためのモデルとなり得る。

◆ **年金保険・医療保険・公的扶助を対象に**

　ここまで，本章の目的について示したうえで，日本では注目されてこなかった韓国の社会保障が，日本の中長期的な社会保障を議論する際に参考になる点を説明した。

　本書では，広範にわたる韓国の社会保障をあまねく分析するのではなく，年金保険，医療保険，公的扶助に絞ることとした。日本が負担の抑制を選択する場合，社会保障給付の多くを占める年金や医療の改革は不可避である。よって，韓国の年金保険や医療保険の分析には意義がある。また一体改革で目指している社会保障の機能強化の参考になる制度も少なくない。

　さらに日韓両国の憲法で規定されている，健康で文化的な最低限度の生活を営む権利を最終的に保障する公的扶助（日本では生活保護，韓国では基礎生活保障）は，社会保障の重要な柱である。「低福祉」の下で，最低限度の生活を保障している韓国の公的扶助も日本の参考になり得る。そして，一生変わらない固有のID，すなわち住民登録番号を最大限利用して，①医療扶助（韓国では医療給付）の適正化，②生活保護（韓国では基礎生活保障）の不正受給対策を徹底

---

[40] 作業班資料の20ページによれば，2008年におけるOECD加盟国の国民負担率の平均値は34.8%である。

第3節　本書の目的と取り扱う社会保障の範囲

している。よって社会保障給付や負担の公正性，明確化を確保するためのインフラとして日本が導入しようとしている，社会保障・税番号制度の設計をする際にも，韓国の制度は参考となる。

◆ **本書の構成**

本書では，第1章で韓国の年金保険制度である「国民年金」，第2章で医療保険制度である「国民健康保険」，第3章で公的扶助制度である「基礎生活保障」を取り上げる。さらに第4章では，社会保障に大きく影響を及ぼす高齢化，また高齢化を背景とした社会保障支出の増大が財政に与える影響について検討する。

なお，年金保険制度，医療保険制度，公的扶助制度は，歴史，制度の概要，財源を中心に，可能な限り網羅的に検討する。第1節では，韓国の社会保障は，1960年代以前にはほとんど機能していなかったが，2000年代に入り制度の大枠が整備されたことを示した。各制度の歴史の部分では，制度の発展過程をその発足から概ね整備された状態までを追うこととする。また発展過程において国会などで議論された内容についても確認する。この作業によって，制度が整備されるまで時間がかかった要因，「低福祉」の社会保障が形成された要因を探る。

制度の概要については，社会保険であれば，制度の構造，給付と負担などを詳細に解明する。また公的扶助については，扶養義務基準を含めた受給するための基準，給与の内容，労働インセンティブを与える仕組み，不正受給を防ぐ仕組みなどを検討する。

財政については，社会保険であれば，政府の財政に負担を与える構造になっているか否かについて検証する。また公的扶助は，どのような給与に費用がかかっているか，また国と地方の負担割合など基本的な情報を整理する。

最後に終章では，韓国の年金保険，医療保険，公的扶助について，制度の大枠が整っている点について確認する。また年金保険，医療保険が「低福祉・低負担」である点を国際比較や日本との比較から確認する。そしてこれらの確認も含め，本書の結論を示す。

第1章 国民年金

　韓国の年金保険制度は国民年金である。国民年金は1988年に制度が発足し，ヨーロッパ諸国はもとより，日本よりも相当程度歴史が浅い。さらに国民皆年金は1999年に達成されたため制度の成熟度が低い。

　韓国の年金保険には様々な特徴がある。国民年金，厚生年金，共済年金が並立している日本と異なり，職域年金を除き国民年金に一本化されている。また年金給付は報酬比例する方式がとられており，最低保障年金がない点を除けば，日本が目指してきた姿と似ている。

　さらに完全な保険料方式で運営されており国費は投入されていない点が日本と大きく異っている。そして制度の創設当初こそ40年間保険料を支払った場合の所得代替率を70％に設定していたが，高齢化による保険料の負担増を抑えるため，これを40％に引き下げている[1]。さらに「保険料を支払わずして給付なし」の原則が徹底されており，特例により保険料の支払いを免除されても，その間は年金給付に全く反映されず，加入期間にも算入されない。

　本章では，韓国の年金保険制度である国民年金を取り扱う。第1節では，年金制度の歴史を見る。第2節では，国民年金の概観を，基本構造，負担と給付に分けて示す。また，年金制度の成熟度を検討するとともに，基礎老齢年金についても取り扱う。第3節では，国民年金の財政方式と財源について検討する。

第1節　年金保険制度の歴史

　韓国では1988年にようやく年金保険制度が発足したが，根拠法は1973年には制定されていた。しかし法律の施行は何度か先延ばしされ，根拠法を衣替えし

1　正確には，2009年から2028年まで段階的に引き下げられている途中である。

第1節　年金保険制度の歴史

たうえで施行されるまで15年の年月を要した。本節ではその事情について最初に取り上げる。

また1988年に発足した国民年金も，加入対象は大きな事業所の被用者に限定されていた。これが段階を経て対象が拡大され1999年に国民皆年金が達成された。また当初は40年間保険料を支払った場合の所得代替率が70％に設定されるなど，手厚い支給が約束されていたが，急速な高齢化のため財政の持続可能性に疑問符がもたれるようになった。そこで，保険料を引き上げるとともに，所得代替率を下げるための法改正を行った。

しかし，これでも将来的な財政の安定が図れず，保険料は維持するかわりに，所得代替率を40％にまで引き下げるため再び法改正を行った。つまり負担増より給付減を選択したわけであるが，この決定までに紆余曲折があった。本節では，韓国の年金保険制度の歴史につき，1988年に国民年金制度が発足する前も含め概観する。

1．国民年金が発足するまでの歴史
◆ 1973年に制定された国民福祉年金法は施行されず

韓国では1960年まで年金保険制度がなかったが，1960年に国家公務員と地方公務員などを対象とする公務員年金が創設された。その後1963年には，軍人年金が創設され[2]，1975年には私立学校の教員を対象とした私立学校教員年金[3]も発足した[4]。

このようななか，国民全体を対象とした年金制度を導入することが決まり，1973年にその根拠法である「国民福祉年金法」が成立した。同法が制定された理由は以下のとおりである。1962年から経済成長を促す政策が始まったが，この効果もあり，1960年は79ドルに過ぎなかった1人当たりGNPが，1970年に

---

[2] 軍人は1960年から公務員年金に加入していたが，1963年に軍人年金が公務員年金から分離した。
[3] 現在は「私立学校教職員年金」となり，教員のみならず職員も対象とされている。
[4] 保健福祉部「一目で見る公的年金制度」による。

第1章　国民年金

は3倍を超えるなど，韓国経済は高度成長を成し遂げた。しかし同時に急速な経済成長により，人口の都市への集中，核家族化，所得格差拡大を始めとした各種の社会問題が誘発され，これに対して社会保障政策を進めるべきであるとの世論が高まった。

「国民福祉年金法」の検討は1973年から始まった。経済企画院[5]と保健福祉部は，それぞれ年金制度を創設するための試案を取りまとめ，これをベースに検討を続けた。そして同年には「国民福祉年金法案」が国会に提出され，10月に国会を通過，12月に公布された[6]。

この法律によれば，国内に居住する18歳から60歳の国民が国民福祉年金の加入対象となり，原則として20年以上加入すれば，60歳以降に年金を受け取ることができる[7]。加入者は第1種加入者，第2種加入者の2つに分けられた。第1種加入者は，常用雇用30人以上の事業所の被用者[8]であり，第2種加入者は，自営者，農漁民，一般住民などが対象となった。

まず年金保険料については，第1種加入者が基準所得月額の7％であり，4％を使用者，3％を被用者がそれぞれ負担する。そして第2種加入者は，月額900ウォン以上の定額[9]を負担することが定められた。

次に年金給付である。第1種加入者に対しては，すべての第1種加入者の平均基準所得月額から算出した均等部分と，本人の報酬[10]により算出された報酬比例部分の合算額が支給される。一方，第2種加入者は定額の支給とされた[11]。つまりこの法律による年金制度は，「定額負担・定額給付」，「報酬比例負担・

5　現在の企画財政部である。財務省と内閣府のマクロ政策部門を統合した機能をもった政府機関であった。
6　延河清・閔載成（1982）401ページ，閔載成 他（1986）84ページによる。
7　ただし加入期間が20年に達さない場合でも，10年以上加入すれば減額された年金を受給できる仕組みであった。
8　産業による制限があった。またこれ以外にも，30人未満の事業所における被用者の3分の2以上の要請があれば，その事業所の被用者も第1種加入者となった。
9　施行令で具体額が示されることとなっていた。
10　加入期間の最終3年間の平均基準所得月額である。
11　延河清・閔載成（1982）35ページによる。

第1節　年金保険制度の歴史

報酬比例給付」が並立した日本の制度を参考にしたものと考えられる。

「国民福祉年金法」の附則では，施行日を1974年1月1日と定めていた。しかし施行の前に，石油ショックが発生したとともに，世界景気が大きく後退した。これに対し政府は，国内景気の悪化を防ぐため，1974年1月に「国民生活安定に関する特別措置法第3号」を制定し，「国民福祉年金法」の施行を1年間延期した。また同じ理由で1974年12月に「国民福祉年金法」の附則を改正し，施行日を1976年1月1日とすることで，さらなる延期を行った。そして1975年12月には「国民福祉年金法」の附則の施行日を，「大統領令で定める」として，事実上の無期限延期を決めた。

年金保険の導入が最終的に無期限延期となった背景としては，①インフレにより年金の実質価値の維持が難しくなったこと，②老齢人口が全体の3%にも達していなかったため高齢者の所得保障がそれほど重要と認識されていなかったことを挙げることができる[12]。

◆ 1988年に国民年金法が施行

1980年代に入り，物価が安定したとともに，所得水準も高まったことから，ようやく年金保険制度を導入する条件が整ってきた。年金保険制度の実施に関する政策論議は，1981年に「第5次経済社会発展五カ年計画」が策定されたとともに再開された。そして1984年に保健福祉部は，大統領令を根拠とする「国民年金準備委員会」を構成し，韓国開発研究院（KDI）は制度の研究に本格的に着手した。そして韓国開発研究院は保健福祉部に報告書を提出した[13]。

この報告書による提案を整理しよう。第一に財源であるが，使用者と被用者が負担する保険料を財源とし，政府は行政管理費を補助することが示されている。そして賃金水準が低いことを勘案して，使用者60%，被用者40%の負担率が望ましいとしている。第二に加入対象者であるが，初期は常用雇用者10人以

12　延河清・閔載成（1982）400-401ページによる。
13　ヒョンウェソン（2008）200-201ページによる。

上の事業所の被用者を強制加入の対象とし，その後にその対象を拡大することを提案している。また自営者や農漁民は初期においては任意加入とした。第三に財政方式であるが，制度の初期は積立方式で運営することで基金を作り，年金制度が成熟する40年後を目途に，漸進的に賦課方式に転換するとしている。

第四に年金保険料は，基準所得月額の10％を提案しているが，国民経済への影響を考慮して，最初の3年間は2.5％，その後3年ごとに2.5％ずつ引上げ，最終的には10％とする案を示している。第五に支給であるが，60歳からの支給とし，受給前年度の全加入者平均基準所得月額と本人の全加入期間平均基準所得月額，加入期間の3つの変数により支給額を決めることを提案した。具体的には，2.4×（受給前年度の全加入者平均基準所得月額＋本人の全加入期間平均基準所得月額）×（1＋0.05×20年超過加入月数）が年金額となる。つまり受給額は加入年数に比例するが，完全な報酬比例ではなく，報酬比例部分は半分とすることで，高齢者の所得平準化も図っている[14]。

1986年9月，政府はこの報告にもとづき国民年金制度案をとりまとめた。韓国開発研究院の提案との違いは，保険料率である。政府は，1988年から1992年までは基準所得月額の3％として，1993年から1997年にはこれを6％に引き上げ，1998年以降は9％とする案を示した。そして保険料の負担は，3％の時期は，被用者が1.5％，使用者が1.5％ずつ折半することとした。また，6％の時期は，被用者が2％，使用者が2％，法定退職金の一部を年金に代替することで2％を負担し，9％の時期はそれぞれ3％に引き上げる案を示した[15]。

韓国開発研究院によれば，政府案による年金制度では，所得代替率が20年の加入で41.7％，30年で64.9％，40年で83.1％となり[16]，給付が手厚い年金制度が提案されたといえる。

「国民年金福祉法」は，1986年に名称も「国民年金法」と変更されるなど全面的に書き換えられた法案が，12月に国会を通過した後公布された。施行日は

14　閔載成 他（1986）20ページ，114-118ページによる。
15　同上，337-338ページによる。
16　同上，343ページ付表3−4の数値による。

1988年1月1日とされ，今回は延期されることなく制度が発足した。

2．国民年金法の制定以降の改正（1999年改正）
◆発足した国民年金制度は当初の政府案とほぼ同じ

　実際に発足した制度は，1986年9月に政府が示した案とほぼ同様である。加入対象は常用雇用者10人以上の事業所の被用者であり（強制加入者），その他は希望した場合に任意加入者として制度に加入できる。そして年金業務の管理・運営のため，国民年金管理公団が設立された。財源は保険料収入であり，保険料は5年ごとに3％→6％→9％と段階的に引き上げられ，最初の5年間は労使折半，それ以降は労使に加え，法定退職金の一部を充てることで3分の1ずつ負担することとされた。

　なお年金額は，1986年に韓国開発研究院が提案したものとは異なり，2.4×（受給前年度の全加入者平均基準所得月額＋0.75×（本人の全加入期間平均基準所得月額））×（1＋0.05×20年超過加入年数）とされた。つまり，当初案より本人の所得が反映される部分が小さくなり，報酬比例の程度が弱められた[17]。また加入者個人の全加入期間平均基準所得月額の25％に相当する部分が減額されたため，当初案では80％を超えていた所得代替率が70％に低下した。

◆加入対象者は段階的に拡大され1999年に皆年金が達成

　1988年の制度発足時には，常用雇用10人以上の事業所の被用者が年金の対象者であったが，1992年からはこれが5人以上の事業所の被用者まで拡大された。ただし大部分の常用雇用5〜9人の事業所は，事業所自体の起業や廃業が頻繁に起こるほか，被用者の出入りも激しく加入者を選定することは困難であった。さらに年金に対する理解不足により使用者が資料の提出を行わないなど非協力的であった。

　対象者拡大に向けて前年の9月末まで加入対象の確定作業が行われ，10月か

---

[17] 韓国開発研究院（2010b）254-257ページによる。

らは加入対象事業所に申告書と申告案内を送付した。そして未申告事業所に対しては申告督励活動を行い，1992年1月1日までに約3万事業所の23万人余が加入申告を行った[18]。

次に農漁村地域の住民に対して対象が広げられた。これは1992年から1996年を対象期間とした「第7次経済社会発展五カ年計画」で，計画期間の後半には国民年金を農漁民に拡大すると計画されていたこと，1992年の大統領選挙において公約とされていたことが背景にあった。その際の論点としては，加入対象を農漁民に限定するか，農漁村地域[19]の住民にまで対象を広げるかであった。そして最終的には，行政事務上の便宜，今回の拡大は最終的には全国民を対象とする過程の中間段階であることを考慮して，農漁村地域の住民全体を加入対象とすることとなった。

1995年の農漁村地域への対象者拡大については，1994年12月31日時点を基準とした18歳以上60歳未満の農漁村地域の住民と都市地域の農漁民が対象とされ，1995年6月に行われた農漁村地域の住民の一斉加入申告が終了した。その結果，申告対象者246万人のうち96％に相当する236万人が申告を行った[20]。このように農漁村地域の申告率は高かったものの，問題点も指摘されている。ひとつは所得把握が難しく，所得を低く申告する者が少なくなかった。もうひとつは，加入者の年金制度に対する認識不足，徴収側のマンパワー不足により保険料の徴収率が70％程度と低率にとどまった[21]。

1999年には都市地域へ対象が拡大された。もちろん農漁村地域への拡大と同様，所得把握が困難であり，所得を低く申告する問題も発生したが，これによって全国民が国民年金の対象となり，制度発足後11年で国民皆保険が実現した。そして1988年の制度発足時には加入者が443万人に過ぎなかったが，1999年に

---

18 韓国開発研究院（2010b）257-258ページによる。
19 農漁村地域とは基礎自治体が郡である地域，都市地域とは基礎自治体が区あるいは市である地域である。
20 崔秉浩 他（1995）34-35ページ，46ページによる。
21 韓国開発研究院（2010b）260-261ページによる。

第1節　年金保険制度の歴史

は1,629万人となった[22]。

◆1999年の法改正で所得代替率が60％に

　1988年に発足した年金制度は，所得代替率が70％と支給が手厚く，1990年に入り長期的な財政の安定性に疑問がもたれるようになった。具体的には，完全老齢年金の支給（20年加入）が開始される2008年までは年金基金が積み立てられるが，それ以降は年金支給による支出が急激に増加する。そして2020年頃には収支が赤字となり，2031年には積立金が枯渇することが見通された[23]。そのようななか，1997年に国民年金制度改善企画団が発足し，年金制度の改善案を検討し，国務総理に報告書を提出した。ただし意見の統一はできず，多数案と少数案が併記された。

　多数案は，年金構造を基礎年金と所得比例年金に分けるという抜本的な改革案であった。また，①保険料率は2009年までは9％，その後は漸進的に引き上げ，2025年以降は12.65％で固定，②所得代替率は40年加入で40％，③受給年齢は2013年から2033年まで5年に1年ずつ引き上げ，最終的には65歳とすることも提案した。しかし政府は少数意見，つまり年金構造は現状で維持する案を採用した[24]。そのうえで，所得代替率を70％から55％に下げ，受給年齢を2013年から2033年まで5年に1年ずつ引き上げ，最終的には65歳とするとした「国民年金法」の改正案を，1998年5月に国会に提出した。

　一方，同時期に議員提出の法案が2件提出された[25]。この法案は，所得代替率の引き下げおよび支給年齢の引き上げとの方向は政府案と一致していたが，所得代替率を70％から60％に引き下げることを提案するなど，細部では差が見られた。結局，国会の保健福祉委員会法案審査小委員会で，政府案を含めた3

22　韓国開発研究院（2010b）262ページによる。
23　保健福祉委員会専門委員「国民年金法中改正法律案検討報告書」（1998年5月）3-4ページによる。
24　キムソンスク他（2008）258-259ページによる。
25　そのうち一件は，国民年金基金運営委員会の構成などの変更が主な改正点であり，所得代替率および年金開始年齢に変更を加えていない。

案を調整しひとつの法案にまとめ，保健福祉委員長案として再提出することが決まった。その結果，政府案を含めた3つの改正法案は本会議に送られず廃案となった[26]。

　1998年12月に「国民年金法」の改正案が，保健福祉委員長から提案された。当初の政府案との大きな違いは，引き下げ後の所得代替率が55%から60%に修正されたことである。そして改正法が同年12月に国会を通過し，翌年1月1日から施行された。改正された「国民年金法」の目的は年金財政の安定であり，所得代替率の引き下げ，年金支給年齢の引き上げが主要な改正点であった。しかしその他にも，①財政計算制度を導入し5年ごとに長期財政の見通しを行う，②年金支給額の定額部分と報酬比例部分を，従来の4対3から1対1に変更する，③老齢年金を受給するための最低加入期間を15年から10年に短縮する，④加入対象者に都市地域の住民を含めるといった変更も行われた。

　なお，年金支給額の定額部分と報酬比例部分を，従来の4対3から1対1に変更した理由は以下のとおりである。地域加入者の正確な所得把握は困難であり，中には実際より低い所得額を申告する者がいる。そのような状態で，定額部分の比率を報酬比例部分より高くする場合，実際より低い所得を申告する者に対して，過度に所得再分配の恩恵を与えるとの問題が生じる。そこで年金の所得再分配機能を緩和して，所得を低く申告する者が受ける恩恵を小さくしたわけである[27]。

3．国民年金法制定以降の改正（2007年改正）
◆2003年の長期財政見通しで早速改正案を提示

　1999年の法改正では5年に一度，長期財政見通しを義務づけたうえで，財政安定のための措置などの運営全般の計画を策定することが義務づけられた。これにもとづき2002年から2003年にかけて国民年金発展委員会が構成され，見通

---

[26] 「国民年金法中改正法律案（代案）」（保健福祉委員長提案：1998年11月30日）による。
[27] 1998年5月8日に提案された政府案に対して，保健福祉委員会が示した審査報告書による。

第1節　年金保険制度の歴史

し作業などを経て,「2003 国民年金財政計算および制度改善方案」が報告された。国民年金発展委員会は,学識経験者,政府,国民年金管理公団,シンクタンク,労働組合,使用者団体,消費者団体,市民団体,マスコミを代表する委員により構成された[28]。また委員会には制度発展専門委員会,制度分析専門委員会が置かれ,実務的な作業などを行った。

まず長期財政見通しの結果,積立金は2035年に1,715兆ウォンでピークに達するものの,その後は収支が赤字に転じ,2047年には積立金が枯渇することが明らかになった。そして積立金の枯渇後,完全な賦課方式に転じた場合,保険料率は2050年に30.0%,2070年には39.1%にまで引き上げる必要があるとされた。

そこで財政安定化のため,①2070年末まで積立金が枯渇しないように積立率2倍を維持する財政安定化目標を設定,②平均加入期間(21.7年)を充足した場合の平均所得者に対し最低生計費を超える水準の年金を支給,③国民負担率と所得水準を考慮して長期的に負担可能な保険料率の上限を18%に設定,の3つの基本方針を示した。

そのうえで以下の3つの案を示した。第1案は,所得代替率を60%に維持する一方で,保険料率を19.85%にするものである。保険料率は2010年から2030年まで5年ごとに2.17%ずつ5回に分けて引き上げ,2030年以降は19.85%で維持する。この案は,給付水準が手厚い反面,保険料率は基本方針を若干上回る。

第2案は,所得代替率を50%に引き下げるとともに,保険料率を15.85%にするものである。保険料率を引き上げる時期は第1案と同じであるが,1回に1.37%ずつ引き上げる。そして所得代替率は,2004年に50%に引き下げる。この案は,給付水準と負担水準が比較的受け入れやすいとされている。

第3案は,所得代替率を40%に引き下げるとともに,保険料率を11.85%に引き上げるものである。保険料率の引き上げ時期は第1案と同じであるが,1回に0.57%ずつ引き上げる。そして所得代替率を2004年に40%に引き下げる。こ

28　政府からは,財政経済部,企画予算処,労働部,保健福祉部の局長級,シンクタンクからは,韓国開発研究院副院長,韓国保健社会研究院院長,国民年金管理公団からは理事長が委員として参加した。

の案は，給付水準が十分ではない反面，負担は受け入れられやすいとされている。そして国民年金発展委員会は3つの案を提示したものの，第2案が最も望ましいとした[29]。

◆政府は所得代替率を50％に引き下げる法案を提出

　政府は国民年金発展委員会の提案を受けて，「国民年金法」改正案を取りまとめ，2003年10月に国会に提出した。改正案の内容を見ると，最終的な所得代替率，保険料率は国民年金発展委員会が示した第2案と同じである。所得代替率であるが，40年加入した場合については，現行の60％から2004〜2007年は55％，2008年以降は50％と段階的に引き下げる。次に年金保険料は，現行の9％から，2010年から2030年まで5年毎に1.38％ずつ引き上げて，2030年以降は15.9％で維持する。ただしすでに支払った保険料については，既得権を保障する[30]。

　この法律案は保健福祉委員会に付託され，検討報告書が提出された。検討報告書で示された結論は概ね政府案を支持している。ただし改正案に対しては反対意見が出され，政府はこれに反論した。

　反対意見のひとつは所得代替率に対するものである。改正案に対しては，「所得代替率を50％に引き下げる場合，年金額が最低生計費の水準にまで低下してしまうことから，公的年金の本質的な機能が失われる」との意見があった。この意見の根拠は以下のとおりである。現行の所得代替率60％を維持しても，保険料を納付した期間の平均が21.7年に過ぎないため，実質的な所得代替率は30％にとどまる。これを50％に下げてしまうと，平均加入者（加入期間21.7年，基準所得月額136万ウォン（23万9,000円）の年金額が，1カ月で38万ウォン（6万7,000円）となる。38万ウォンとは最低生計費の水準であり，こずかい程度にしかならない。これに対して政府は，年金制度の成熟，高齢者雇用政策により，今後は平均加入期間が30年程度に伸び，平均加入者の年金額は1カ月で53万ウ

---

[29] 国民年金発展委員会による長期財政見通しおよび改善案の記述は，国民年金発展委員会（2003）13-17ページによる。
[30] 「国民年金法中改正法律案」（政府提案：2003年10月31日）の提案理由による。

第1節　年金保険制度の歴史

ォン（9万3,000円）にまで高まると反論している。

検討報告書では，年金受給者が退職直前の生活水準を維持するためには，退職直前の所得の70〜80％を得る必要があるが，これは国民年金のみならず，企業年金，退職金，個人年金などの多様な所得源により得るべきものであるとしている。そしてILOが，公的年金の所得代替率の適正水準として53〜60％（40年加入時，2人世帯）を提示している点，主要国における年金の所得代替率は，完全加入時の平均で53.3％である点を挙げ，政府案の50％が決して低い水準ではないと判断している。

さらに財政不安の根本要因は，未来世代の負担を担保にした現行制度の「高福祉・低負担」体系であるとしたうえで，現在の経済発展に寄与した世代に対する保障として，制度の初期における「高福祉・低負担」を採択したことには合理性があるとの見解を示した。そして法改正後も，既存の加入期間における既得権は保障していることから，経済成長に寄与した世代にも報いているとした[31]。

◆ **2003年の政府改正案は廃案に**

2003年に国会に提出された案は多くの議論を引き起こしたが，とくに「年金死角地帯[32]」の解消対策が十分ではないとの声が多かった[33]。国民年金の死角地帯については，①受給面の死角地帯，②加入面の死角地帯の大きく2つに分けられる[34]。

第一の受給面の死角地帯は，年金の受給権を得られない，または得られても十分な受給ができないことで生じる。国民年金は保険料方式であるため，保険料を納付しない場合は年金を受給することができない。よって年金制度の導入

---

[31] 国会保健福祉委員会主席専門委員「国民年金法中改正法律案（政府提出）検討報告書」（2003年11月）7-11ページによる。
[32] 韓国では社会保障によって保護されない層を「死角地帯」と呼ぶ。
[33] キムソンスク 他（2008）262ページによる。
[34] 韓国保健社会研究院（2005）59ページ，68ページによる。また年金死角地帯の説明は，同59-70ページによる。

時あるいは対象拡大期に60歳または65歳以上であった者は保険から除外されたため年金を受給することができない。具体的には，①1988年に常用雇用10人以上の事業所の被雇用者が加入対象になった時，すでに60歳以上であった被用者（1928年1月1日以前に出生），②1995年に農漁村地域の住民に加入対象が拡大された時，すでに65歳以上であった農漁村地域住民（1930年7月1日以前に出生），③1999年に都市地域に加入対象が拡大された時，すでに65歳以上であった都市地域住民（1934年4月1日以降に出生）については，公務員年金などの職域年金の受給者でない限り，年金を受け取れない。

また年金受給者であっても，年金の水準が老後の生活を保障するほど高くない場合も死角地帯とされる。受給額は，加入年数と平均所得によって決まるため，加入年数が短い場合や平均所得が少ない場合，年金額が最低生計費に満たない場合も出てくる。2004年の状況を見ると，制度発足から20年経っていないため，当然のことながら20年の加入期間を満たしている者はいない。

よって減額年金などを受給せざるを得ないが，減額年金の平均給与額が39万2,062ウォン（6万6,080円）に過ぎず，これは単身世帯の最低生計費である40万1,466ウォン（6万7,665円）よりも水準が低かった。もちろん2008年以降は完全老齢年金の受給者が出てくるため，最低生計費より高い水準の年金額を受け取る者も増えていくと予想されるが，加入期間が20年に足りず，減額年金しか受け取ることができない世代の年金の水準は，老後の生活を保障するに足るものではない。

第二の加入面の死角地帯は，加入資格はあるが年金保険料を納めないことによって生じる。受給面の死角地帯は，主に年金制度が創設されてから成熟するまでの過渡期に生ずるが，加入面の死角地帯は年金制度の成熟以降も続くことが特徴である。国民年金には「適用除外制度」と「納付例外制度」がある。適用除外制度に該当する者は，①基礎生活保障の受給者，②18歳以上27歳未満の学生などである。国民年金に加入する義務を負わないので，保険料も支払う必要がない。一方，納付例外制度は，無所得あるいは所得減少に陥ることで年金保険料が支払えなくなった者が該当する。そして申請が認められれば保険料を

第1節　年金保険制度の歴史

納付しなくてもよくなる。

　2004年12月時点で，国民年金加入者は1,707万人であるが，その27.4%に相当する468万人が納付例外制度の適用者であった。そして納付例外制度の適用者の72.1%が失職により申請に至っている。

　韓国では，納付例外制度により保険料の支払いが免除された場合，その期間は年金加入期間に算入されないため，納付例外の期間が長ければ，将来に受け取る年金額が老後の生活を保障するに足るものではなくなる可能性が高まる。

　このような年金死角地帯問題を解消するため，政府は2004年に「老後所得保障死角地帯解消政策委員会」を立ち上げ議論したが，効果的な政策を提案できなかった[35]。そして2003年に政府が提出した改正法案は，国会議員の任期満了にともない廃案となった。

◆野党による死角地帯解消のための改正法案も廃案に

　当時は野党であったハンナラ党（現在のセヌリ党）が，2004年に国民年金法の改正案を国会に提出した。法案が成立すれば，税方式で定額の均等年金と，保険料方式で報酬に比例する報酬比例年金から構成される年金が支給されることとなるはずであった。この改正案は，65歳の年金受給開始直前40年間のうち，20年以上を国内で居住した国民に対し，均等年金を支給することで，年金の死角地帯を解消することを狙っていた[36]。

　ハンナラ党が国会に提出した改正案は，保健福祉委員会で検討されたが，国家財政の負担能力などを勘案すれば再検討が必要であると報告され，本会議には送らないと結論づけられた[37]。

35　キムソンスク 他（2008）262ページによる。
36　「国民年金中改正法律案」（ユンコンヨン委員提案：2004年12月3日）による。
37　保健福祉委員会主席専門委員「国民年金中改正法律案（ユンコンヨン委員）検討報告書」（2004年12月）による。

◆2007年にようやく財政安定化のための法改正

　2006年9月に，当時の与党は議員立法で改正法案を提出した。内容は2003年に政府が提出した改正法案と概ね同じであり，所得代替率は2008年に60%から50%に引き下げる。ただし，保険料率は2008年に予定されていた長期財政見通しの結果により定めることとしていた。さらに低所得の地域加入者に対しては，2014年末までに，本人が負担する年金保険料のうち35%以上に相当する金額を国庫が支援することも盛り込まれていた[38]。

　そして同時に「基礎老齢年金法」を国会に提出した。基礎老齢年金は公費負担の年金である。法案によれば基礎老齢年金は本人と配偶者の所得認定額が一定金額以下である65歳以上の高齢者に対し給付される。国民基礎生活保障の受給者およびそれに準ずる者には月額10万ウォン（1万6,115円），それ以外には7万ウォン（1万1,281円）を，公費から支給するものであった。そして65歳以上の高齢者の60%が受給できるように，受給資格を得るための所得認定額の最低ラインを定めるとした[39]。「基礎老齢年金法」は年金死角地帯問題の解消のため提出されたが，こちらは2007年4月に国会を通過して，2008年1月より施行された。

　しかし「国民年金法」の改正案については，社会福祉委員会で検討・審議され，所得代替率および保険料率については問題がないとされた。一方で，低所得者に対する保険料の一部を国庫が負担することに対しては，公平性，財源などの観点から問題があると判断され，本会議には送らないとの結論が示された[40]。つまり与党がセットで提出した「基礎老齢年金法」は通過したものの，「国民年金法」の改正は再び頓挫した。

　2007年7月には，国会の保健福祉委員長が，これまで提出された法案をまとめる形で「国民年金法」の改正案を提出した。この案の重要な点は，2003年の政府提出法案，2006年の与党提出法案とは異なり，給付を抑えたものであった

---

38 「国民年金法一部改正法律案」（カンキジョン委員など78人提案：2006年9月29日）による。
39 「基礎老齢年金法案」（カンキジョン委員など78人提案：2006年9月29日）提案理由による。
40 「国民年金法一部改正法律案審査報告書」（保健福祉委員会：2006年12月）による。

ということである。40年加入した場合の所得代替率は，現行の60%から2008年には50%に，さらに2009年から毎年0.5%ポイントずつ引き下げ，2028年に40%に引き下げるとした。一方で，年金保険料は現行の9%を維持することとした。この結果，積立金の予想される枯渇時期が2047年から2060年となった[41]。

この改正案は極めて迅速に審議され，提出した同じ月に公布，2008年1月には施行された。この改正によって，2003年以降長らく議論されてきた財政安定化がようやく成し遂げられたが，その方法は負担増を避ける一方で，給付を大きく減らすといったものとなった。

第2節　国民年金の概観

韓国の年金保険制度である国民年金は，国民皆年金になってから15年ほどしか経過しておらず，十分に成熟していない状況である。制度の構造は，日本と似ている点が多いが，異なっている点もある。例えば，被用者とそれ以外が別の制度に加入する日本と異なり，一部の職域年金を除き一元化されている。また，年金制度の成熟度は日韓でまったく異なる。さらに，国民年金と別の制度として，完全な税方式で運営される基礎老齢年金が存在することも違った点である。以下ではまず国民年金の概観について，構造，負担と給付の方法について説明する。次に，年金制度の成熟度を検討する。最後に国民年金を補完する目的で創設された基礎老齢年金についても取り上げる。

1．国民年金の構造
◆ 公的年金制度は5種類で構成

まず年金保険の制度から見ていこう。年金保険は，国民年金と，職域年金である公務員年金，私学年金，軍人年金，別定郵便局職員年金の5種類で構成さ

---

[41] 「国民年金法全部改正法律案（対案）」（保健福祉委員長提案：2007年7月3日）提案理由および主要内容，キムソンスク 他（2008）264-265ページによる。

れている。まず職域年金である。公務員年金は1960年に導入された最も歴史の古い年金制度である。国家公務員，地方公務員，裁判官などが対象であり，2011年における加入者は105万人である。私学年金は1975年に制度が導入された。私立学校の教職員が対象で，加入者は27万人である。

軍人年金は公務員年金に次いで歴史が古く，1963年に導入した。職業軍人が対象で17万人が加入している。さらに別定郵便局職員年金であるが導入は1982年である。別定郵便局とは，未来創造科学部長官の指定を受けて，自らの負担で庁舎その他施設を準備し国から委任された業務を行う郵便局のことである。

これら職域年金に加入している者は国民年金への受給資格はなく，残りの18歳から60歳までの者が国民年金の加入者となる。国民年金の加入者は2012年末で2,033万人であり，公的年金保険の全加入者の大半を占めている。職域年金と国民年金は完全に分離されており，所管および運営機関も異なる。

国民年金は保健福祉部が所管し，国民年金公団が運営しているのに対し，公務員年金は行政安全部が所管し公務員年金公団が運営，私学年金は教育科学技術部が所管し私学年金公団が運営している。また軍人年金は国防部が所管し同部の保健福祉官室軍人年金課が運営，別定郵便局職員年金は未来創造科学部が所管し別定郵便局管理公団が運営している[42]。

◆ **制度は一階建てで加入者は大きく２種類**

国民年金の構造は一階建てであり，一部例外を除くすべての国民が，給付が定額部分と報酬比例部分から構成される同一の制度に加入する。国民年金の加入者は国内に居住する18歳以上60歳未満の者であるが，①公務員年金など他の職域年金加入者は加入資格がなく，②基礎生活保障の受給者，③18～27歳で学生など所得のない者，④所得のない配偶者などは加入が義務づけられていない。

また国民年金の加入者は主に２つに分類される。第一は事業所加入者である。

42　保健福祉部「一目で見る公的年金制度」による。

第2節　国民年金の概観

事業所加入者は被用者であるが，1ヵ月未満の短期雇用者，1ヵ月の就労が60時間未満のパートタイムなどは除外される。第二は地域加入者である。地域加入者は事業所加入者ではない者が対象者であり，自営者などが含まれる。

両者とも負担および給付は等しく，負担は基準所得月額の9％，給付は定額部分と報酬比例部分の合計額を受け取り，計算式も等しい。ただし事業所加入者は，保険料を労使折半するが，地域加入者は全額自己負担である点が両者の差となっている。2012年末の事業所加入者は1,146万人で，全体の56.4％であり，地域加入者は857万人である。

なお先述したように，基礎生活保障の受給者などは国民年金への加入を義務づけられていない。しかし国民年金に加入しなければ年金を受け取ることはできない。また後に加入したとしても，未加入の期間は加入期間に算入されない。そこで義務づけられてはいないものの，国民年金に加入することで，年金を受け取る，あるいは受け取り額を増やすことが可能となる制度がある。この制度を利用して加入している者が任意加入者であり，その数は21万人となっている。

さらに，国民年金の加入は59歳までであるが，加入期間を延ばしてより多くの年金をもらいたい人は，65歳になるまで保険料を払うことができる。これは日本の繰り下げ支給に相当するが，9万人がこの制度を利用している。

◆ **財政方式は修正賦課方式**

韓国の財政方式は修正賦課方式である。これは制度発足当初から保険料を高く設定して，積立金を相当期間保有する方式であり，積立金の運用により将来世代の負担を少なくすることができる[43]。そして年金制度の成熟とともに賦課方式に転換する予定であった。

しかしながら急速な高齢化によって，賦課方式への転換は2000年代後半には断念されていた[44]。2013年3月に公表された「第3次国民年金財政計算長期財

43　キムソンスク他（2008）270ページによる。
44　キムスンオク（2008）32ページによる。

政見通し結果」でも，賦課方式に当面転換しない理由として急激な高齢化を挙げている。すなわち，現時点では完全な賦課方式にすれば，保険料率を3％といった低い水準に抑えることができるが，2045年には年金保険料だけでも所得の15.5％に，2065年には22.5％に跳ね上がる。

　賦課方式は，急激な人口構造の変化に脆弱であり，韓国のように高齢化が急速に進む場合には，賦課方式への転換は事前に十分な準備が必要である[45]。

2．負担と給付

◆保険料は被用者や自営者を問わず所得の9％

　年金保険料は，被用者である事業所加入者，主に自営者である地域加入者ともに基準所得月額に9％を乗じた額である。ただし事業所加入者の場合，9％を労使折半し，4.5％ずつ支払うこととなる。一方で地域加入者は9％の保険料すべてを自らが支払う[46]。

　なお，国民年金への加入が義務づけられていない18～27歳で学生など所得のない者，所得のない配偶者などは任意加入者となるが，その場合は，地域加入者全体の中位所得である「中位数基準所得月額」の9％に相当する額以上の水準に決定される保険料を支払う必要がある。

　ちなみに基準所得月額とは，日本の標準報酬月額と同じ概念であり，2013年においては，25万ウォン（3万1,960円）から398万ウォン（50万6,250円）まで40段階あり，25万ウォン未満の所得は25万ウォンに，398万ウォン以上は398万ウォンとされる。

◆地域加入者の3分の2は保険料を支払っていない

　国民年金の加入者であっても，事業を中断している自営者，失業者，休職者，災害や事故により所得が減少した者などは，年金保険料納付例外者とされ，保

---

[45] 国民年金財政推計委員会・保健福祉部（2013）41ページによる。
[46] なお農漁民だけは，一定金額までの保険料について，国がその半分を補助する。

第2節　国民年金の概観

険料を納める必要はない。納付例外者は地域加入者となるが，2012年の納付例外者は467万人である。これは全加入者の22.9%であるが，地域加入者が857万人であるので，地域加入者の54.4%が納付例外者となっている。納付例外者となった理由については，若干数字は古いが2008年3月のものを見ると，失職・求職が79.3%と多くを占め，事業中断が8.7%，生活困難が8.4%と続く[47]。

さらに保険料徴収率を見ると，事業所加入者は2011年で99.3%であるが，地域加入者は88.7%と相対的に低い水準である。よって納付例外者および未納者を合わせると，地域加入者の3分の2が保険料を支払っていないといえる[48]。

◆ **年金給付は原則として報酬比例**

年金給付は日本と異なり，自営者も含めたすべての支給対象者に現役時代の報酬に比例した金額が支払われる。これはすべての加入者の保険料が報酬に比例しているため当然といえるが，完全に報酬に比例しているわけではない。

年金額（1年間の支給額）の計算式は**参考1-1**のとおりであるが，以下ではこれに沿って年金給付額の決定メカニズムを整理して解説する。年金額の中核となる部分は基本年金額である。そして基本年金額に年金受給のパターンによって異なる支給率がかけられる。具体的には後ほど説明するが，例えば65歳未満で一定以上の収入がある場合は基本年金額が減じられ，また加入期間が20年に満たない場合も同様である。さらに扶養家族がいる場合には一定額（扶養家族年金額）が加算される。よって基本年金額が同じでも年金額に差が生ずる。

基本年金額を計算するための式は，①基準所得月額で決まる金額，②本人の加入月数で決まる倍率の大きく2つに分けることができ，①×②で基本年金額が決まる。最初に基準所得月額で決まる金額について見てみよう。この金額は主に2つの値から構成される。ひとつは年金受給開始前3年間における全加入者平均基準所得月額（以下では単に「全加入者平均基準所得月額」とする。）であ

47　キムソンスク 他（2008）280ページによる。
48　保健福祉部（2012a）349-350ページの数値による。

(参考1-1）年金額の計算式（1年間の支給額）

$$\boxed{年金額 = 基本年金額 \times 年金受給パターンによる支給率 + 扶養家族年金額}$$

（1）基本年金額

$$\{2.4 \times (A+0.75B) \times \frac{P_1}{P} + 1.8 \times (A+B) \times \frac{P_2}{P} + 1.5 \times (A+B) \times \frac{P_3}{P} + 1.485 \times (A+B) \times \frac{P_4}{P}$$

$$+ \cdots\cdots + 1.2 \times (A+B) \times \frac{P_{23}}{P} + 出産クレジット + 軍服務クレジット\}$$

$$\times \left(1 + \frac{0.05n}{12}\right)$$

A = 年金受給開始前3年間における全加入者平均基準所得月額
B = 本人の全加入期間平均所得月額

　Bの全加入期間平均基準所得月額は，社会福祉部長官が告示した各年の再評価率により，当該年の基準所得月額を現在価値に換算した金額を加えて，それを加入月数で割ることで算出する。

P = 本人の全体加入月数

	1988～1998年	1999～2007年	2008～2027年	2028年以降
乗　　数	2.4	1.8	1.5（毎年0.015ずつ引き下げ）	1.2
所得代替率	70%	60%	50%（毎年0.5%ずつ引き下げ	40%
加入月数	P_1	P_2	$P_3 \cdots P_{22}$	P_{23}

n = 20年超過月数

（出所）国民年金公団ホームページによる。

第 2 節　国民年金の概観

り，これはA値と呼ばれる。そしてもうひとつは本人の全加入期間平均基準所得月額であり，これはB値と呼ばれる。A値は全加入者の数値であるので，本人の現役時代の所得に影響を受けない。一方でB値は現役時代の所得に比例する。

なおB値を算出する際に，20年前と現在の基準所得月額を同等に見なして単純に平均することはしない。その間に物価が上昇しているため，20年前の所得の現在価値は名目上の金額より高いからである。そこで，過去の基準所得月額は，社会福祉部長官が告示した各年の再評価率により，当該年の基準所得月額を現在価値に換算する。例えば，2013年においては，1988年の基準所得月額は5.169倍，1998年は1.535倍，2008年は1.105倍することとされている。

原則的にはA値とB値の和に一定の乗数をかけた値が，基準所得月額で決まる金額となるが，保険料を支払った時期によって乗数が異なる。例えば，1988年から1999年の乗数は2.4であるが，1999年から2007年は1.8，そして2028年以降については1.2にまで低下する。これは，1999年および2007年における「国民年金法」の改正により所得代替率が段階的に引き下げられたからである。引き下げられた所得代替率は遡及適用されず，引き下げ前に支払われた年金保険料については，従来の所得代替率が保障された。よって加入月数のうち所得代替率が引き下げられる前に支払った月数が多いほど，A値とB値が同じであっても年金を多く受け取ることができる。

次に加入月数で決まる倍率であるが，これを説明するためには年金を受給する条件となる年数を知る必要がある。完全老齢年金は加入年数が20年以上でないと受給できず，これが加入月数で決まる倍率の基準となる。加入年数がちょうど20年であれば，加入月数で決まる倍率は1となり，基準所得月額で決まる金額がそのまま基本年金額となる。そして加入年数が20年を超えた加入期間の月数について，1カ月当たり240分の1が倍率に加えられる。

例を挙げれば，30年加入した場合，20年を超えた期間は120カ月になるため，これに240分の1を乗じた値，すなわち0.5が加えられ，倍率は1.5となる。そして40年加入した場合の倍率は2倍になる。つまり基準所得月額で決まる金額が

同じであれば，加入期間が40年の受給者は，20年の受給者より2倍の年金を受け取ることができる。

◆ **保険料の支払いなくして年金の給付なし**

　加入期間について補足する。納付例外申請をせず年金保険料を納付していなかった時期は，当然のことながら加入期間に含まれず，年金額にも反映されない。それに加え，加入対象から除外されていた期間，さらに納付例外が認められた期間も，年金額を算定する際の加入期間には含まれない。つまり年金保険料を納めていない期間は，年金額には反映されない。

　日本の場合は，年金保険料を納めていない期間も年金保険料が支払われる場合がある。ひとつは第3号被保険者であり，被用者の配偶者で所得が一定以下の者は，その状態が続いた期間において保険料を支払う必要はなく，国民年金保険料を支払ったと見なされる。よってその期間に相当する年金は満額受給できる。

　もうひとつは保険料免除制度により保険料を納めていない期間である。この制度により保険料支払いを免除される者は，生活保護の受給者，低所得や失業のため生活が困難な者，学生などである。そして，保険料免除期間に相当する年金は，2009年3月までは3分の1，2009年4月以降は2分の1受け取ることができる。これは基礎年金財源の2分の1が国庫補助でまかなわれている（2009年3月までは3分の1）ことによるものである[49]。一方，韓国では年金財源に公費が投入されていないため，年金保険料を納めていない時期が，年金額に反映されないことは当然といえる。

　なお日本では保険料免除制度を受けた場合，その期間は受給するための加入期間に算入されるが，韓国では加入期間に算入されない。例えば18年間は年金保険料を支払い，3年間は納付例外が認められた場合，加入期間は18年となる。

---

[49] 日本政府の資料による。

第 2 節　国民年金の概観

◆「保険料の支払いなくして年金の給付なし」の例外

　ただし「保険料の納付なくして年金の給付なし」との原則には例外が 2 つある（参考 1-2）。そのひとつが出産クレジットである。出産クレジットは，「第 1 次低出産・高齢社会基本計画」（補完対策）で掲げられた対策のひとつとして設けられた。これは 2 人以上の子を出産した場合，年金額で優遇することで，出産するインセンティブを高めることを狙いとしている。具体的には，2008 年 1 月 1 日以降に 2 人以上の子を出産した場合，加入期間の追加を認定する。追加認定期間は，子が 2 人の場合 12 カ月，3 人は 30 カ月，4 人は 48 カ月，5 人以上は 50 カ月であり，この期間における所得は，全加入者平均基準所得月額とされる。

　またもうひとつは軍服務クレジットである。2008 年 1 月 1 日以降に入隊して，

（参考 1-2）「保険料の納付なくして年金の給付なし」の例外

・出産クレジット $= X \times (A+A) \times \dfrac{C}{P}$

　　2 人以上の子を出産した場合（2008 年 1 月 1 日以降），加入期間の追加を認定する。該当期間の所得は，全加入者平均基準所得月額（＝ A 値）とする。追加認定期間（＝ C）は，子 2 人の場合 12 カ月，3 人は 30 カ月，4 人は 48 カ月，5 人以上は 50 カ月である。X は 1.2〜1.5 の乗数である。2008 年には 1.5 で，その後は毎年 0.015 ずつ下がり，2028 年以降は 1.2 となる。

・軍服務クレジット $= X \times \left(A + \dfrac{A}{2}\right) \times \dfrac{6}{P}$

　　兵役義務を果たした者（2008 年 1 月 1 日以降に入隊した者のみ）は，6 カ月間の加入期間を追加で認定する。該当期間の所得は全加入者平均基準所得月額（＝ A 値）の半額とする。X は出産クレジットと同様。

（出所）国民年金公団ホームページによる。

兵役義務を果たした者は，6ヵ月間の加入期間を追加で認定する。そして追加認定された期間の所得は，全加入者平均基準所得月額の半額とされる。

◆65歳までは仕事をすれば年金額が減る場合がある

基礎年金額を算出した後は，これに年金の受給パターンによって異なる支給率を乗じる作業を行う。年金の受給パターンは，①加入期間が20年以上か否か，②所得がある仕事に就いているか否か，③60歳に受給を始めるか，55歳から59歳の間に受給を始めるか，によって6通りに分けることができる（表1－1）。

以下では年金の受給パターンによる基本年金額の支給率を解説するが，その前に用語の定義をする。「減額支給率」は，加入期間が10年以上20年未満の場合，基本年金額に乗ずる支給率である。「仕事有り支給率」は，年金受給者が，所得がある仕事に就いている場合，基本年金額に乗ずる支給率である。「早期支給率」は，55歳から59歳の間に年金受給を開始した場合，基本年金額に乗ずる支給率である。

まずは最も基本的な受給パターンである。60歳に受給を始め，加入期間が20年以上で，所得がある仕事に就いていない場合がこれに相当する。ここで明らかにしなければいけない点は，何をもって所得がある仕事に就いていると判断するかである。これは「国民年金法施行令」で具体的に定められている。すなわち，勤労所得および事業所得を合算した金額を，当該年において就業した月数で割った値が全加入者平均基準所得月額より多い場合，所得のある仕事に就いていると見なされる。ちなみに2012年の基準額は189万1,771ウォン（24万1,846円）である。

最も基本的なパターンである場合は支給率が100％であり，基本年金額を満額受けとることができる（パターン1）。一方で，60歳に受給を始め，所得のある仕事に就いていない場合でも，加入期間が20年より短い場合は，基本年金額に減額支給率を乗じる。減額支給率は，加入期間が10年の場合50％であるが，加入期間が1年増えるごとに5％ずつ引き上げられる（パターン2）。

さらに60歳に受給を始め，所得のある仕事に就いており，加入期間が20年を

第2節　国民年金の概観

表1-1　年金受給パターン別支給率

	加入期間	所得のある仕事の有無	基本年金額に対する支給率	年金受給パターン
老齢年金（60歳より受給）	20年以上	無	100%	パターン1
		有	50%（仕事有り支給率）（60歳の場合） ・年齢が1歳増すごとに仕事有り支給率に10%を加える	パターン3
	10年以上20年未満	無	50%（減額支給率）（加入期間が10年の場合） ・加入期間が1年増えるごとに減額支給率に5%を加える	パターン2
		有	50%（仕事有り支給率）×50%（期間支給率）（年齢が60歳で加入期間が10年の場合） ・年齢が1歳増すごとに仕事有り支給率に10%を加える ・加入期間が1年増えるごとに減額支給率に5%を加える	パターン4
早期老齢年金（55～59歳で受給開始）	20年以上	無	70%（早期支給率）（支給開始年齢が55歳の場合） ・支給開始年齢が1歳高まるごとに，早期支給率に6%を加える	パターン5
	10年以上20年未満	無	50%（期間支給率）×70%（早期支給率）（加入期間が10年で支給開始年齢が55歳の場合） ・加入期間が1年増えるごとに期間支給率に5%を加える ・支給開始年齢が1歳高まるごとに，早期支給率に6%を加える	パターン6

（出所）国民年金公団ホームページによる。

超えている場合である（パターン3）。年齢が60歳の場合の仕事有り支給率は50%である。そして年齢が1歳高まるとともに仕事有り支給率は10%ずつ引き上げられ，65歳であれば所得のある仕事に就いていても100%の支給率となる。

　次は60歳に受給を始め，所得のある仕事に就いており，加入期間が20年未満

の場合である（パターン4）。年齢が60歳であり加入期間が10年の場合，仕事有り支給率である50%に，減額支給率である50%を乗じた25%が支給率となる。そして仕事有り支給率は，年齢が1歳高まるごとに10%ずつ，減額支給率は加入期間が1年増えるごとに5%ずつ引き上げられる。

そして55歳から59歳の間に支給が始まる場合である。所得のある仕事に就いている場合，受給は60歳からしかできない。よって次のパターンは，55歳から59歳の間に支給が始まり，所得のある仕事に就いておらず，加入期間が20年以上の場合（パターン5）である。55歳に支給が開始された場合の早期支給率は70%である。そして支給時の年齢が1歳高まるごとに，早期支給率は6%ずつ引き上げられる。

最後は55歳から59歳の間に支給が開始され，所得のある仕事に就いておらず，加入期間が20年未満の場合である（パターン6）。加入期間が10年で，55歳で支給が開始される場合，減額支給率である50%に，早期支給率である70%を乗じた35%が支給率となる。そして，減額支給率は加入期間が1年増えるごとに5%ずつ，早期受給率は支給開始年齢が1歳高まるごとに6%ずつ引き上げられる。

◆ **扶養家族がいれば年金が増える**

基本年金額が決まり年金受給パターンの支給率を乗じれば，後は扶養家族年金額を加えるだけである。これは受給者を基準にした配偶者，子，父母であり，受給者の年金などによって生計を維持している者がいる場合，年金額に一定の金額が加算される。2013年4月から2014年3月の加算額であるが，配偶者は年24万1,550ウォン（3万880円）である。そして18歳未満[50]の子，60歳以上の父母については，一人当たり16万1,000ウォン（2万582円）が加算される。

所得のない配偶者は国民年金への加入が義務づけられていない。離婚した場合や夫あるいは妻が死亡した場合は，分割年金あるいは遺族年金を受け取るこ

50　18歳以上の子，60歳未満の父母でも，障害等級2級以上であれば扶養家族に該当する。

とができるが，そうでない場合は，任意加入者として保険料を支払っていない限り，配偶者に対して老齢年金が支給されない。

一方，日本では，被用者でない者の配偶者であれば，国民年金に加入し保険料を支払う必要があり，その結果として基礎年金を受け取ることとなる。また被用者の配偶者であり所得が一定額未満であれば，保険料を支払わなくても基礎年金を受け取ることができる（第3号被保険者）。

韓国においては，所得のない配偶者に対す年金支給がなく，扶養家族年金は低額に抑えられている。日本の例に鑑みれば，韓国の所得のない配偶者に対する老後の所得保障は十分ではないと考えられる。

◆ 年金額は物価に連動するがマクロ経済スライドはない

年金額が確定すれば，これが死亡するまで支払われることとなるが，この額で固定されてしまうと，物価の上昇とともに実質的な年金額が目減りする。よって全国の消費者物価指数上昇率分，年金額の引き上げを行う。例えば2001年に61万9,230ウォンの年金を受給していたものは，2012年には88万480ウォンの年金額を受け取ることとなる。これは2001年の消費者物価指数を100とすると，2012年に142にまで高まったことによる。

ただし日本のようなマクロ経済スライド制は導入されていない。マクロ経済スライド制は，2008年の財政計算時に導入が検討された。マクロ経済スライド制の長所としては，少子・高齢化が想定以上に進行しても年金財政の安全を図ることができる点を挙げることができる。とくに年金改革は，国会を通過させる過程で多大な労力を必要とし，財政計算のたびに消耗を余儀なくされてきたことが，制度導入が検討された背景にあった。

しかしすでに急激な給与水準の引き下げを行ったことで制度に対する不信が高まっており，マクロ経済スライド制を導入すれば，老後の貧困予防機能といった年金制度の目的に対する信頼度が失われる可能性が指摘された。よって最

終的にはマクロ経済スライド制は見送られることとなった[51]。

◆ 支給年齢は1969年生まれ以降の人から65歳

　国民年金制度が創設されてから11年しかたたない1999年の法改正で，60歳の支給開始年齢に変更を加えることとなった。具体的には，1953年から1956年生まれの人は61歳，1957年から1960年生まれは62歳，1961年から1964年生まれは63歳，1965年から1968年生まれは64歳，そして1969年生まれ以降の人は65歳が年金支給開始年齢となる。

　日本でも支給年齢の引き上げがなされるが，韓国では日本のように定年規制が年金受給年齢に連動してこなかった。日本では60歳以下に定年を設定できないことが，「高年齢者等の雇用の安定等に関する法律」で定められていた。そして2004年の法改正では，これに加えて，65歳未満の定年を定めている事業主に対して，65歳までの雇用を確保するために，①定年の引き上げ，②継続雇用制度の導入，③定年の廃止のいずれかの措置を実施することを義務づけた。ただし②については，労使協定により基準を定めた場合は，希望者全員を対象としない制度を可能としていたため，60歳で定年を迎えた者を継続雇用しなくても違法ではなかった。しかし2012年の法改正により希望者全員を継続雇用の対象とすることが義務づけられ，雇用が継続されず，また年金も支給されないことがないようにした[52]。

　韓国の定年規制の根拠法は，「雇用上の年齢差別禁止および高齢者雇用促進に関する法律」である。同法では，「事業主が被用者の定年を定める場合にはその定年が60歳以上になるべく努力しなければならない」と定めており，60歳定年が努力義務となっていた。しかし義務ではなかったので，単一の定年制を決めている常用雇用者300人以上事業所における平均定年は57.2歳に過ぎなか

51　国民年金運営改善委員会（2008）35-37ページによる。
52　厚生労働省ホームページ上の資料「『高年齢者等の雇用の安定に関する法律の一部を改正する法律』の概要」による。

第2節　国民年金の概観

った[53]。

しかし2013年4月に法律が改正され，事業所が定年を定める場合には60歳以上に定めることが義務づけられた。そして，この義務の根拠となる条文の施行日は，常用雇用300人以上の事業所は2016年1月1日，常用雇用300人未満の事業所や国・地方自治体は2017年1月1日である。ただし今後，年金支給年齢の引き上げに伴い，65歳までの継続雇用が義務づけられるかは不透明である[54]。

3．国民年金制度の成熟の程度
◆**男性の老齢年金受給率は50.5%で多くは特例年金を受給**

2012年における60歳以上人口に占める老齢年金受給者の比率は，男性で50.5%，女性で17.0%である[55]。

1988年に国民年金が導入された韓国では，1993年から老齢年金の支給が始まった。1993年に老齢年金を支給された者は1万971人で，全員が特例老齢年金である。特例老齢年金は，年金加入対象となった時点ですでに年齢が高く，60歳まで年金に加入しても老齢年金の受給のために必要な加入期間に達しない者に対して支給される[56]。5年以上の加入期間が必要であり，基本年金額の25%が支給され，加入期間が5年から1年増えるごとに5%が加えられる（9年では45%）。なお，現在は10年以上の加入期間で減額年金を受給できるが，1999年1月1日に改正「国民年金法」が施行されるまでは，減額老齢年金を受給するために最低15年の加入期間が必要であった。よって，減額老齢年金の受給は，

---

53 「雇用上の年令差別禁止および高齢者雇用促進に関する法律一部改正法律案（対案）」（環境委員長提案：2013年4月30日）による。
54 2.「給付と負担」の記述は，国民年金公団ホームページを参考とした（2013年10月時点）。
55 60歳以上人口は統計庁が公表している推計人口の数値，国民年金受給者数は，国民年金公団「2012年国民年金統計年報」の数値を利用した。
56 事業所加入の場合，45歳以上60歳未満の者（1928年1月1日～1942年12月31日生まれの者），農漁民および農村地域住民の場合，45歳以上60歳未満の者（1935年1月1日～1950年6月30日生まれの者），都市地域住民の場合50歳以上60歳未満の者（1939年4月1日～1949年3月31日生まれの者）が対象となる（韓国保健社会研究院 2005：69）。

第1章　国民年金

図1-1　老齢年金受給者

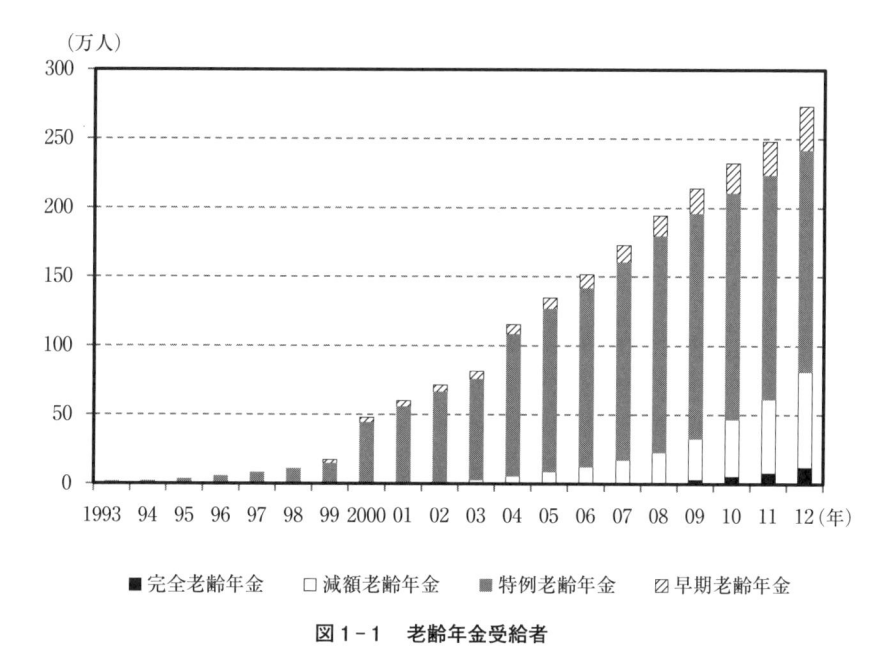

■ 完全老齢年金　□ 減額老齢年金　■ 特例老齢年金　▨ 早期老齢年金

(出所) 国民年金公団「国民年金統計年報」(各年版) により作成。

国民年金の導入後15年経った1998年から始まった。さらに加入期間が20年以上である完全老齢年金は，2008年から受給者が出始めた。

　1993年には1万人に過ぎなかった老齢年金受給者は，2012年には275万人にまで増加した。ここで受給者増加の特徴を見てみよう。2008年までは老齢年金受給者の増加数の多くが特例年金の受給者で占められていた。また2011年からは特例年金の受給者数が減少する一方で，減額老齢年金の受給者の増加幅が拡大している。つまり近年は，老齢年金受給者の増加数の多くが減額老齢年金の受給者で占められている (図1-1)。なお2012年においては，老齢年金受給者に対する完全老齢年金の受給者の比率は4.4%に過ぎず，58.4%を特例老齢年金の受給者が占めている。そして減額老齢年金の受給者は25.1%である。

第2節　国民年金の概観

◆70歳以上の老齢年金受給率は低く受給しても特例老齢年金

　次に2012年における年齢別の老齢年金の受給率を見てみよう。男性については，60歳から70歳までの年齢層で概ね60％を超えている。しかし74歳以上は30％を下回り，80歳以上は5％に過ぎない（図1-2）。70歳以上の受給率が低い理由としては，国民年金の導入時，対象拡大時に年齢が高かったため国民年金に加入できなかった者が多かったことを挙げることができる。また，国民年金に加入はできたものの，所得がなかったことから保険料を支払わなかった者も少なくなかったと考えられる。

　また女性の受給率については，60歳から72歳までは概ね20％前後，74歳から77歳は概ね10％程度である。先述したように国民年金は，所得のない配偶者の加入が義務づけられていない。韓国では所得がない配偶者の多くを女性が占めており，このため受給率に男女差が生じているといえる。

　さらに老齢年金受給者が受け取る年金の種類を年齢別に見てみよう。2012年に60歳であり老齢年金を受給している者のうち，完全老齢年金を受給している

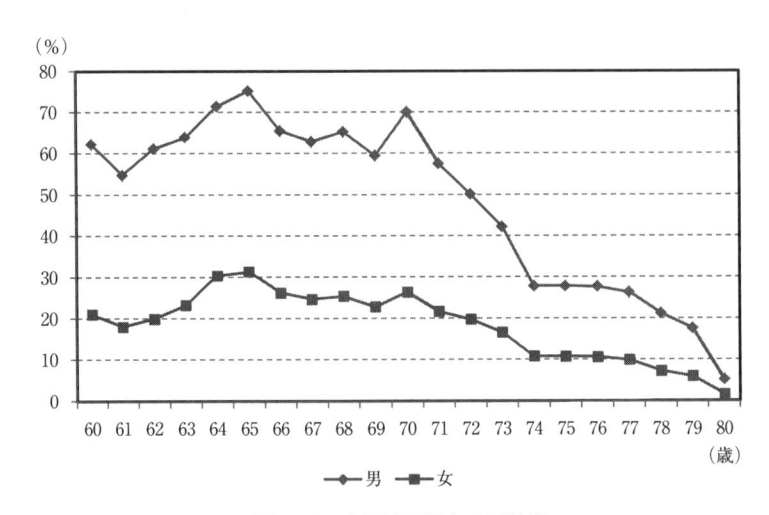

図1-2　年齢別老齢年金受給率

（出所）統計庁データベース，「2012年国民年金統計年報」により作成。

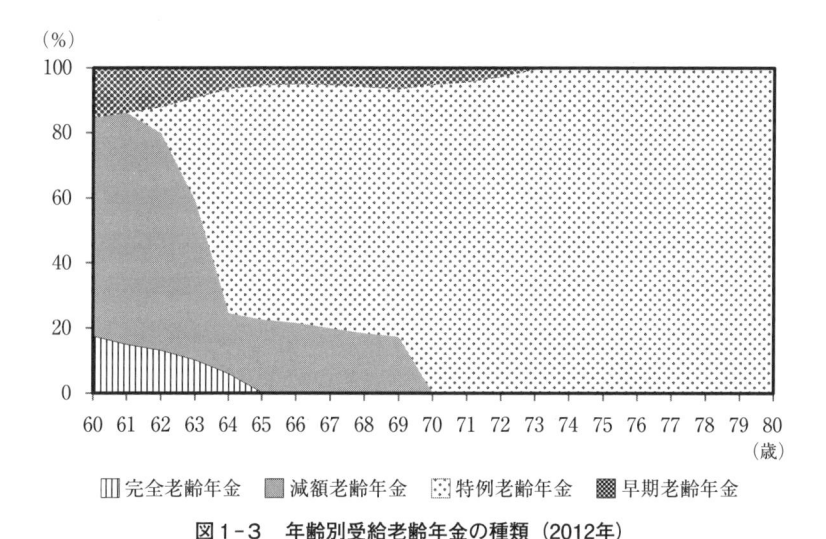

図1-3　年齢別受給老齢年金の種類（2012年）

（出所）国民年金公団「2012年国民年金統計年報」により作成。

者の比率は17.5%に過ぎない。一方，減額年金を受給している者の比率は67.1%と3分の2を占めている。そして完全老齢年金受給者の比率は年齢が高まるごとに小さくなり，66歳以上の受給者の比率はゼロとなる[57]。60歳から63歳までは減額年金受給者が多くを占めているが，64歳以上は特例年金の受給者比率が急に高まり，70歳以上では早期老齢年金受給者を除けば，すべてが特例年金の受給者である（図1-3）。

さてここで老齢年金の種類別の支給額を見よう。完全老齢年金の平均支給月額は84万6,090ウォン（10万8,165円）であるが，減額年金は41万2,150ウォン（5万2,690円）と半減し，特例年金は20万3,170ウォン（2万5,973円）とさらに半減する[58]。

---

[57] 小数点以下1ケタの数値で見てゼロという意味である。ただし人数が完全にゼロになるのは71歳からである。

[58] 国民年金公団「国民年金公表統計」（2013年11月）の数値である。支給額は2013年9月30日時点のものである。

第 2 節　国民年金の概観

◆ **国民年金制度の成熟まで今後長い年月がかかる**

　以上を整理しよう。まず老齢年金受給者は着実に増加しており，男性に限れば60歳代の64.1％が受給している。しかし70歳代は40.6％に受給率が下がり，80歳以上は5.2％である。また女性は60歳代でも受給率が24.1％に過ぎない。完全老齢年金の受給者は60歳以上の全受給者の4.4％にとどまっており，最も比率が高い60歳でも17.5％である。一方，特例老齢年金の受給率は58.4％と半数を超えている。そして70歳以上の受給者のほとんどが特例老齢年金を受給している。

　年金受給額の平均は，完全老齢年金を100とすれば，減額老齢年金48.7，特例老齢年金が24.0である。また完全老齢年金の受給者も，加入期間が最長で24年に過ぎない。所得代替率は40年間保険料を支払うことを前提に計算されている。つまり，40年の保険料支払いをもって年金が完成すると考えられる（以下では，40年間保険料を支払った場合に受け取る年金を「完成老齢年金」とする）。よって，現在の完全老齢年金は，完成老齢年金の半額程度に過ぎない。

　つまり，韓国の老齢年金の受給については，①70歳代以上を中心に年金受給率が低い，②女性の年金受給率が低い，③受給者の多くが給付額の少ない特例老齢年金を受けている，④完全老齢年金の受給者も加入期間が短く，完成老齢年金の半額程度しか受給していないことを指摘できる。これは韓国の年金が成熟していないことを意味している。

　しかし今後は，比較的年金受給率の高い60歳代が年齢を重ねれば，70歳代，さらに80歳以上の受給率が高まることが予想される。また2019年には皆保険が達成してから20年となるため，それ以降に年金支給が始まる年代については，完全老齢年金の受給が一般的になると考えられる。さらに国民年金が導入されて40年となる2028年からは，完成老齢年金を受給する者が出始める。そして皆保険が達成されて40年となる2039年からは，それ以降に年金支給が始まる年代に限定されるが，完成老齢年金の受給が一般的となることが予想される。そしてこの年代が年齢を重ねる，2040年代，2050年代には，完成老齢年金の受給者が老齢年金受給者の多くを占めることとなる[59]。

　以上を勘案すれば，現在の国民年金は成熟にはほど遠い状況であり，成熟ま

◆国民年金制度が成熟しても年金受給から漏れる者は少なくない

　年金制度の成熟までは時間がかかるが，制度が成熟した後も，高齢者の年金受給率が100%近くになるわけではない。国民年金公団（2012：18）は，原則的に年金に加入することとなっている18～59歳人口のうち，52.1%が潜在的な非受給者であるとしている。国民年金適用対象者，すなわち，職場加入者，地域加入者，任意加入者は2,024万人であり，18～59歳人口の61.6%である。そのうち納付例外者は466万5,000人，13カ月以上保険料を納めていない長期滞納者は125万3,000人で，18～59歳人口の，それぞれ14.2%，3.8%である。

　よって保険料を支払っている加入者は1,432万2,000人と，18～59歳人口の43.6%に過ぎない。ただし公務員年金など職域年金の加入者が141万4,000人で18～59歳人口の4.3%を占めているので，合わせて47.9%が，国民年金あるいは職域年金を受け取ることができる。逆に見れば，52.1%が基礎老齢年金以外受け取ることができない可能性がある。

　もちろん2012年末現在では年金保険料を支払っていなくても，所得減などで一時的に納付例外者となっているだけであり，最終的には国民年金受給に必要な加入期間を満たす者も少なくないと考えられる。しかしこの点を勘案しても，年金保険料を支払っていない者の比率は高く，年金制度が成熟した後も一定比率の無年金者が出ることが予想される。

4．基礎老齢年金

◆65歳以上の70%が受給

　基礎老齢年金の前身は，1998年に創設された敬老年金である。年金制度は導

59　さらに現状の制度を前提とすれば，所得のない配偶者は年金を受給できない状況が続く（ただし年金受給者の配偶者であれば年金受給者に扶養家族年金が加算される。また年金受給者あるいはその予定者と死別した場合は遺族年金，離婚した場合は分割年金を受給できる）。よって女性の年金受給率は，それほど高まらないことが予想される。

第 2 節　国民年金の概観

入されたが，その時点で65歳以上であった高齢者（1933年7月1日以前に出生した者）は年齢要件により年金への加入ができなかった。そのような高齢者の所得を補填する目的で敬老年金が導入された。

導入当時の支給対象者は55万人であった。支給額は，80歳以上の生活保護対象者（2000年以降は基礎生活保障対象者）に5万ウォン（1万757円），65～79歳の生活保護対象者には4万ウォン（8,606円），生活保護の対象者ではないが低所得の高齢者に1万5,000ウォンから2万ウォン（3,227～4,303円）であった。しかし敬老年金の支給額は2006年になってもほとんど変化せず，基礎生活保障対象者には4万5,000～5万ウォン（7,252～8,058円）[60]，低所得者には3万ウォンから3万5,000ウォン（4,835～5,640円）にとどまった。また対象者も62万人と若干増加したに過ぎなかった[61]。

そのようななか，生活が厳しい高齢者を支援するため，2008年に敬老年金を発展解消して基礎老齢年金が導入された。現時点で受給できる者は，満65歳以上であり，所得・財産基準を満たした高齢者である。2013年の所得認定額の基準を見ると，単身世帯の場合，所得認定額が83万ウォン（10万6,108円），夫婦家族の場合は132万8,000ウォン（16万9,773円）未満が対象となる。所得認定額とは，基礎生活保障と同じ概念であり，所得評価額に財産換算額を加えた金額である。

所得認定額の基準については，基礎生活保障のように最低生計費といった絶対的な基準で受給資格を決めているわけではなく，65歳以上の者の70%[62]が基礎老齢年金を受け取ることができるように定められる[63]。

60　1998年から2006年間に購買力平価基準で円高になっているため，同じ5万ウォンでも円に換算すると金額が下がっている。
61　保健福祉部（2012a）380-381ページによる。
62　制度導入当初は，70歳以上の高齢者の60%をカバーするよう所得認定額が定められたが，2008年7月にはこれが65歳以上の60%，2009年1月には65歳以上の70%とされた。
63　保健福祉部（2013a），保健福祉部（2012a）382ページによる。

第1章　国民年金

◆ 受給できる金額は低水準

　次に基礎老齢年金の給与水準である。これは国民年金と連動しており，国民年金の全加入者平均基準所得月額（A値）の5％である。2013年4月から2014年3月の金額を見ると，一人当たり9万4,600ウォン（1万2,094円）であり，夫婦世帯では20％減額されるので，2人で15万1,400ウォン（1万9,355円）が支給される。

　なお所得認定額が少し異なるだけで，基礎老齢年金を受給できるか否かが分かれると所得の逆転が起こる。よってこれを避けるため，所得認定額が受給条件の上限に近づくほど年金額が減る仕組みとなっている。単身世帯については，所得認定額が75万ウォン（9万5,881円）未満の場合は9万4,600ウォンの満額が支給されるが，81万ウォン（10万3,551円）以上から上限の83万ウォンまでの場合には2万ウォン（2,557円）にまで減額される[64]。

　基礎老齢年金の水準を国民年金と比較してみよう。2013年9月末における完全老齢年金の平均支給月額は84万6,090ウォン（10万8,165円），減額老齢年金は41万2,150ウォン（5万2,690円）である[65]。よって基礎老齢年金は夫婦世帯の場合でも，完全老齢年金はもとより，支給率が低い減額老齢年金の平均支給額の3分の1程度の水準に過ぎない。よって老後の所得の足しにはなるが，国民年金の死角地帯を解消するには力不足といわざるを得ない。

◆ 税方式で国と地方が負担

　基礎老齢年金は国民年金と財政方式がまったく異なり税方式で運営されている。「基礎老齢年金法」では，給付にかかる費用は国および地方自治体が負担し，国は地方自治体の高齢化率および財政条件などを考慮して，40～90％の範囲で大統領令に定める比率を負担すると定められている。具体的には法律の施行令にもとづき，表1－2のように基礎自治体ごとに国の負担率が決まる。

---

[64] 保健福祉部（2013a）51-52ページによる。
[65] 保健福祉部（2012a）356ページ表2-4-8の数値による。

第2節　国民年金の概観

表1-2　地方自治体の財政や高齢化の状況による国の負担率

区　　分		基礎自治体の高齢化率		
		14％未満	14％以上 20％未満	20％以上
財政自立度	90％以上	40％	50％	60％
	80％以上90％未満	50％	60％	70％
	80％未満	70％	80％	90％

(注)　1．財政自立度は，（自主財源÷一般会計総予算規模）×100％。
　　　2．高齢化率は，（65歳以上人口÷全体人口）×100％。
(出所)「基礎老齢年金法施行令」の別表により作成。

2011年における229の基礎自治体について国の負担率を見ると，90％負担が67の自治体（基礎自治体全体の29.3％），80％負担が41の自治体（同17.9％），70％負担が111の自治体（同48.5％）と，費用の70％以上を国が負担する基礎自治体が大半を占めており，50％負担は9つの自治体，40％負担は1つの自治体に過ぎない[66]。

2008年の予算額は2兆2,094億ウォンで（2,825億円），国が1兆5,908億ウォン（2,034億円），地方が6,186億ウォン（920億円）負担していた。そして予算額は徐々に伸びていき，2011年には予算額が3兆9,904億ウォン（5,101億円），そのうち国が2兆8,223億ウォン（3,687億円），地方が9,861億ウォン（1,261億円）を負担した。なお国の負担率は毎年わずかながら伸びており，2008年の72.0％から2011年には74.5％となるなど，近年は概ね4分の3となっている[67]。

第3節　財政計算と財源

韓国の国民年金の財政方式は日本と同様に修正賦課方式である。よって積立金が存在する。韓国の場合は，この積立金を将来の保険料負担の抑制のために

66　保健福祉部（2012a）384ページ，表2-4-26の数値による。
67　数値は保健福祉部「2010年度基礎老齢年金 市道別受給者現況」による。

使うこととしている。また経済の様々な条件変化にともない，安定した年金財政が維持できるか検証するために5年に1度，財政計算（長期財政見通し）が行われる。

そして，長期的に財政状態がどのように変化するか推測したうえで，状況の変化に応じた財政安定策を提言している。そこで以下では，過去の財政計算の結果，財政計算の結果にもとづき行われた措置，2013年に公表された最新の年金計算の結果について見ていく。

1．財政計算

「国民年金法」では，5年に1回，国民年金の財政収支を計算するとともに，①国民年金の財政見通しの作成，②年金保険料の調整および国民年金基金の運用計画などを含む国民年金全体に関する計画の策定を義務づけている，さらにこれらは国務会議の審議，大統領の承認，国会への提出を経たうえで，告示しなければならない。この義務にしたがって5年に1度行われている作業が財政計算である。

◆2003年の財政計算にもとづき3つの財政安定化策

1999年の「国民年金法」改正で，5年ごとの財政計算が義務づけられたが，これにもとづく1回目の財政計算が2003年に行われた[68]。

財政計算の結果，以下の点が明らかになった。まず2035年まで収入が支出を上回ることで，同年に積立金が1,715兆ウォン[69]でピークとなる。しかしその後は収支が赤字に転じることで，基金の取り崩しが始まり，2047年には積立金がゼロになる。積立金が消滅する2047年においては，収入が支出の29.4%に過ぎなくなる。積立金が完全に消滅すると，純粋な賦課方式に転換せざるを得ないが，その場合，必要とされる年金保険料率は，2050年には30.0%，2070年には

---

[68] 2003年財政計算にかかる記述は，国民年金発展委員会（2003）13-20ページによる。
[69] 長期的な購買力平価を得ることができないため，円への換算は行わない。

第3節 財政計算と財源

39.1%に跳ね上がる。

そして上記の財政計算を受けて，財政安定化のために考慮すべき3つの点が指摘された。第一は，2070年末まで積立率[70] 2倍の維持を目標とすることである。第二は，給与水準の適正化であり，平均加入期間である21.7年間にわたり保険料を支払った平均所得者に対して，最低生計費以上の年金を保障する。また50%以上の所得代替率を保障する。第三は，負担水準の適正化であり，長期的に負担できる保険料率の上限を18%とする。

以上を考慮して年金財政安定化のため3つの案が提示された。第1節でも説明したが，改めて見てみよう。第1案は，所得代替率を60%に維持する代わりに保険料率を段階的に19.85%にまで高めるといった，負担増に重点を置いた案である。保険料率は2010年から2030年の間に5年ごとに2.17%ずつ引き上げ，2030年に19.85%となって以降はこの水準を維持する。

第2案は，所得代替率を50%に引き下げ，保険料率を15.85%に高めるといった，負担増と給付減の折衷案である。保険料率は2010年から2030年の間に，5年ごとに1.37%ずつ引き上げ，2030年に15.83%とした後は，この水準を維持する。さらに所得代替率は，2004年に60%から50%に引き下げる。

第3案は，所得代替率を40%に引き下げ，保険料率を11.85%に引き上げる案であるが，第2案よりは給付減に重点を置いている。保険料率は2010年から2030年の間に，5年ごとに0.57%ずつ引き上げ，2030年に11.85%とした後はこの水準を維持する。そして所得代替率は，2004年に60%から40%に引き下げる。なお国民年金発展委員会における多数意見は第2案であるとされた[71]。

そして，政府は第2案にもとづき「国民年金法」改正案をとりまとめ国会に提出したが，最終的には2007年の改正法で，第3案に近い形，すなわち，所得代替率を40%に引き下げる一方で，保険料は9%のまま引き上げないことが決まった。

---

70 積立率は，年初の積立金の水準÷当該年度の総支出である。
71 国民年金発展委員会（2003）14-17ページによる。

第1章　国民年金

◆**2008年の財政計算では財政安定化策は示されず**

　2003年の財政計算から5年後の2008年には2回目の財政計算が行われた。

　2007年の法改正では，給付の引き下げによって財政の安定を図ったが，2008年財政計算の結果においても，この条件では，ある時期には積立金が消滅することが推計された。今後20～30年間は制度が未成熟であるため，支出より収入が多い構造が続くが，2031年からは単年度の支出が保険料収入を上回り，2044年からは，支出が保険料に基金の運用収益を加えた総収入を上回るようになる。

　その結果，基金の積立金は，2043年の1,056兆円（2005年基準の実質価格）をピークに2060年には消滅する。そして2060年には保険料収入が支出の39％に過ぎなくなる。

　2008年の財政計算でも長期的には積立金が消滅する結果となったが，2003年の財政計算の時とは異なり，給付の引き下げや保険料率の引き上げといった財政安定化策は示されなかった。

　そしてこの理由として，①制度創設時より財政安定化のため何度も制度改革をしており，年金制度に対する不信が増している，②2070年におけるGDP比で見た給付支出は，先進国の経験を勘案すれば耐えられる水準といえ，財政不安定問題が深刻になるとはいえないことを挙げている[72]。

　政府はこの結果にもとづいて，国民年金制度の改革は行わず，2007年の改正法の枠組み，すなわち，所得代替率40％，保険料率9％が維持された。

◆**2060年に積立金が消滅するが公費投入も選択肢**

　2013年に行われた3回目の財政計算では，年金財政にかかる重要な変数について2013年から2083年までの70年間を見通した。そして，①2043年まで積立金が増加し，同年には2,561兆ウォンでピークとなる点，②年金受給率の上昇により支出が増加するため，2044年からは財政収支が赤字に転じる点，③2044年

---

[72]　2008年財政計算にかかる記述は，国民年金運営改善委員会（2008）60ページ，国民年金運営改善委員会（2008）31ページによる。

第3節　財政計算と財源

以降は積立金が徐々に減少し，2060年には消滅する点が示された（図1-4）。

この結果は2008年財政計算と同じである。また一方で，2083年の段階で積立率，すなわち当該年の総支出に対する年初の積立金の水準を2倍とする場合には保険料率を12.91％に引き上げる必要がある。さらに5倍にする場合は13.48％，

① 年金受給率

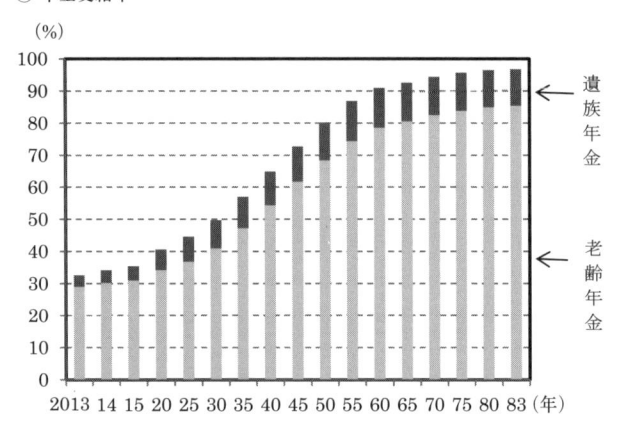

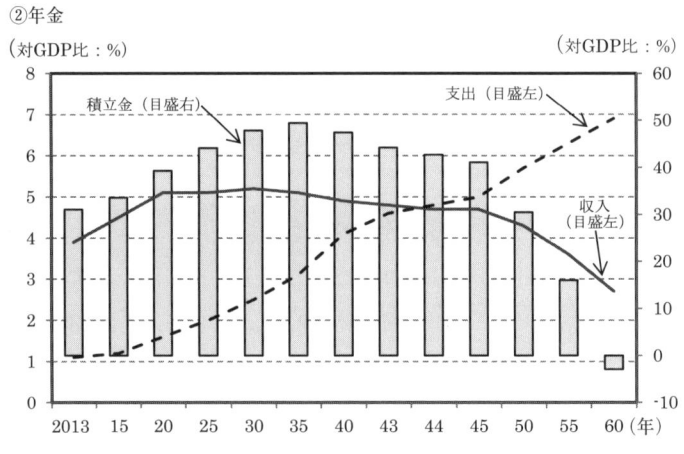

② 年金

(注) 年金受給率は65歳以上人口に対する年金受給者数の比率である。

図1-4　年金受給率および年金収支など

(出所) 国民年金財政推計委員会・保健福祉部 (2013) 41ページによる。

収支が赤字とならないようにするためには14.11%、一定の積立金を維持する場合には15.85%とする必要があることも示した。

2013年財政計算でも2008年財政計算と同様、2060年に積立金がなくなることが見通されたが、今回も年金制度の改正に踏み込んだ財政安定化策が示されなかった。そして2060年に積立金がなくなる点について、積立金のない完全な賦課方式を採用している先進国が少なくないことを指摘し、大きな問題と考えていないことを暗に示した。

さらに大部分の先進国ではすでに保険料収入より支出が多い状態であるが、税投入などによって赤字部分を補填している点を紹介している。つまり保険料の引き上げや年金水準の削減を行わず、公費投入も選択肢のひとつであるとの認識を示した[73]。

2．国民年金の財源
◆公費投入はゼロに近い

まず国民年金制度の資金の流れを見る。実際に年金支給を行う主体は国民年金公団である。そしてその財源の大部分は国民年金基金からの転入金である。そこで国民年金公団の予算、国民年金基金の収入・支出計画を見てみよう。

国民年金公団の2013年予算によれば、収入は国民年金基金からの転入金が13兆4,810億ウォン（1兆7,243億円）と全収入の99.7%を占めている。そして残りの430億ウォン（55億円）は運営補助金として他機関より受け取った資金である。支出は年金支払金が12兆8,300億ウォン（1兆6,402億円）であり、残りは運営・管理費の5,090億ウォン（651億円）などである。

次に国民年金基金の収入・支出計画を見ると、年金保険料が32兆8,440億ウォン（4兆1,988億円）で全収入（余裕資金回収分を除く）の69.6%、利子・財産収入が14兆3,310億ウォン（1兆8,321億円）で30.4%を占めている。また支出は年金支払金が12兆8,300億ウォン（1兆6,402億円）と、全支出（余裕資金運用分

---

[73] 国民年金財政推計委員会・保健福祉部（2013）5ページ、9ページ、12ページによる。

第3節　財政計算と財源

を除く）の94.7%を占めており，大半が国民年金公団の会計に繰り入れられる（表1-3）。

2013年における余裕資金の回収は43兆5,241億ウォン（5兆5,642億円），運用は77兆2,104億ウォン（9兆8,707億円）である。運用といってもこの金額だけを運用しているわけではなく，有価証券の購入など新たに運用を始めた金額である。つまり満期などにより43兆5,241億ウォンが基金に戻ってきたが，これに新しい資金を加えた77兆2,104億ウォン分の有価証券などを購入した。なお基金の積立額（積立金）は2013年7月末現在で407兆ウォン（52兆円）である[74]。

表1-3　2013年の国民年金公団予算と国民年金基金計画

〈公団予算〉　　　　　　　　　　　　　　　　　　　　　　　　　　　　（10億ウォン）

収　入	基金からの転入金	13,483
	補助金	43
	合　計	13,523
支　出	年金給付	12,830
	管理運営費	509
	資本予算	184
	合　計	13,523

〈基金計画：余裕資産回収・運用除く〉　　　　　　　　　　　　　　　　（10億ウォン）

収　入	年金保険料	32,844
	利子・財産収入	14,331
	雑収入など	54
	政府転入金	10
	合　計	47,240
支　出	年金給付	12,830
	その他事業費	313
	経常運営費	411
	合　計	13,553

（出所）国民年金管理公団ホームページによる。

[74] 国民年金公団ホームページによる。

第1章　国民年金

　国民年金制度の資金の流れで注目すべき特徴は，公費がほとんど投入されていない点である。国民年金基金には約100億ウォン（13億円）が政府の一般会計から繰り入れられているが，全体から見れば誤差の範囲といっても過言ではない金額である。これは国民年金の支給のための資金にはまったく公費投入がなされていないからである。「国民年金法」は，国家は国民年金公団および健康保険公団が，国民年金事業を管理・運営するため必要な費用の全部または一部を負担すると定めている。

　2004年まで，国民年金公団の管理・運営費の全額が国より補助されていた。しかし2004年以降はこれが40％に引き下げられ，2008年以降はさらに5％とされた[75]。このように，国民年金は完全な保険料方式であり，基金の管理，運営費補助も減額が続いている。

◆日韓では年金への公費投入の立場が正反対

　日本では1985年に基礎年金が導入されて以来，基礎年金に対する国庫負担は基礎年金の給付に必要な費用の3分の1となった。国庫負担割合については，2000年の「国民年金法の一部を改正する法律」の附則において，「基礎年金については，給付水準および財政方式を含めてその在り方を幅広く検討し，当面2004年までの間に，安定した財源を確保し，国庫負担の割合の2分の1への引き上げを図るものとする」とされ，引き上げの方向で検討がなされた[76]。

　2004年の年金制度改正において，安定的な財源を確保する税制抜本改革を行ったうえで，2009年度までに，基礎年金国庫負担を2分の1へ引き上げることが決まった。そして，2004年度には基礎年金の給付に必要な額の3分の1に272億円を加えた額が国庫負担となった。またそれ以降，2005年度は約35.1％，2006年度は約35.8％，2007年度は約36.5％と，国庫負担率が引き上げられていき，

---

[75] チェソンウン他（2009）84-85ページによる。
[76] 厚生労働省「年金制度に対する国庫負担関係資料」（第5回社会保障審議会年金部会資料1-2：2002年6月11日）による。

第3節 財政計算と財源

2009年度には国庫による2分の1負担が達成された[77]。

その結果,「基礎年金拠出金などの年金特別会計への繰入れに必要な経費」が増加し,2013年度予算では10兆4,187億円にのぼっている[78]。なお2009年に行われた財政検証・財政再計算によれば,2015年度における基礎年金給付費は,2004年度を基準とした実質価格で21.8兆円,国庫負担は11.1兆円である。そして金額はその後,徐々に減少はするものの,2027年度まで10兆円を超す国庫負担が必要であり,これが9兆円を下回るのは2056年度である[79]。

このように日本では基礎年金に対する国費投入が増やされ,社会保障関係費の3分の1を超す金額に達しているが,韓国では年金支給のための財源補填としての公費は全く投入されていない。さらに,100%補助されていた運営費も5%にまで引き下げられた。つまり,日韓では年金への公費投入の立場が正反対であるといえる。

---

77 厚生労働省「基礎年金国庫負担について」(第1回社会保障審議会年金部会資料2:2011年8月26日)による。
78 厚生労働省「平成25年度厚生労働省所管 一般会計歳出予算各目 明細書」による。
79 厚生労働省ホームページ「平成21年財政検証・財政再計算にもとづく公的年金制度の財政検証」による。

第2章 国民健康保険

　韓国の医療保険制度は国民健康保険である。国民健康保険は1963年にその前身となる制度が創設され，1989年に皆保険が達成された。

　韓国の医療保険制度には様々な特徴がある。そのひとつは保険者が単一な点である。日本では5つの制度があり，保険者も3,000以上存在するが，韓国では国民健康保険公団が唯一の保険者である。また患者の自己負担率にも特徴がある。韓国における患者の自己負担率は，入院，外来，薬局で異なり，さらに外来は，医療機関のランクや地域によっても差が付けられている。そして日本と比較した場合の大きな特徴は，高齢者の自己負担率が低く設定されていない点である。日本における患者の自己負担率は30%であるが，70～74歳の前期高齢者は20%，75歳以上の後期高齢者は10%と自己負担率が低く設定されている[1]。

　韓国では，医療費の家計負担率が高い。1980年からの動きを見れば，低下傾向で推移しているものの，高齢者の自己負担率が低く設定されていないこともあり，OECD加盟国の中でも，医療費の家計負担が重い国のひとつとなっている。

　本章では，韓国の医療保険制度である国民健康保険を取り上げる。第1節では，医療保険制度の歴史を，加入対象の拡大と保険者の変遷に焦点を当てて見る。第2節では，国民健康保険の概観を，制度の構造，負担，給付に分けて示す。第3節では，保障水準の引き上げの動きについて解説する。そして第4節では，財政の現況と今後の見通しについて検討する。

1　いずれも現役並み所得者は3割負担である。

第1節　国民健康保険の歴史

第1節　医療保険の歴史

　韓国における医療保険の導入は1963年であり，社会保障制度の中では比較的歴史がある。しかし導入当初は一定規模以上の事業所が組合を設立した場合に，その被用者が加入できる制度であり，医療保険とは名ばかりといえる状況であった。この状況は10年以上も続き，1977年にようやく常用雇用500人以上の事業所の被用者が強制加入となり，限定的ではあるが医療保険と呼べる制度となった。そして国民皆保険が達成されるまではさらに12年後の1989年まで待つ必要があった。本節ではまず制度の導入から，皆保険が達成されるまでの歴史を解説する。

　また医療保険の保険者は当初，事業所ごと（複数の事業所による組合も含む），あるいは地域ごとの組合であった。しかしこれらが段階を経て統合され，最終的には国民健康保険公団が唯一の保険者となった。そこで，皆保険達成までの歴史をみた後に，保険者の変遷についても取り上げる。

1．国民健康保険の導入以前
◆ 医療保険の必要性は認識されていたが実現はされず

　李承晩（イスンマン）大統領は，1948年9月に国会で行われた施政方針演説[2]に社会保険制度の創設を盛り込んだ。これにもとづき社会部長官[3]は，疾病医療行政においては全国民が貧富の差や地方の区別なく均等に医療を享受できるように，社会保険制度を計画するとした。しかし1949年から1959年まで政府が医療保険制度を検討した記録を探すことはできない。

　1959年には，保健社会部で医療の社会化に関心をもつ職員や外部専門家の集

---

[2] 国務総理が代読した。
[3] 現代の保健福祉部である。現在の保健福祉部の歴史は以下のとおりである。1948～1955年には社会部，1949～1955年には保健部が分立していた。これが1955年に統合され保健社会部となった。さらに1994年には保健福祉部，2008年には保健福祉家族部とされ，2010年から再び保健福祉部となった（保健福祉部ホームページによる）。

まりである「健康保険制度導入のための研究会」が毎週開催されるようになった。そして当時の医政局長が，1961年1月に，医療保険のパイロット事業を行うとした。さらに同年3月には，医療保険を緊急事業として採択し，まず8,000世帯を対象として，事業を実施する計画を立てた。しかし，同年5月16日の軍事クーデターにより，事業の実施が不可能となった。

軍事政権が発足した後，1962年に「第1次経済開発五カ年計画」が策定された。保健社会部は，計画に医療保険制度の実施を盛り込もうとしたが，審議過程において採択されなかった。これは当時の軍事政権が社会保険制度に関心をもっていなかったからである。しかし1963年の民政移管に備えて軍事政権が国民の支持を得る必要性から，1962年に医療保険制度の導入を発表した[4]。

2．医療保険の対象拡大の歴史
◆1963年に医療保険を導入

1963年には政府により「医療保険法」が国会に提出され，同年国会を通過した。同法によれば，医療保険に加入するためには，事業所の事業主が医療保険組合を設立し，その組合に加入することが必要である。事業主が医療保険組合を設立しようとした場合，被用者300人以上の同意を得た後，社会保健部長官の承認を得るといった手続を踏む。

この法律の重要な点は，①大規模事業所の被用者以外は医療保険への加入ができなかったこと，②事業主に対して医療保険組合の設立を強制しておらず設立が裁量に任されていたことである。よって，自営者や小規模事業所の被用者はもとより，大規模事業所の被用者も事業主に医療保険を設立する意思がなければ医療保険に加入することができなかった。

「医療保険法」は1970年に改正された。この改正により大きく変わった点は，①医療保険組合を事業主が設立しなければならない事業所を大統領が定める，②医療保険組合を設立しなくてもよい事業所も任意で医療保険組合を設立でき

---

[4] シンオンハン（2007）11-14ページによる。

る，③自営者も任意で医療保険組合を設立できる，という3点である。

①に関しては，「被用者，公務員および軍人は，大統領令が定めるところによって，医療保険に加入しなければならない」との条文が加わった。つまり大統領により定められた条件を満たす事業所の被用者は，医療保険への加入を義務づけられることとなり，具体的な条件は大統領令，すなわち施行令に委任された。しかし，「医療保険法施行令」はこの条文に対応して改正されなかった。これに対して医療保険連合会（1997：52）は，施行令が改正されなかった理由として，政治的な決断ができなかった点を挙げ，1960年代の「法—施行令—施行規則」といった一貫性さえ失ったとして批判している。つまり，法律上では医療保険組合の設立が義務づけられる事業所が想定されながら，実際にはそのような事業所が存在しない状況が続いた。

その結果，1976年までに医療保険組合を設立した事業所は，湖南肥料医療保険組合[5]（1965年設立），鳳鳴鉱業所医療保険組合（1966年設立），大韓石油公社医療保険組合（1973年設立），協成医療保険組合（1975年設立）に過ぎなかった。そして1976年時点の加入者数は5万4,028人であった。

1970年の改正法では，自営者の任意組合を設立する根拠が定められた。法改正に先立つ1969年には，釜山青十字医療保険組合が，民法に基づく社団法人として設立された。これは地域住民を対象とした自営者医療保険の第1号といえる組合である。なお同組合は，1974年に青十字医療保険組合として「医療保険法」を根拠とした組合に改編・認可された。そして自営者組合の設立は続いた。その結果，1976年時点の自営者組合は，沃溝青十字医療保険組合（1973年設立），春城医療保険組合，巨済青十字医療保険組合，白翎青十字医療保険組合（以上，1974年設立），嶺東医療保険組合，曾坪メリロン医療保険組合（以上，1975年設立）となり，加入者数は6万8,312人となった[6]。

上記の事業所組合や自営者組合の他に，政府の認可を受けないソウル青十字

---

[5] 1972年に湖南肥料株式会社は忠州肥料株式会社と合併し韓国総合化学工業株式会社となった。

[6] 1976年時点の加入者数は，朴宗淇（1979）98ページによる。

医療保険組合や大学医療保険組合なども存在した。しかし，これらを含めても医療保険組合は少数にとどまり，医療保険組合が存在しない事業所や地域が大部分であった。よって1963〜1976年までに医療保険の適用を受けた者は，国民全体から見ればごく一部にとどまった[7]。

◆1977年に民間企業の被用者の一部が強制加入へ

　1976年に「医療保険法」が改正され，翌年1月より施行された。別の法律に根拠規定が移された公務員などは対象外となったとともに，常用雇用者が500人以上の事業所の被用者は医療保険への加入が義務づけられた[8]。また強制加入者以外も任意に医療保険に加入できたが，その場合は勤務先あるいは居住地に組合があることが条件であった。そして事業所の被用者は第1種被保険者，地域の住民などは第2種被保険者とされた。

　常用雇用者が500人以上の事業所は，医療保険組合を設立しなければならないが，それ以外は義務を負わない。常用雇用者が500人未満の事業所の使用者や基礎自治体も任意の組合を設立することができた。しかし条件があり，第1種組合（事業所組合）の場合は，被用者の3分の2以上の同意を得ることであった。また第2種組合（地域組合）の場合は，基礎自治体の30人以上が発起人となり，地域内の住民で被保険者となる者が500人を超えることが条件とされた。第1種被保険者と第2種被保険者の間には，前者の保険料が3〜8％を労使折半する形であったのに対し，後者は定額であったとの違いがあった。

　1978年12月31日時点の，常用雇用者500人以上の事業所が設立した医療保険組合は584組合（強制組合）であるが，任意組合は8組合に過ぎなかった。そ

---

[7] 朴宗淇（1979）98ページ，医療保険連合会（1997）56-62ページ，カンシンムク他（2013）71-75ページによる。
[8] 大統領令（法律の施行令）で定められた事業の種類，雇用者の数といった条件を満たす事業所は医療保険組合の設立を義務づけられ，その被用者は医療保険への加入が義務づけられた。そして1977年に改正された施行令で，具体的に，製造業，建設業，卸・小売業など大部分の産業における常用雇用500人以上の事業所に，医療保険組合の設立が義務づけられた。

第1節　国民健康保険の歴史

して加入者は，被保険者が165万人，その被扶養者が217万人で合計382万人であった。これは人口の11.2%に相当するが，ソウル市や釜山市の加入率が，それぞれ29.2%，23.1%と高かった。一方，全羅南道は1.8%，忠清北道は2.0%にとどまるなど，地域差が大きかった。この理由としては，ソウル市や釜山市に大企業が偏在していたことが挙げられる[9]。

◆ 強制加入者が被用者を中心に増加した

医療保険組合を設立しなければならない事業所の規模は，「医療法施行令」で定められているが，1979年4月に行われた施行令の改正により，常用雇用者が500人以上の事業所から300人以上と対象が拡大された。この結果，1980年9月現在で，第1種被保険者は498万人，第2種被保険者は6万人，公務員および私立学校教職員医療保険の対象者が371万人となり，合計が875万人と人口の23%が医療保険でカバーされることとなった[10]。

さらに1980年に施行令が改正され[11]，医療保険組合を設立しなければならない事業所の規模が，常用雇用者300人以上から100人以上とされた。これによって第1種被保険者が1980年9月の498万人から1981年末には726万人と大幅に拡大した。

一方で第2種被保険者は，1981年7月に，江原道洪川郡，全羅北道沃溝郡[12]，慶尚北道軍威郡で任意組合が発足したものの，28万人にとどまっている。これらに公務員および私立学校教職員を加えれば，1981年末の医療保険への加入者は1,000万人を超え，医療保護の対象者も加えれば，全人口に対する医療保険の適用率は39.0%となった[13]。

そして1982年にはさらなる施行令の改正により，医療保険組合を設立しなけ

9　朴宗淇（1979）104-107ページによる。
10　朴宗淇 他（1981）71ページ表3-1による。
11　韓国開発研究院（1982）では，1981年1月1日に「100人以上事業所に適用拡大」とされているので，この日が施行日であったと考えられる。
12　同郡は1995年に群山市に吸収された。
13　韓国開発研究院（1982）2ページ，5ページによる。

ればならない事業所の規模が，常用雇用者100人以上から16人以上とされた。また同年には，全羅南道木浦市，忠清北道報恩郡，京畿道江華郡[14]，慶尚北道軍威郡で新たに任意組合が発足した[15]。その結果，1984年末には，職場組合が運営する医療保険の対象者[16]は1,165万人，地域組合および職種組合が運営する医療保険の対象者は142万人，公務員および私立教職員医療保険の対象者は399万人，合計で1,706万人が医療保険の対象となった。これによって医療保護対象者を加えると，全人口に対する医療保険の適用率は50.1％にまで達した[17]。そして1988年の施行令改正では，医療保険組合を設立しなければならない事業所の規模が，常用雇用者16人以上から5人以上とされた。

◆ 1988年から1989年にかけて国民皆保険が一気に達成

　1979年から1988年に行われた強制加入者の拡大は，医療保険組合の設立を義務づけられる事業所の規模を縮小する形で行われた。地域住民にも任意加入の道が開かれてはいたが，加入のためには居住する地域に医療保険組合が設立される必要があった。しかし地域組合の設立は，地域医療保険パイロット事業による少数にとどまり，1980年代後半までは被用者およびその扶養者以外は医療保険から除外された状態が続いた。

　この状況が一気に変わったのは1988年である。1988年1月に，農漁村地域の住民について医療保険への加入が義務づけられた。1981年の「医療保険法」改正により，施行令が定める地域の住民は医療保険への加入が義務づけられた。そして同年に改正された施行令で，住民に医療サービスの供給が可能であり，世帯当り平均所得水準から見て保険料負担能力があると認められた地域の住民について，医療保険への加入が義務づけられた。広域自治体の長の推薦を得た

14　同郡は1995年に京畿道から仁川広域市に編入された。
15　1981年および1982年に設立された任意組合は，すべて政府による地域医療保険パイロット事業により設立された（カンシンムク他　2013：79）。
16　1984年の法改正（1985年に施行）で第1種組合は職場組合，第2種組合は地域組合あるいは職種組合と名称が変更された。
17　延河清・孫先永（1986）42ページ，46ページ付表1による。

第1節　国民健康保険の歴史

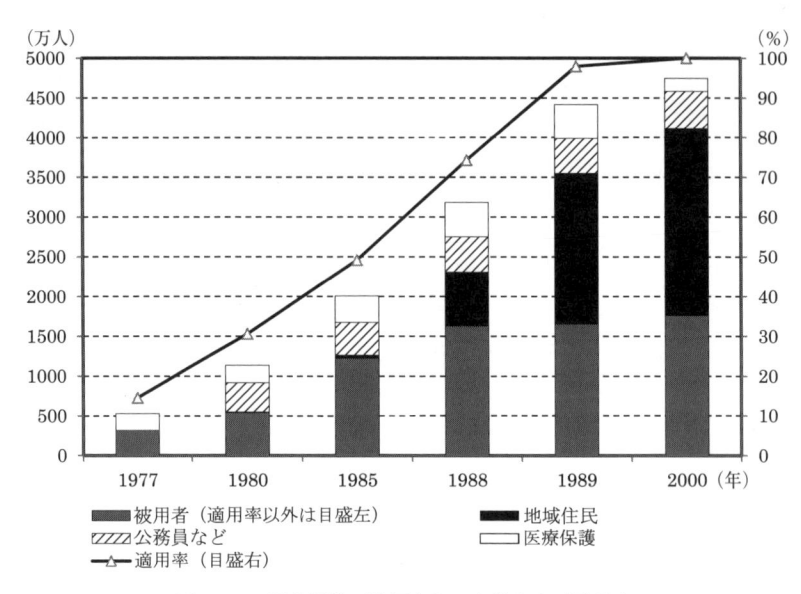

図2-1　医療保険が適用される人数および適用率

（出所）韓国開発研究院（2010b）288ページ表4-28の数値，保健福祉部・韓国保健社会研究院（2010）57ページ表1-19, 178ページ表2-59の数値により作成。

うえで，保健社会部長官が決定・告示することで地域指定が行われることとなった[18]。

しかし地域指定はしばらく行われず，1988年の1月に農漁村地域のすべてが地域指定され，居住する住民が医療保険でカバーされることとなった。さらに1年後の1989年7月には，都市地域のすべてが地域指定され，国民皆保険が達成された。

これにより1988年1月から1989年7月の間に，医療保護対象者を含めた医療保険の適用率は一気に高まり，1985年の50％から，1989年には98％となった（図2-1）。つまり，1989年をもって，韓国では皆保険が達成された。

18　1988年7月には施行令が改正され，医療供給能力や住民の保険料負担能力といった条件が削除された。

3．保険者の変遷
◆ **最終的には保険者はひとつに**

　1963年に制定された「医療保険法」では，事業者が被用者300人以上の同意を受けたうえで，保健社会部長官から認可を受けて設立した医療保険組合が保険者とされていた。その後，改正法が1977年1月に施行された際，医療保険組合は，第1種組合と第2種組合に分かれ，前者は事業所の被用者が被保険者の組合，後者は管轄地域の住民が被保険者の組合とされた。そして第1種組合は職場組合，第2種組合は地域組合と名称が変更された。

　1977年には，職場組合が513，地域組合が8，合計521の医療保険組合が存在した。1978年7月には，公務員および私立学校教職員医療保険管理公団が設立され，職場組合，地域組合，公務員および私立学校教職員医療管理保険公団が，医療保険制度を運営する体制が続いた。そして1997年には，職場組合145，地域組合227，公務員および私立学校教職員医療管理保険公団の合計373組合が存在した。

　この体制は1998年10月に「国民医療保険法」が施行されてから大きく変化した。地域組合と公務員および私立学校教職員医療保険管理公団は，新たに設立された国民医療保険管理公団に編入され，事業所組合（1999年には140組合）と国民医療保険管理公団が，医療保険制度を運営する体制となった。しかしこの体制は長くは続かず，2000年1月に「国民健康保険法」が制定され，事業所組合と国民医療保険管理公団は，新たに設立された国民健康保険公団に編入された。そして最終的には，医療保険制度は，単一の保険者が運営することとなった（表2-1）。

◆ **職場組合および地域組合の変遷**

　国民皆保険が達成された後しばらくは，医療保険の保険者として職場組合，

第2節　国民健康保険の概要

表2-1　保険者数(医療保険組合など)の推移

年	職場	公教	地域	職種	任意	その他
1978	513	—	—	—	8	—
1977	592	—	—	—	8	—
1979	603	—	—	—	8	—
1980	423	1	—	—	8	—
1981	185	1	3	1	7	—
1982	146	1	6	4	7	—
1983	146	1	6	8	7	—
1984	146	1	6	11	7	—
1985	144	1	6	12	7	—
1986	144	1	6	13	7	—
1987	153	1	6	15	7	—
1988	154	1	140	14	4	—
1989	154	1	254	—	—	—
1990	154	1	254	—	—	—
1991	154	1	266	—	—	—
1992	154	1	266	—	—	—
1993	154	1	266	—	—	—
1994	153	1	266	—	—	—
1995	150	1	227	—	—	—
1996	145	1	227	—	—	—
1997	145	1	227	—	—	—
1998	142	—	—	—	—	1 (国民医療保険管理公団)
1999	140	—	—	—	—	1 (　　〃　　)
2000	—	—	—	—	—	1 (国民健康保険公団)

(注) 1)　「職場」は職場組合(1985年の改正法施行までは第1種組合),「公教」は, 公務員および私立学校教員医療保険管理公団,「地域」は地域組合(1985年の改正法施行までは第2種組合),「職種」は職種組合(1985年の改正法施行までは第2種組合),「任意」は1978年以前に任意に設立された医療保険組合である。
　　2)　職種組合および任意組合は,法律上は地域組合とされた。
　　3)　職種組合および任意組合は,1989年6月30日に解散された。
(出所) 韓国開発研究院(2010b) 285ページ表4-26により作成。

地域組合,公務員および私立学校教職員医療保険管理公団が存在した。
　これら組合は,職場や地域によって独立的な保険方式で運営されていた。よ

って財政状況にも差異が生じることになり，1990年には都市地域の117組合のうち65組合が赤字に陥っていた。そして1990年および1991年に，それぞれ保険料の大幅な引き上げを行わざるをえなかった。また農漁村地域の組合では，4～8カ月間も診療費の支払いが遅れる事態も発生した[19]。

　この解決策が医療保険組合の統合であった。職場組合は1996年末に約3兆2,000億ウォンの累積積立金を保有していた。一方で，低所得層の大部分を被保険者として抱える地域組合は，慢性的な赤字構造により1998年予算で約1兆ウォンの国庫補助を受ける状態であった。これは組合が独立採算性方式で運営されていたからであり，社会保険の2つの機能である，危険分散と所得再分配機能が十分に発揮できない状況となっていた。そこでこの問題点を解消するため，医療保険組合の統合が行われることになった[20]。

　統合の第1段階として，1998年10月に国民医療保険管理公団が設立され，地域組合のすべてと，公務員および私立学校教職員医療保険管理公団がここに編入された。そして統合の第2段階として，2001年1月に国民健康保険公団が設立され，職場組合のすべてと，1998年に設立されたばかりの国民医療保険管理公団がここに編入された。よって2001年1月以降は，医療保険制度の保険者は，国民健康保険公団のみとなった。

第2節　国民健康保険の概要

　韓国の医療保険である国民健康保険も日本と比較してその歴史は浅いが，国民年金と同様注目すべき点がいくつかある。ひとつは保険者が単一な点である。日本では医療保険制度自体がひとつではなく，5つの制度が並立している。そして制度に対して保険者がひとつのものもあるが，1,000を超すものもあり，合計で3,000を超える保険者が存在する。一方，韓国の医療保険の保険者は国

19　韓国開発研究院（2010b）283-285ページによる。
20　「国民医療法案（代案）審査報告書」（保健福祉委員長提出1997年11月14日）2ページの提案理由による。

第2節　国民健康保険の概要

民健康保険公団のみである。

　またもうひとつ注目すべきは，高齢者の自己負担率が引き下げられていない点である。日本では75歳以上であれば自己負担は10%であり，70歳以上74歳以下は本来20%であるが，2013年10月現在では10%と，現役世代の30%と比較して低い率に抑えられている。しかし韓国では高齢者の自己負担率が低く設定されているわけではない。

　本節ではこれら注目すべき点も含め，国民健康保険の制度の，構造，負担，給付について日本と比較しつつ検討していくこととする。

1．制度の構造
◆一元化されたシンプルな構造

　まず医療保険制度の概略を説明する。韓国の医療保険は国民健康保険に一元化されており，加入者は原則的に国内に居住する国民である。一方，日本では，①自営業者，年金生活者，非正規雇用者などが加入する「国民健康保険」，②大企業の被用者が加入する「組合管掌健康保険」，③中小企業の被用者が加入する「全国健康保険協会管掌保険制度」，④公務員が加入する[21]「共済組合」，⑤75歳以上の者が加入する「後期高齢者医療制度」の5つの制度が存在する。よって制度がシンプルな点は，韓国の医療保険制度の最大の特徴である。

　次に保険者を見ると，韓国では国民健康保険公団のひとつだけである。一方，日本では2012年3月末現在で，国民健康保険の保険者である「市町村国保」が1,717，組合管掌健康保険の保険者である「組合健保」が1,443，「共済組合」が85，後期高齢者医療制度の保険者である「都道府県」が47，全国健康保険協会管掌保険の保険者である「協会けんぽ」が1と，合計で3,293の保険者が存在する[22]。

21　以上の制度は被扶養者も加入者となる。
22　厚生労働省ホームページに掲載されている資料「我が国の医療保険について」による。

第2章　国民健康保険

◆ 国民健康保険の加入者は2種類

　韓国の国民健康保険の加入者は，職場加入者と地域加入者の2つに分類され，職場加入者はさらに，雇用者事業所加入者，公・教事業所加入者に分かれている。雇用者事業所加入者は，常用雇用者が1名以上の事業所の被用者，公・教事業所加入者は公務員および学校の教職員，地域加入者は職場加入者を除く者である。職場加入者は，日本の組合管掌健康保険，全国健康保険協会管掌保険，共済組合への加入者に相当し，地域加入者は国民健康保険への加入者に相当する。ただし日本の後期高齢者医療制度に相当する制度は韓国にはなく，75歳以上の被用者は，雇用者事業所加入者，あるいは公・教事業所加入者となり，自営者や引退した者は地域加入者となる。

　なお2012年における国民健康保険の適用者数は，4,966万人であるが，68.7％に相当する3,411万人が職場加入者である。内訳は被用者本人が1,399万人（28.2％），その扶養者が2,012万人（39.3％）である。また地域加入者は1,556万人（31.3％）を占めている。

2．保険料負担

◆ 保険料は年々上昇しているが日本より低水準

　職場加入者の保険料負担は，8％の範囲内で健康保険政策審議会の議決を経て定められた保険料率を，基準所得月額に掛けた金額を支払う。2013年の保険料率は5.89％である。2006年は4.48％であったが毎年引き上げが行われている。保険料は，企業などの被用者は使用者と折半，公務員は国と折半，私立教職員は50％を本人，30％を使用者，20％を国が負担している。

　日本の医療保険の保険料率についてであるが，被用者向け医療保険制度は，組合管掌健康保険が平均で8.635％[23]，全国健康保険協会管掌保険は，都道府県

23　健康保険組合連合会「平成25年健保組合予算早期集計結果の概要」（2013年4月22日公表）の2013年度予算早期集計（推計）による値である。

第 2 節　国民健康保険の概要

ごとにわずかに異なっているが単純平均で9.787%[24]である。よって被用者向け医療保険制度の保険料率は，日本が韓国より高くなっている。

　これに対して地域加入者の保険料の算定方法は若干複雑である。地域加入者の保険料は世帯単位で徴収される。所得（75等級），財産保有（50等級），自動車保有（7等級）の状況がそれぞれ点数化され，合計点数である保険料賦課点数に単価を乗ずることで保険料が決定する。ただし年間所得が500万ウォン（64万円）以下の世帯については別の方法で点数化される。すなわち，財産保有（50等級），自動車保有（7等級）に関する点数に，生活水準および経済活動参加率点数（30等級），所得50万ウォン当たり1点を加え，保険料賦課点数が決められる。そしてこの点数に単価を乗じて保険料が決められる[25]。

　点数の分布を見ると，所得が380点（年間500～600万ウォン：64～77万円）から1万1,625点（4億9,900万ウォン超過：6,379万円超過），財産が22点（100～450万ウォン：13～58万円）から1,475点（30億ウォン超過：3億8,000万円超過），自動車が7点（800cc以下の乗用車）から217点（3,000cc以下の乗用車）である。よって所得に配分される点数が高く，地域加入者の保険料のかなりの部分は所得で決まることがわかる。

　地域加入者の場合は，2013年においては，保険料賦課点数に単価である172.7ウォンを乗じた保険料を支払うこととされている。1点当たりの保険料は2006年には131.4ウォンであったので，6年間で31.4％引き上げられている。

　健康保険政策研究院の資料によれば，月額保険料の平均値は8万1,661ウォン（1万376円）となっている。これは世帯当たりの数値であるが，一人当たりでは3万9,888ウォン（5,099円）となる[26]。

　韓国の地域加入者は，日本の国民年金加入者と類似していると考えられるので，両者の保険料を比較してみよう。厚生労働省の「国民健康保険事業年報」

24　全国健康保険協会ホームページに掲載されている都道府県別の保険料率を単純平均した数値である。
25　僻地や農漁村に居住する世帯，高齢者世帯などは，保険料が一定の割合軽減される。
26　健康保険政策研究院（2013）49-50ページによる。

によると，1人当たり保険料の平均は，2010年度で年間8万4,821円（月額7,068円）である[27]。よって，被用者以外の保険料についても，被用者ほどの差はないものの，韓国の保険料の方が低水準であるといえる。

3．医療給付
◆医療給付の基本的な仕組みは日本と同じ

　医療給付[28]の仕組みは日本と概ね同じである。医療給付の方法，手続き，範囲，上限，適用対象などの医療給付に関する基準は「国民健康保険医療給付の基準に関する規則」で定められている。そして医療給付の対象外となる医療サービスは同規則の別表2に列挙されている。これによれば，まず，①単純な疲労や倦怠，②そばかす，多毛，ニキビなど皮膚疾患，③勃起不全など泌尿生殖器疾患，④単純ないびきなど日常生活に支障のない疾患に対する医療行為，薬剤，治療材料が医療給付の対象外になる。

　また，⑤二重まぶた手術，鼻整形手術，脂肪吸引など，美容目的の整形手術とその後遺症治療，⑥斜視矯正など視力改善の目的ではない容貌改善目的の手術，⑦眼鏡やコンタクトレンズに代わる視力矯正手術（レーシック）など身体の必須機能改善目的でない医療行為，薬剤，治療材料も対象外となる。

　さらに，⑧本人の希望による健康診断，⑨予防接種，⑩定期的に行う歯石除去，⑪フッ素局所塗布など予防のための診療，⑫船酔い予防，禁煙などのための診療，⑬遺伝子疾患といった胎児の異常を診断するための細胞遺伝学的検査など病気や怪我の診療を直接目的としない医療行為，薬剤，治療材料も対象外である[29]。

27　厚生労働省保険局『平成22年度　国民健康保険事業年報』31ページによる。
28　韓国語の直訳では「療養給与」であるが，本書では「医療給付」との用語で統一する。
29　以上は例であり，医療給付の対象外となる医療サービスのすべてが網羅されているわけではない。

第2節　国民健康保険の概要

◆ **医療機関のランクが高いほど外来の自己負担率は高い**

　次に医療費の自己負担率について見る。韓国では入院，薬局，外来別に自己負担率が異なる（表2－2）。入院は医療機関の種類や地域に関係なく20％である。薬局は30％であるが，65歳以上については1万ウォン（1,278円）未満の場合は1,200ウォン（153円）の定額負担とされている。外来は医療機関の種類および地域によって自己負担率が異なる。

　そこでまず韓国の医療機関について整理しておこう。まずは，第1次医療機関である医院[30]である。医院は，医師，歯科医，漢方医が，主に外来患者を対象として医療行為を行う医療機関である。

　次に第2次医療機関である。これには，医師，歯科医，漢方医が主に入院患者を対象に医療行為を行う医療機関である病院[31]，あるいは総合病院が該当する。総合病院は，①100床以上の病床，②内科，外科，産婦人科，小児科のうち3つ以上の診療科目，③映像医学科，麻酔疼痛医学科，診断検査医学科，病理科を含む7つ以上の診療科目，④各診療科目に専属する専門医を置いているなどの条件を満たす必要がある。

　さらに第3次医療機関である。これには上級総合病院が該当する。上級総合病院は，総合病院の中でも，重症疾患に対し難易度の高い医療行為を専門に行うための条件を満たしたもので，保健福祉部長官が指定する[32]。

　まず上級総合病院の自己負担率であるが，診察費は全額，それ以外の医療サービスに対する費用の自己負担率は60％である。次に総合病院については，洞(ドゥ)地域は50％，邑面(ユウ)地域は45％の自己負担率が適用される[33]。さらに病院は，洞地域が40％，邑面地域は35％である。そして最後に医院は，地域にかかわらず自

30　歯科医院，漢方医院も含まれる。
31　歯科病院，漢方病院なども含まれる。
32　2012～2014年では，ソウル大学校病院，延世大学医学大学校セブランス病院などの44病院が指定されている（保健福祉部「2012-2014年　上級総合病院44選定」（報道資料：2011年12月16日）。
33　洞地域とは基礎自治体が区あるいは市である地域，邑面地域とは基礎自治体が郡である地域である。

表２-２　保険対象医療サービスにかかる自己負担率

①入院　20％
②薬局　30％＜65歳以上：１万ウォン以上は30％，１万ウォン未満は1,200ウォン＞
②外来

病院別	所在地	自己負担率
上級総合病院	全地域	診察料の全額＋その他費用の60％
総合病院	洞地域	50％
	邑面地域	45％
病院 歯科病院など	洞地域	40％
	邑面地域	35％
医院 歯科医院など	全地域	〈65歳未満〉 30％ 〈65歳以上〉 １万5,000ウォン未満であれば1,500ウォン １万5,000ウォンを超過した場合は30％

（注）上記の自己負担率には例外もある。
（出所）「国民健康保険法施行令」などにより作成。

己負担率が30％であるが，65歳以上の者については，１万5,000ウォン（1,918円）を超過した場合は30％，それ以下の場合は1,500ウォン（192円）の定額負担とされている。

　日本の場合は自己負担率が70歳未満では30％[34]，70歳以上75歳未満は20％（2013年10月時点では10％），75歳以上は10％とされている。日本では入院，薬局，外来の別，医療機関の種類，地域によって自己負担率に差が設けられていないが，年齢によって負担率に差がつけられている。一方，韓国では一部例外はあるものの，高齢者に低い自己負担率が設定されているわけではなく，この点が大きな違いといえる。

　なお韓国では，重症疾患患者，難治性疾患患者の入院および外来の自己負担率は低く抑えられている。重症疾患患者については，癌，重症の火傷の場合は５％，心臓疾患，脳血管疾患の場合は５％（ただし手術および入院30日まで）で

---

[34] 義務教育就学前は20％である。

第3節　医療保険の保障水準の引き上げ

ある。また難治性疾患の場合は10%が自己負担率となる。その他，生後28日までの新生児は負担がない。さらに6歳未満は入院の場合，自己負担率は10%であり，外来は本来の70%に負担額が減額される。

◆本人負担には上限がある

　なお日本の高額療養費制度に相当する本人負担上限制が導入されている。これは，年間の自己負担額が200万ウォン（25万6,000円）から400万ウォン（51万1,000円）を超過した場合，国民健康保険公団が超過分を負担する制度である。

　職場加入者の場合，支払っている健康保険料が，職場加入者全体の上位50%に相当する額以下の場合，年間の自己負担額の上限が200万ウォン，上位50%に相当する額を超え，上位20%に相当する額以下の場合は，300万ウォン（38万3,000円），上位20%に相当する額を超過した場合は400万ウォンとなる。そして地域加入者の場合は，職場加入者を地域加入者に置き換えればよい。

　基準額は毎年告示されるが，2012年においては，職場加入者の上位50%に相当する額は6万510ウォン（7,736円），80%は11万9,370ウォン（1万5,260円）である。また地域加入者の上位50%に相当する額は5万1,890ウォン（6,657円），80%は13万1,240ウォン（1万6,778円）である。職場加入者の保険料は報酬に比例して高まるため，所得が中位所得未満の場合は200万ウォンが上限額，上位20%以上であれば400万ウォンが上限額となる。

　2012年について見ると，本人負担上限額を超えた者は，28万5,867人で，上限額を超過することによる支給額は5,850億ウォン（748億円）であった。また，65歳以上が全体の支給額の66.4%を占めた。

◆保険の対象となる医療サービスの自己負担率は26%

　韓国では自己負担率が，医療機関の種類別，地域別などにより異なるが，対象となる医療サービスに対する医療保険による給付率は2010年で74.5%である[35]。

35　シンヨンソク（2012）139ページ表3-30による。

一方で日本における医療保険による給付率は2010年度で83.8%である[36]。100%から給付を引いた数値が自己負担率と考えられる。よって韓国の自己負担率は25.5%となり，日本の16.2%と比べて10%ポイント程度高い。

韓国では入院した場合の自己負担率は日本より低い。一方外来は，医院であれば日本と同じであるが，それよりランクの高い医療機関における自己負担率は高い。また薬局における自己負担率は日本と同じである。また韓国には日本と同様，自己負担額に上限が設けられている。よってこの10%程度の差は，高齢者の自己負担率が，韓国では軽減されていない一方，日本では75歳以上の場合は10%にまで軽減されていることなどから生じていると考えられる。

第3節　医療保険の保障水準の引き上げ

韓国では医療費を家計が直接負担する比率が先進国と比較して高いが，従来と比較すれば負担は低下してきた。本節は，医療保険の制度発足から現在まで，緩やかに下落してきた家計による医療費の負担率について，国民健康保険の保障水準の引き上げに焦点を当て検討する。

◆個人医療費は家計が多く負担している

個人医療費[37]の負担を見てみよう。2011年においては，国民医療費全体に占める政府の負担率は8.5%となっている。そして医療保険による負担は46.5%であり，政府負担と合わせた公共負担は55.0%である。一方で，家計直接負担率（以下，「家計負担率」とする）は39.0%となっている（図2-2）。

これを1980年と比較しよう。あまり比率が大きく変化していないものとして

36　健康保険組合連合会（2013）64ページによる。
37　個人医療費とは，個人が病院や薬局などの医療機関から直接受ける医療サービスなどに対する支出である。国民医療費から，公衆を対象とした保健医療関連支出（予防，公衆保健事業，保健行政管理にかかる費用），および資本形成（病院や保健所の建設・拡充，大型設備導入にかかる費用）を引いた数値となる（保健福祉部・延世大学校医療・福祉研究所2013：5）。

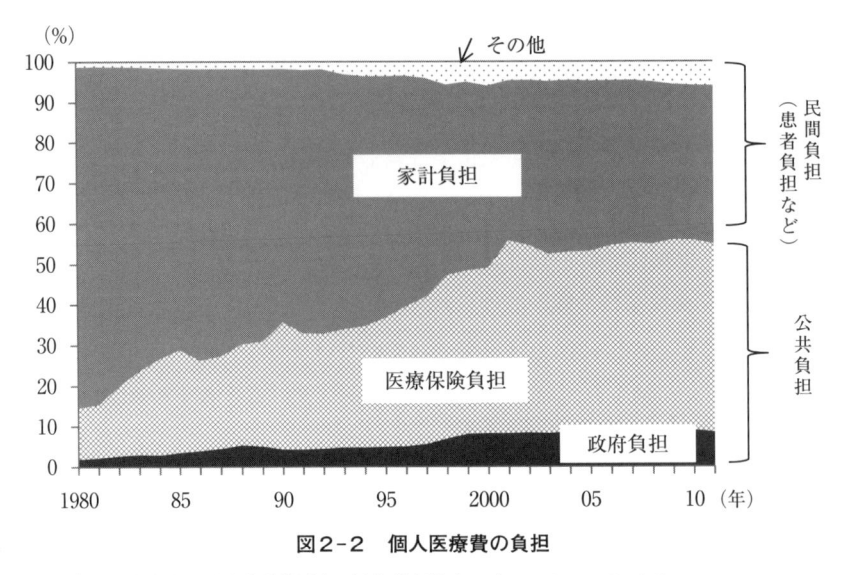

第3節　医療保険の保障水準の引き上げ

図2-2　個人医療費の負担

（出所）保健福祉部・延世大学校医療・福祉研究所（2013）92-93ページによる。

政府の負担を挙げることができる。1980年は1.9%であったので，30年間で6.6%ポイント高まったに過ぎない。一方，医療保険による負担率と家計負担率には大きな変化が見られる。1980年には医療保険が12.7%であったのに対し，家計負担率は84.1%にも達していた。しかし医療保険への加入対象者の拡大，医療保険の保障水準の引き上げなどにより，家計負担率は年々低下傾向にあり，2009年には40%を切る水準となっている。

30年前は個人医療費の80%以上を家計が負担していたが，現在は40%以下に負担が軽減された。しかし先進国と比較すると，まだ高い水準である。OECDは加盟国における医療費の家計負担率を公表している。この数値は，個人医療費から資本形成（病院や保健所の建設・拡充，大型設備導入にかかる費用）を引いた経常医療費を基準としたものである。

韓国の数値は2011年で35.2%であり，先に示した個人医療費を基準とした39.0%よりは低いものの，3分の1以上を家計が負担していることに変わりはない。一方，OECD加盟国の平均値は19.8%であり，韓国より15%ポイント以

上低い水準である。ちなみに日本は2010年の数値で14.4%と，OECD加盟国の平均値より低い[38]。

　個人医療費の家計負担率は，1980年の84.1%から2011年には39.0%にまで低下した。1980年において，個人医療費の家計負担が大きかった理由のひとつとして，皆保険が達成されていなかったことを挙げることができるが，保障水準が低かったことも家計への負担を高めていた。医療保険が導入された当初は，給与日数が制限されていたとともに，保険でカバーされる医療サービスの範囲が限定的であった[39]。

　しかし1980年から現在に至るまで，①医療保険の適用対象者拡大，②給付日数制限の廃止，③保障水準の引き上げによって，家計負担率が徐々に低下した。①については第1節で解説した。そこで以下では，給付日数制限の廃止，保障水準の引き上げについて見ていく。

◆ **給付日数の制限は廃止**

　現在は国民健康保険による給付日数に制限は設けられていない。しかし2002年までは医療保険から給付を受けることができる日数の上限（給付日数制限）が決まっていた。医療保険制度の創設期はとくに制限が厳しかった。

　給付期間は「医療保険法」で定められたが，1977年においては，「医療給付の期間は，給付が開始された日から6カ月以内とする」とされていた。これが1981年には「医療給付の期間は，同一の傷病にして180日以内とする。ただし肺結核の場合はこの限りではない」と条文が改正され，若干，制限が緩和された。

　しかし1984年の法改正により「医療給付の期間は年間180日以内とする。た

38　保健福祉部・延世大学校医療・福祉研究所（2013）340ページでは，OECDのデータベースから得た経常医療費の家計負担率を掲載している。
39　カンシンムク他（2013：75）は，1977年までの医療保険について，①利用できる医療機関が制限されていた，②給付の種類や範囲が制限されていたため，加入者の医療需要を充足させることができなかったとしている。また，シンヨンソク（2012：136）は，1977年の実質的な医療保険の導入以降，「低給付・低負担」体系を維持してきたとしている。

第3節　医療保険の保障水準の引き上げ

だし肺結核により医療給付を受ける際，この期間は算入されない」こととなった。これまでの「同一傷病」との文言が削除され，傷病の区分に関係なく年間180日とされたわけであるが，これは増加した医療給付を抑制することが目的であった[40]。さらにいえば，このような制限は，少数の者が長期間医療サービスを受けることで，医療保険財政が悪化することがないように設けられたとともに，不要不急の治療を受けるなどの受診濫用を防ぐ狙いもあった[41]。

なお1988年には，「保険者が負担する医療給付の費用が，保健社会部長官が定める金額未満の場合，これに達するまで給付期間を延長できる」との条文が加えられ，この金額が30万ウォン（11万6,000円）とされた。その後，暫くの間は，期間延長が認められる上限額が引き上げられるにとどまったが，1994年からは上限日数を引き上げる方向で変更が加えられていった。

1994年に65歳以上の者に対して，上限日数が210日に緩和されたことを皮切りに，1995年にはすべての保険適用者に対して上限が210日に緩和され，65歳以上の者，大統領が定めた重い疾病により医療給付を受ける者については上限が撤廃された。さらに上限日数は1996年には240日，1997年には270日，1998年には300日と，毎年1カ月ずつ延長され，2000年には365日となった。なお，1年間で365日の日数制限は，実質上無制限とも取れる。しかし，上限日数を計算する際には，1日に3つの医院で診察を受けた場合3日とカウントされたため，上限を超える可能性は十分にあった[42]。

そして2001年にはついに上限日数が撤廃された。しかしながら医薬分業の実施以降，国民健康保険の財政状態が悪化したことから，2002年から再び365日の上限が復活したが，2005年から開始された「健康保険保障水準引き上げ方案」の一環として，再び上限が撤廃された。このように給付日数制限は，緩和の方向で制度が変更され，2000年代には紆余曲折があったものの，最終的には

40　「医療保険法中改正案」（政府提案：1984年10月8日）の提案理由による。
41　医療保険管理公団（1997）8ページによる。
42　国民健康保険公団に対する電話による聞き取り調査結果による。

第 2 章　国民健康保険

撤廃された[43]。

◆ 保険が給付される医療サービスの範囲の拡大

　国内で供給できない高額医療機器であったCTやMRIを使った診療は，1990年代半ばまで医療保険による給付の対象外とされていた。しかしCTやMRIを備える医療機関が増え，これらを使った診療が一般的となるなか，CTを使った診療費が15～20万ウォン（3万7,000円～4万9,000円），MRIが40万ウォン（9万8,000円）に上り，患者世帯の大きな負担となっていた。そこで1996年にはCT，1997年にはMRIが医療保険の給付対象とされた。

　また白血病の有効な治療法である骨髄移植も保険の対象外であったが，1992年には，患者が一定の基準を満たせば保険の給付対象となった。骨髄移植の総診療費は1992～1996年の平均で3,242万ウォン（867万円）であったが，医療保険の給付対象となったことで，自己負担額は648万円（173万円）となった[44]。

　この他にも，腹腔内内視鏡手術（1993年），レーザー利用手術（1994年），自家造血母細胞移植術（1998年），コンタクトレンズ（1999年）なども順次，保険の給付対象とされた。

◆ 自己負担率などの引き下げ

　1977年における自己負担率は，入院で被保険者が20％，その被扶養者が30％であった。また外来は被保険者が30％，その被扶養者が40％とされていた。よって医療保険の導入当初と現在を比較すると，医療サービスに対する自己負担率には大きな変化がない。

　しかし慢性疾患など長期的に医療費がかかる疾病については，自己負担率が軽減されている。1983年には，人工透析の自己負担率が20％に軽減されたことを皮切りに，2010年1月までには163の疾患についても同様に自己負担率が軽

43　韓国開発研究院（2010b）295-296ページ，国民健康保険審査評価院ホームページ資料による。
44　医療保険連合会（1997）698-702ページによる。

減された。さらに癌患者の自己負担率は，2005年に10％，2009年に5％にまで引き下げられた。また2004年には本人負担上限制が導入され，2007年には上限額が引き下げられた[45]。

このように，一般的な医療サービスの自己負担率には大きな変化がなかったが，治療に長期間かかる，あるいは高額な医療費がかかる疾病については自己負担が大きく軽減された。

◆2005年には健康保険保障水準引き上げ方案を策定

政府は2005年に「健康保険保障水準引き上げ方案」[46]を策定した。医療費に占める医療保険による給付率は，2004年で61.3％であり，OECD加盟国では，公的な医療保険制度を持たないアメリカ，メキシコに次ぐ低い水準であった。よって政府はこの状況を改善するため，国民健康保険制度の保障水準を高める方針を打ち出した。

政府は大病にかかった場合に着目した。2003年に国民健康保険公団が行った重症患者実態調査によれば，癌患者に対する保険給付率は47％に過ぎなかった。そして癌患者が直接負担した費用のうち，法定本人負担が30％，保険の対象外となっている治療などの費用が36％，入院時の食費，差額ベッド代などが34％を占めた。また心臓疾患，脳血管疾患も同様に給付率が低いとの認識がなされた。

「健康保険保障水準引き上げ方案」では3つの柱が示された。第一に，保険の対象外となっている治療などの一部を給付対象とすることとした。検査については，超音波診断やPETによる検査などを対象に含め，胸腔鏡や腹腔鏡による手術も保険の対象とすることを決めた。第二に，重症疾患患者の自己負担率を軽減することとした。具体的には，自己負担率を20％から10％に引き下げることを決めた。第三に，食費などの負担を軽減することとした。そしてこれ

45　ムンサンシク・キムミョンジュン（2013）184-185ページ，199-201ページによる。
46　原文の直訳は「健康保険保障性強化方案」である。

ら方策の実行によって，国民健康保険による給付率を2008年までに71.5%に高める目標を立て，その財源を確保するため保険料を引き上げることとした[47]。

2005年以降，重症患者を中心とした保障水準の引き上げが行われたが，具体的な内容を見てみよう。2005年には，MRIによる検査に保険適用し，癌などの重症疾患患者の自己負担率を20%から10%に引き下げた。また2006年には，癌患者などに対するPETによる検査に保険を適用した。ただし，国民健康保険の給付率は2004年の61.3%から，2010年には62.7%と，1.4%ポイントしか高まらなかった[48]。

この要因としては，保障される部分（給付率の分子）は保障水準の引き上げにより増加するが，全体（給付率の分母）も新薬や新技術が開発されるため増加していることが指摘されている。早いスピードで医療技術が進歩しているので，既存部分の保障水準を高めても，全体の保障水準は高まらなかった[49]。

第4節　財政の現況と予測

国民年金とは異なり国民健康保険では，国および地方が支出の一部を負担している。よって今後高齢化にともなって医療費が増大し，国民健康保険の支出が増加すれば，国および地方財政の負担が増すことは間違いない。本節では，まず国民健康保険公団の財政見通しにもとづき，保険料および国や地方の支援金がどの程度増えるか見る。そして国を中心にどの程度財政に負担を与えるかについて検討する。

◆保険料収入の20%は政府が支援

国民健康保険公団の2013年度の国民健康保険にかかる予算について見てみよ

47　保健福祉部「健康保険保障性強化方案」（公聴会資料：2005年6月30日），国民健康保険審査評価院ホームページによる。
48　シンヨンソク他（2012）46ページによる。
49　韓国保健社会研究院イソンジュン博士に対する対面聞き取り調査による。

第4節　財政の現況と予測

う[50]。収入であるが，大きく事業収入と政府支援金に分かれる。事業収入の概ねすべてが保険料収入であり，主なものは，地域加入者からの保険料，職場加入者のうち公務員および私立教職員からの保険料，職場加入者のうち一般事業所の被用者からの保険料である。これらを合わせると38兆9,930億ウォン（4兆9,849億円）となり，全収入の85.6%を占める（表2-3）。

また政府支援金は6兆390億ウォン（7,720億円）であり，全収入の13.3%である。「国民健康保険法」では，「国家は毎年予算の範囲で，該当年度における保険料予想収入額の14%に相当する金額を公団に支援する」と定められている。さらに，たばこ負担金が原資とされる国民健康増進基金からも支援を受ける。「国民健康増進法」は，たばこ20本当たり354ウォン（45円）の負担金を徴収している。そして負担金を原資に基金が設けられ，定められた事業に使われている。

「国民健康保険法」には，国民健康保険公団は国民健康増進基金から資金支援を受けることができるとされており，「国民健康増進法」の附則では，2016年12月31日まで，毎年，該当年度における保険料予想収入額の6%に相当する額を基金から支援することが定められている[51]。

国民健康保険に対する財政支援の経緯は，オヨンス（2011）が整理しているので，以下ではこれを紹介する。2000年7月に施行された「国民健康保険法」には，国が予算の範囲内で地域加入者に対する保険料の一部と公団の事業運営費を負担できると規定されていたが，国庫支援の規模や支援方式は示されていなかった。そのようななか，2002年には国民健康保険の財政赤字が深刻となり，「国民健康保険財政健全化特別法」を制定し，政府支援が明文化された。

2006年末には特別法の効力が切れたが，このままでは財政安定性を確保することが難しいとの判断がなされた。その結果，「国民健康保険法」を改正し，該当年度における保険料予想収入額の14%に相当する額を支援することを明文化した。さらに2011年12月には「国民健康増進法」の附則に，該当年度におけ

50　国民健康保険公団は，本書では取り扱わなかった国民長期療養保険（日本の介護保険に相当）も業務としているため，ここでは国民健康保険に絞った予算を示す。
51　ただし国民健康増進基金の予想収入額の65%を超えて支援することはできない。

表2-3 2013年の国民健康保険公団予算

(10億ウォン)

収 入	事業収入	地域保険料	7,431
		国家負担保険料	2,045
		公教事業所保険料	2,660
		一般事業所保険料	26,685
		農漁村軽減転入金	172
		合計	38,993
	政府支援金	国庫支援金	5,012
		たばこ負担金	1,020
		課徴金支援金	8
		合計	6,039
	その他		536
	合　計		45,569
支 出	事業費用	保険給与費	42,723
		保健予防事業費	16
		事業経費	124
		合計	42,862
	管理運営費		654
	その他		2,053
	合　計		45,569

(注) 一般会計予算である。
(出所) 国民健康保険公団ホームページによる。

る保険料予想収入額の6％を支援することも明記された[52]。

◆ **国民健康保険財政は安定**

次に2001年以降の国民健康保険財政の状況を見てみよう。支出は2001年の14兆511億ウォン（2兆7,785億円）から，2011年には37兆3,766億ウォン（4兆8,822億円）と2.7倍となっている。これは医療費の高まりから，支出が増えたものと考えられる。

52　オヨンス（2011）4-5ページによる。

第4節　財政の現況と予測

（兆ウォン）

図2-3　国民健康保険財政の推移

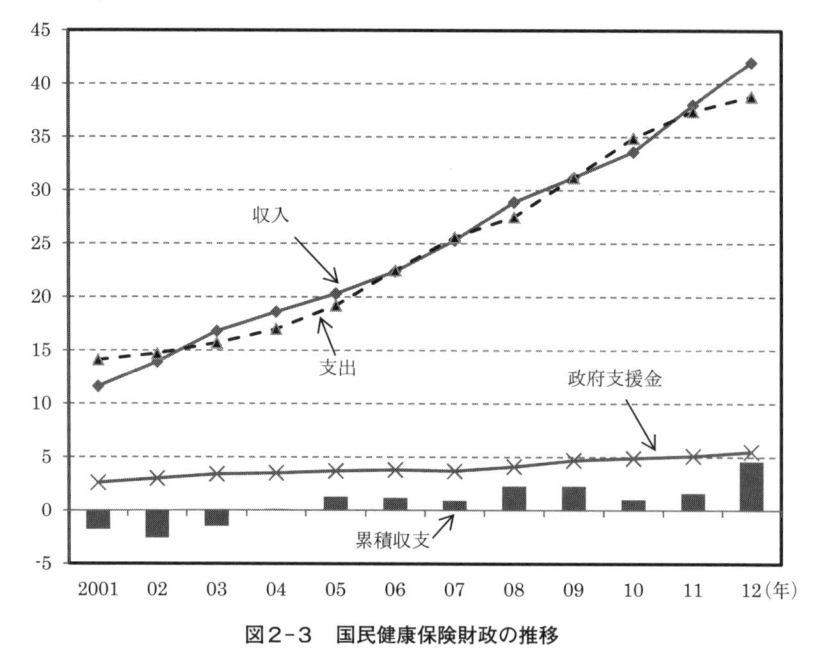

（出所）パクイルス・イドンホン（2010）32ページ表2-1の数値，政府データベースの数値により作成。

　一方で，収入も同じ時期に11兆6,423億ウォン（2兆3,022億円）から37兆9,774億ウォン（4兆8,822億円）に増加しており，これは保険料の引き上げによるものである。2002年には職場加入者の保険料が基準所得月額の3.63%であったが，毎年料率が引き上げられ，2011年には5.64%となった。また地域加入者の保険料も，2002年には点数当たり106.7ウォンであったが，これも毎年引き上げられ，2011年には165.4ウォンとなっている。加えて，政府支援金も2001年の2兆6,250億ウォン（5,191億円）から，2011年には5兆5,000億ウォン（7,184億円）に引き上げられているが，これは保険料収入の増加に連動した結果である。

　以上のように支出も収入も大きく増加しているが，収支は2002年以降，概ね黒字傾向で推移している。そして結果として当期収支も，2001年は2兆4,088億ウォン（4,763億円）の赤字であったが，2003年からはプラスに転じ，2012年

には3兆ウォン（3,835億円）の黒字となっている[53]。そして累積収支も2005年から黒字となり，2005年は5兆ウォン（6,000億円）弱にまで増加した（図2-3）。

つまり，国民医療費の増加によって支出は急増しているが，保険料の引き上げによって，国民健康保険の財政は現在のところ安定しているといえる。

◆2030年に収支均衡させる保険料は約12%

国民年金は長期的な財政計算を行うことが法律で義務づけられているが，国民健康保険ではそのような義務は課されていない。しかし国民健康保険公団の付属機関である健康保険政策研究院が国民健康保険の長期財政見通しを公表している。

見通しの結果は以下のとおりである。保険料を引き上げず現状で維持した場合，診療報酬を引き上げなくても収支の赤字が拡大し，2030年には当期赤字が47兆7,248ウォン[54]にまで拡大してしまう。これは高齢化が進むことにより，65歳以上に対する給付費が大幅に増加するからである。

もちろん診療報酬を維持する前提は現実的ではないので，毎年の診療報酬引き上げ率を，現在の物価安定目標値である2.5%とすると，2022年には当期赤字が100兆ウォンを超え，2030年には180兆ウォンに達してしまい，持続可能な財政とはいえない状況となる。

そこで診療報酬引き上げ率を毎年2.5%として，毎年収支を均衡させるために必要な保険料率も見通されている。これによれば，職場加入者の保険料率は2030年には，2013年の概ね倍である11.69%にする必要がある[55]。

---

53 以上の数値は，パクイルス・イドンホン（2010）32ページ表2-1，39ページ表2-5，国民健康保険公団ホームページによる。
54 長期的な購買力平価は見通されていないため，円への換算は行わない。
55 パクイルス・イドンホン（2010）110ページ，117-119ページによる。

第3章 国民基礎生活保障

　日本の生活保護に対応する韓国の公的扶助制度は，国民基礎生活保障（以下「基礎生活保障」とする。ただし法令名は正式な名称とする）である。基礎生活保障は，2000年10月に導入された。基礎生活保障が導入される以前には，1961年に導入された生活保護があり，さらにその導入の前には，1944年に制定された「朝鮮救護令」の延長線上にある制度が存在していた。しかし1999年までの制度は，65歳以上であるなど外形的な基準によって労働能力がないと判断される者に生計給与の支給が限定されていたことをはじめとして，現行の制度とは大きく異なっていた。また基礎生活保障は，日本の生活保護と類似している点が多いが，日本の制度には見られない特徴も少なくない。

　本章では，韓国の公的扶助制度である基礎生活保障について，その特徴を明らかにしていく。第1節では，韓国の公的扶助制度の歴史を見る。第2節では，基礎生活保障の概観を，最低生計費と所得認定額を中心に示す。第3節では，制度としては基礎生活保障から切り離されている医療給与について検討する。第4節では，厳しく運用されている扶養義務について考察する。第5節では，基礎生活保障からの脱却を促すことを目的とした自活支援を紹介する。第6節では，受給者の所得および財産などを把握するための調査が徹底的に行われている点について解説する。第7節では基礎生活保障の財政について検討する。そして第8節では，2014年より行われる予定の基礎生活保障の制度改正について説明する。

第1節　公的扶助制度の歴史

　韓国では現行制度の根拠法である「国民基礎生活保障法」が，1999年に制定，2000年10月に施行されたが，それ以前にも公的扶助制度はあった。しかし支援

第 3 章　国民基礎生活保障

対象をはじめとして様々な点で，現行制度とは大きく異なっていた。そこでまずは，基礎生活保障が導入される以前の制度についてその特徴をみる。以下では，①1961年の「生活保護法」制定以前，②「生活保護法」制定から1982年に行われた同法全面改正まで，③1982年から「国民基礎生活保障法」が施行される2000年までの，大きく3つの時期に分けて制度の歴史を概観する。

1．生活保護法制定以前
◆ 生活保護法制定までは混乱を極める

韓国における近代的な公的扶助制度の根拠法は，1944年に朝鮮総督府によって制定された「朝鮮救護令」であろう。「朝鮮救護令」は，1929年に制定された日本の「救護法」と大部分が同じであり，支援対象を定める条文も同じである。そして救護機関を定める条文も，日本の基礎自治体の長である市町村長が，韓国の邑面長に変えられている他は，同じである。

「朝鮮救護令」は対象を，①65歳以上の老衰者，②13歳以下の幼者，③妊産婦，④不具廃疾，傷痍その他精神または身体の障害により就業が難しい者で，かつ，貧困のため生活することが不可能な者と定めている。そして救護機関を，対象者が居住する邑面[1]の長と定めており，救護費用は原則として邑面が負担することとしている。さらに救護の種類としては，生活扶助，生業扶助などを挙げている。

第二次世界大戦が終結した後の1946年に，「朝鮮救護令」は「厚生国報第3号」に継承された。しかし当時の経済市場や政府財政の状態に加え，朝鮮戦争による社会的状況は，本格的な公的扶助制度の導入を許さず，「厚生国報第3号」の実効性はなかった。それでも，アメリカ軍政期には，飢餓防止，戦災による被災民に対する最低限の生計維持，保健医療や疾病治療などの応急措置が行われた。そして老人，孤児，女性に対する公共救護の主な事業は施設収用であった。また，戦災の被災民に対する戦災民救護は，施設収用に加え，農村移

1　邑および面は最小の行政単位である。

住や職業斡旋などの事業も行った[2]。

1948年に韓国政府が樹立した後，公的扶助制度の根拠は「朝鮮救護令」に戻った。また，朝鮮戦争中の1950年8月には「避難民収用に関する臨時特別措置法」が制定された。戦災で避難した者の無償受入れを，政府が旅館，料亭その他受入れに適当な建物の管理人に対し命令できることを定めた。また，同年9月の改正では，命令に違反した場合の罰金や勾留といった罰則も加えられた。

1953年に朝鮮戦争が終結した後も，「朝鮮救護令」が公的扶助制度の根拠法であることには変わりがなかった。しかし十分な支援は不可能な状態であり，生活力を失った救護対象者に対して，1人当たり1日に3合[3]ずつの救護米を支給したに過ぎなかった。1953年には「国民生活保護法」の素案が社会部によって作成されたが，財政の裏づけがないとの理由から，国会に提出できずに終わった[4]。

1961年に「生活保護法」が制定されるまでの時期は，「朝鮮救護令」が公的扶助の根拠法であった。しかし経済的・社会的な要求を，当事の脆弱な国家財政で満たすことは不可能であった。よってこの時期は，政府は形式的な救護だけを行うにとどまり，相当部分は外国の援助などに依存せざるを得なかったといえる[5]。

2．生活保護法の制定から1982年の全面改正まで
◆支援対象は法的には広がったが実質的には以前と同じ

1961年に「生活保護法」が公布され，翌年1月1日に施行された。この法律の支援対象は，①65歳以上の老衰者，②18歳未満の児童，③妊産婦，④不具，廃疾，傷痍その他精神または身体の障害により労働能力がない者，⑤その他保護機関が本法による保護が必要と認定した者である。もちろん支援を受けるに

---

[2] 保健福祉部・韓国保健社会研究院（2010）27-28ページによる。
[3] 1合は1升の10分の1で，約180mlである。
[4] ヤンジェジン（2008）334ページによる。
[5] 李相潤（2012）570ページによる。

は，①～⑤に該当したうえで，所得・財産要件，扶養義務要件[6]を満たす必要もある。

　支援対象について「朝鮮救護令」との大きな違いは，「その他保護機関が本法による保護が必要と認定した者」が加わったことである。「生活保護法施行令」は，⑤に相当する者を，「失職その他生活手段の喪失により，本人またはその扶養家族の生計が極めて困窮し，保護機関の保護を受けずして生計の維持が困難であると保護機関が認定する者」と定めた。よって「生活保護法」では，外形的に労働能力がないと見なされる者のみならず，労働能力がある者にも支援の対象範囲を広げたといえる。

　生活保護対象者は，生活無能力者[7]（①65歳以上の老衰者，②18歳未満の児童，④不具，廃疾，傷痍その他精神または身体の障害により就業が難しい者）と，零細民（③妊産婦，⑤その他保護機関が本法による保護が必要と認定した者）に区分された。

　しかしながら，零細民，すなわち，生活能力があるとみなされる者については，現金が支給される生計保護を受けることができないなど，支援は極めて限定的であった。よって「生活保護法」は，労働能力のある困窮者を支援対象に加えたが，実質的には支援対象にはなっていなかった。

◆所得・財産基準と生計保護

　生活保護制度の所得・財産基準を見る。1966年の基準には所得基準と耕作地基準があった。所得基準は地域別に3つに分かれ，大都市地域と中小都市地域では，1人当たりの月間所得が600ウォン未満，農村地域では400ウォン未満と

---

[6] 「扶養義務者がいない，あるいは扶養義務者がいても扶養能力がない」といった要件である。扶養能力がないとされる認定基準は施行令で定められており，①男性で65歳以上である場合，②女性で50歳以上である場合，③心身障害により労働能力がない場合であった。

[7] 本書では，当時の政府の定義を日本語訳した「生活無能力者」をそのまま使用することとする。

第1節　公的扶助制度の歴史

されていた[8]。そして耕作地基準は，都市地域，農村地域とも世帯当たり3反（約30アール）未満とされていた（耕作地基準は1987年に廃止）。

また1975年には，不動産基準と動産基準[9]が加えられた（動産基準は1978年に廃止）[10]。所得・財産基準は1981年までに，9回改訂され，インフレなどもあり所得基準が毎回大幅に高められた。その結果，1981年の所得基準は，大都市地域で2万6,000ウォン未満，中小都市地域で2万3,000ウォン未満，農村地域で2万ウォン未満となった。他方，耕作地基準は3反未満で変化がなかった。

1970年代中盤までは，政府の財政能力が脆弱であったなか，3次に渡る経済開発五カ年計画の実行により経済分野に財源が集中的に投入されたため，生活保護事業はかろうじて行われている状況であった[11]。これを3点に整理して検証したい。

第一は，零細民は生計保護を受けることができなかった点である。1965年における生活保護対象者は380万人で，人口の13.5％に相当していた。しかし生活無能力者はそのうちの38万人に過ぎず，実際に生計保護を受けていた者は28万人に過ぎなかった[12]。

第二は，最低生計費と所得基準の上限額が乖離していた点である。徐相穆（1979：18）は，1965年における1カ月当たりの最低生計費を，都市地域で1,720ウォン，農村地域で1,441ウォンと推計した。しかし生活保護の選定基準は，1966年でそれぞれ600ウォン，400ウォンとされていた。つまり，都市地域では600〜1,720ウォン，農村地域では400〜1,441ウォンの所得層が，最低生計費に所得が達していないにもかかわらず，生計保護を受けることができなかっ

8　OECDは1983年以降の購買力平価を公表している。よってウォンから円への換算は1983年以降の数値について行った。また1982年の数値については，1983年より1年しか経っていないため，1983年の数値で円に換算した。
9　不動産基準は大都市地域，中小都市地域，農村地域で，また動産基準は都市地域と農村地域で差がつけられていた。
10　保健福祉部・韓国保健社会研究院（2010）33-34ページの表による。
11　同上，35ページによる。
12　同上，33-35ページによる。

た[13]。

　第三は生計保護が十分ではなかった点である。1965年における居宅保護[14]の場合，1人1日当たり主食として小麦粉250グラムが支給され，1カ月分を金銭換算すれば244ウォンであった。これは都市地域における1人当たりの最低生計費である1,720ウォン，農村地域の1,441ウォンに到底足りない水準であった。この状況は1980年でも変わらなかった。居宅保護では，主食として米288グラム，麦138グラム（それぞれ1日），副食費および燃料費が2,500ウォンずつ（1世帯，1カ月）であり，1カ月分を金銭換算すれば6,292ウォンであった。これも当時の都市地域における1人当たりの最低生計費1万9,600ウォン，農村地域の1万6,400ウォンの半分にも満たない額であった[15]。

3．生活保護法の全面改正から基礎生活保障の導入まで
◆対象を生活無能力者から生活困窮者に拡大

　1982年に「生活保護法」が全面改正された。改正案の主要骨子には，「労働能力はあるものの生活が困難な者に対する自活助成を可能とする」が掲げられた。これは，法律の目的を定めた条文が，従来の「老齢，疾病者など，生活無能力者を対象とした単純救護的なもの」から，「生活が困難な者の全てを対象として必要な保護を提供し，最低生活を保障しつつ自活能力を助成するもの」へ変更されたことからもうかがえる[16]。

　この法改正にともなう施行令の改正により，従来，法令上は定義されていなかった零細民が，自活保護対象者として定義された。自活保護対象者は，生活無能力者ではないが，生活が困窮している者である。そして，自活保護対象者は，生計保護を除いた保護，すなわち医療保護，自活保護などを受けることが

13　徐相穆（1980）82ページ表3による。
14　施設保護とは異なり，自宅で生活保護を受ける場合を指す。
15　徐相穆（1980）83ページ表4による。
16　国会保険社会委員会「生活保護法改正法案審査報告書」（1982年12月）による。

可能となった[17]。また自活保護としては，①自活に必要な金品の支給あるいは貸与，②自活に必要な技能習得の支援，③就業斡旋などが列挙された。

　1982年に行われた「生活保護法」の全面改正以前も，「失職その他生活手段の喪失により，本人またはその扶養家族の生計が極めて困窮し，保護機関の保護を受けずして生計の維持が困難であると保護機関が認定する者」は保護の対象となっていた。しかし「生活保護法」の目的には，これらの者，すなわち零細民の保護が明示的には掲げられず，実際，支援も行われてこなかった。1982年の法律の全面改正により，この状況は改善し，零細民が自活保護対象者として位置づけられ，ささやかではあるが支援を受けられるようになった。

◆ **自活保護対象者に対する支援はやはり限定的**

　生活保護対象者の大半を占める自活保護対象者に対する支援は，法改正以前から行われていた。零細民就労事業は，労働能力のある要保護者を対象に，農業用水整備，砂防工事，道路補修工事などの仕事を提供した[18]。そして法改正以降は，職業訓練や生業資金融資などの事業も行われた。職業訓練は，生活保護対象者で就職に必要な技術を習得する希望をもつ15〜30歳未満（業種によっては45歳未満）の者が対象であった。そして訓練期間中は，準備金，毎月の訓練手当，食費などが支給された。1981年から1996年までの16年間で，15万7,000人が職業訓練機関に入所し，8万4,000人が就職に結びついた[19]。

　また生業資金融資は，生活保護対象者に対して起業のための融資をする事業である。1982年における融資条件は，限度額が200万ウォン（94万円），2年据え置き後に2年で償還，年利10％であった。その後，限度額の引上げ，条件緩和がなされ，1997年には，限度額が1,200万ウォン（271万円），5年据え置き後5年で償還，年利6.5％（変動金利）となった。そして生業資金融資を通じて，

17　保健福祉部・韓国保健社会研究院（2010）47ページによる。
18　徐相穆（1980）88ページによる。
19　保健福祉部・韓国保健社会研究院（2010）48ページ表1-11の数値による。また職業訓練の対象者は47ページによる。

1982年から1999年までの18年間で約9万人に対し、総額で3,362億ウォン（1,114億円）が融資された[20]。

　ただしこれら事業は十分な成果をあげたとはいえない。まず職業訓練については、入所の希望があっても実際はほとんど利用されなかった。1989年の入所者数は1万6,628人であるが、これは自活保護対象者のほんの一部であり、50歳以上、18歳未満などを除外した対象者を分母としても3.3%に過ぎなかった。韓国保健社会研究院が1990年に行ったアンケート調査によれば、自活保護対象者の37%が、職業訓練を受けたいと考えていた。しかし実際は生活維持やその他理由により、職業訓練の申請を断念する場合が多く、職業訓練の利用につながらなかった[21]。

　また生業資金融資についても、その効果に疑問がもたれた。韓国保健社会研究院が、1990年に生活保護業務に従事する287名に対して行ったアンケート調査結果によれば、64.1%が「生業資金融資は別に効果的ではない」と回答した。そしてその理由として46.5%が「限度額が小さいため」、21.1%が「融資金が他の目的に流用されているため」と回答した[22]。さらに1990年における融資対象世帯の目標数は、生活保護世帯全体の1.9%に過ぎず、末端の行政組織である邑面洞も積極的に広報しなかった[23]。

　1982年の生活保護法の全面改正以降、従来は支援の対象から外されていた自活保護対象者に、様々な支援が提供されるようになった。しかしこれら支援を活用した者は少数にとどまった。そして依然として、最低限の生活を保障するための生計保護（実際は最低限の生活を保障する水準ではなかったが）は、生活無能力者のみが対象であり[24]、自活保護対象者にとっては、法改正は大きな意味をもたなかった。

20　保健福祉部・韓国保健社会研究院（2010）49ページ表1-12の数値による。1983年から1999年までの購買力平価の平均値で円への換算を行った。
21　チョンボクラン他（1990）93ページ、98ページによる。
22　同上、107-108ページによる。
23　同上、109ページによる。
24　医療保護などは対象となっていた。

第1節　公的扶助制度の歴史

◆可処分所得が逆転する可能性があった

　1982年に行われた「生活保護法」の全面改正のひとつの柱は，自活保護対象者に対する支援の法的根拠が示されたことであった。しかし支援にはあまり効果がなく，法改正によって自活保護対象者の生活が改善したとはいえない状況であった。

　生活無能力者に支給される生計保護にも問題が残されており，これは大きく，①支給方式の問題点，②支給水準の問題点に分けることができる。まず支給方式の問題点である。

　生活保護制度における生計保護は，地域，世帯規模，世帯類型，所得水準を無視し，1人当たりの支給額を一律に定額支払うものであった[25]。この制度では不平等が生じる可能性があるが，チョンボクラン 他（1990：49）は，例を挙げてその問題を指摘している。生計保護を受けるための上限所得は，1990年で1人当たり4万8,000ウォン（1万6,631円）であった。1人当たり月間所得が4万7,000ウォン（1万6,143円）の世帯は，毎月4万5,681ウォン（1万5,828円）を支給されるため，これを合わせると，1カ月当たり9万ウォンを超える所得となる。一方で，1人当たりの月間所得が4万9,000ウォン（1万6,978円）の世帯は生計保護を受け取ることができない。つまり生計保護によって可処分所得の逆転が起こる事態が発生した。

　さらに世帯の規模の利益が考慮されていなかった。世帯の規模が大きくなれば世帯全体の最低生計費も増える。しかし世帯で共有されるものもあるため，世帯員の数に比例して最低生計費が増えるわけではない。このような規模の利益を考慮するために，例えば1人当たりの最低生計費に世帯人数を乗じた金額を，世帯人数の平方根で除するといった同等化が必要である。同等化の方法には様々なものがあるが，この方法を使うと，9人世帯の最低生計費は，単身世帯の金額の9倍ではなく3倍となる。しかし生活保護制度では，1人当たりの生計給与に単純に世帯人数を乗じた額を世帯に支給していたため，世帯規模が

---

[25]　金美坤 他（1995）36ページによる。

大きいほど手厚い保護が行われていた[26]。

◆ **最低生計費が示されず**

次に支給水準の問題点を見る。まず政府は最低生計費を示していなかった。韓国憲法第29条第1項は「すべての国民は人間らしい生活をする権利を有する」としている。そして「人間らしい生活」とは「人間の尊厳性に見合う健康で文化的な最低限の生活」を意味する[27]。1982年に全面改正された「生活保護法」では，「この法による保護の水準は健康で文化的な最低生活を維持できるものでなければならない」と定めている。

しかし生活保護制度の下では，最低生計費は示されず給付水準のみが示されていた。もちろん最低生計費と給付水準が一致していれば問題はないが，給付水準がその時々の財政状況によって決まっていたとすれば，給付水準が「健康で文化的な最低限の生活」を保障する水準であるとは限らず，それよりはずっと低い水準とされていた可能性もある。

この問題は，1997年における「生活保護法」改正により解消した。改正法では，「保健福祉部長官は，一般国民の所得・支出水準と保護対象者の生活実態，物価上昇率などを考慮して，最低生計費を決定しなければならない」とされた。ちなみにこの条文は，「国民基礎生活補償法」に引き継がれたが，生活保護制度の末期において，ようやく最低生計費の概念が法律に導入された。

ただし1999年の最低生計費は1998年12月1日までに公表されなければならなかったが，保健福祉部は，12月29日に「生活保護対象者選定基準」を報道資料として配布することで，最低生計費の公表に代えた[28]。しかしこの基準は健康で文化的な最低限の生活のために必要な費用を計測したうえで算出されたものではなかった。そして1999年になって初めて，健康で文化的な最低限の生活を保障するといった観点から最低生計費が計測され，中央生活保護審議委員会は，

---

26 ムンジンヨン（2010）116ページによる。
27 成樂寅（2011）『憲法学（第11版）』718ページによる。
28 ムンジンヨン（2010）117ページによる。

第1節　公的扶助制度の歴史

次年度の予想物価上昇率を乗じた金額を，2000年の最低生計費として公表した[29]。最低生計費の公表は，生活保護制度の最終年にぎりぎり間に合い，これが基礎生活保障に引き継がれた。

◆ 最低生計費に生計保護支給額が追いつかず

支給方法にかかる問題点を指摘したところで，生活保護による支給額が最低生計費を大きく下回る状況が改善したか否かを確認する。そのために，韓国保健社会研究院が推計した単身世帯の1カ月間の最低生計費と，生計保護として毎月支払われる1人当たりの金額[30]とを比較する。なお最低生計費が地域別に推計されている場合は，その平均値を最低生計費とする。比較する年は，1965年，1970年，1975年，1980年，1990年，1994年，1998年である[31]。

1965年には生計保護の支給額が最低生計費の15.7％に過ぎなかった。1970年にはこの数値が8.8％に悪化し，1975年には13.7％に回復した。そして1980年には，支給額が最低生計費の49.4％にまで高まったが，1990年には23.7％と再び低下した。1994年は31.5％と1990年の数値よりは改善したが，1980年の水準にまでは回復していない。なお1998年には数値が大きく改善し，支給額が最低生計費の71.6％にまで高まった。

最低生計費に対する生計保護の支給額は，1980年代から1990年代の中盤までの時期には，1960年代，1970年代の10％台からは改善したものの，依然として半分にも満たない水準であった。また生活保護から基礎生活保障に移行する直前に，ようやく7割を超える水準になった。そして生活保護制度の最終年である2000年に，健康で文化的な最低限の生活を営むことのできる水準に設定された最低生計費が公表され，最低生計費と支給額がようやく一致することとなっ

29　保健福祉部・韓国保健社会研究院（2010）225ページによる。
30　同上，36-37ページ表1-5には，生計保護として毎月支払われる1人当たりの金額が，1965年から1999年まで掲載されている。本書ではこの数値を利用した。
31　各年の最低生計費は，1965年，1970年，1975年，1980年は，徐相穆（1980）82ページ（表3），1990年はチョンボクラン 他（1990）24ページ表2-9，1994年は朴純一 他（1994）220ページ表6-2-2，1996年は朴讚用 他（1998）143ページ表5-11による。

た。つまり，1982年における「生活保護法」の全面改正後は，改善の動きは見えたものの，最低生計費に生計保護の支給額が追いついたのは，まさに生活保護制度が廃止された年であった。

◆ **基礎生活保障の導入**

　韓国の公的扶助制度の歴史を見ると，1961年に生活保護が導入されるまでの時期は，根拠法令はあったものの，政府の脆弱な財政当の要因により，形式的な救護が行われるにとどまっていた。そして1961年以降の生活保護も，生活無能力者の支援を目的としたものに過ぎず，その支援も「健康で文化的な最低限の生活」を保障するものではなかった。1982年に「生活保護法」は全面改正され，生活が困難な者のすべてを対象として必要な保護を提供することが目的とされたが，実際は，生活無能力者以外の困窮者が生計保護を受給できない状況には変わりがなかった。そして制度の発足当初よりは改善したものの，生活無能力者も，依然として「健康で文化的な最低限の生活」の保障にはほど遠い支援しか受けられない状態が続いた。

　このような不十分な公的扶助制度は，2000年10月の「国民基礎生活保障法」の施行により大きく改善した。「国民基礎生活保障法」では，生活困窮者に最低生活を保障することを目的として掲げ，受給権者の範囲を，「所得認定額が最低生計費以下である者」とした。また，生活保護制度の下では生活無能力者に対象が限定されていた生計給与（生活保護制度の下では「生計保護」）の対象が，生活無能力者以外にも広げられた。

　さらに生活保護制度の問題点も解決された。第一に，生活保護制度の下では公表されてこなかった最低生計費を，「国民が健康で文化的な生活を維持するために必要な最低限の費用」と定義した。そして，最低生計費を決定するために，国民の所得や支出水準，受給権者の生活実態，物価上昇率などを考慮することとし，それを決定する手続きも明確にした。第二に，生活保護制度の下で，所得基準を満たした者に一律の金額を支払っていた生計給与の支給方式を改めた。すなわち，生計給与は，最低生計費から所得認定額を引いた額としたこと

第1節　公的扶助制度の歴史

から[32]，所得基準を僅かに上回ったため生計給与の対象外となった者と，僅かに下回ったため生計給与を受け取った者との間で，可処分所得の逆転が起こるといった問題が生じなくなった。

4．公的扶助制度の対象者の推移
◆公的扶助制度の支援対象者率は下落傾向

　公的扶助制度の歴史を概観したところで，これら制度にかかるデータを検討する。まず公的扶助制度の支援対象者および支援対象者を人口で割った比率（以下「支援対象者率」[33]とする）の長期データを確認する。

　生活保護法制度導入以前のデータは入手ができない。よって同制度導入後の1965年からのデータを見てみよう。1965年の支援対象者は385万人であったが，1970年代初頭にかけて急速に低下し，1974年には108万人となった。しかし，その後は増加に転じ，1976年には200万人を上回った。1990年代初頭まで支援対象者数は200万人を上回り，1994年には下落に転じた。1999年には118万人にまで減少したがその後は再び上昇に転じ，2013年には139万人となっている（図3-1）。

　また支援対象者率を見てみよう。1965年の支援対象者率は13.4％であったが，1970年代初頭には3％台にまで急落した。1970年代中盤から1990年代初頭までは概ね5％台で推移した後は低下に転じ[34]，1999年には2.5％となった。そして2000年以降は3％に近い水準で安定的に推移している。支援対象者率の長期的な傾向としては，下落から増加に反転した時期はあるものの，おおむね下落傾向にあることが見て取れる（図3-1）。

　1965年から1970年代初頭にかけて支援対象者率が大きく低下した理由は2つ

32　次節で説明するが，実際には，住宅給与およびその他支援に相当する金額も引かれる。
33　韓国政府は「保護率」と呼んでいるが，1999年まで，公的扶助制度で重要な「生計保護」の対象となる者が，保護対象者のごく一部であったため，ここでは敢えて「支援対象者率」と記述した。
34　ただし1982年から1984年の間は5％を大きく上回る水準であった。

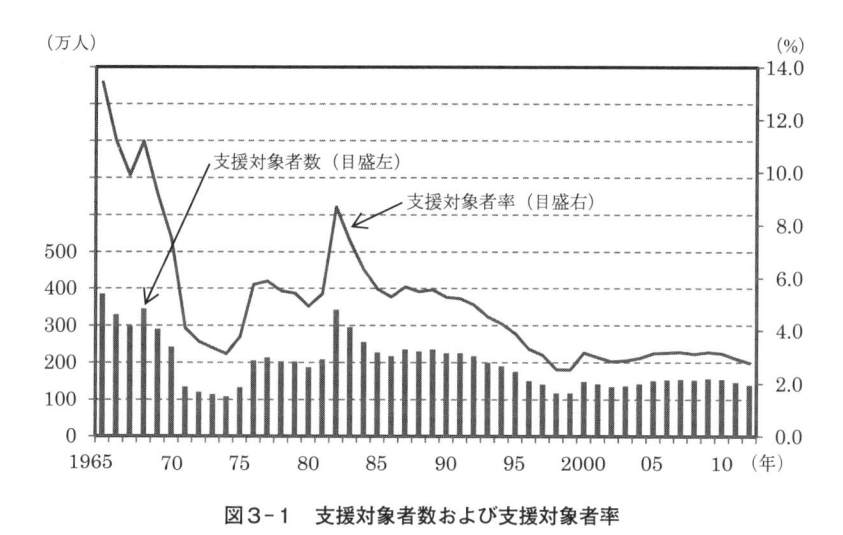

第3章　国民基礎生活保障

図3-1　支援対象者数および支援対象者率

（出所）保健福祉部・韓国保健社会研究院（2010）および統計庁データベースにより作成。

ある。ひとつは経済発展である。この時期における支援対象者の減少幅の大部分は，生活無能力者ではない零細民の減少により説明できる。1953年から1964年における実質経済成長率の平均値は4.5%であったが，1965年から1975年にはこれが9.6%に高まった。このような高度成長により，零細民の就業が容易となり，支援から脱する者が増えたと考えられる。

もうひとつは所得基準の引き上げである。1970年から1975年の間には，消費者物価指数が2.0倍に上昇したが，所得基準額は都市地域で3.0倍，農村地域で2.6倍に引き上げられた。よって，このような物価上昇を上回る所得基準の引き上げも，支援対象者の減少に寄与したと考えられる[35]。

◆生計給与対象者率は基礎生活保障制度により跳ね上がる

公的扶助制度の支援対象者および支援対象者率を見たが，ここで解決しなければならない疑問は，基礎生活保障制度の導入前後で，支援対象者率に大きな

---

[35] 徐相穆（1980）82ページによる。

第1節　公的扶助制度の歴史

変化が見られなかったことである。「国民基礎生活保障法」の施行により,「生活保護法」を根拠とした不十分な公的扶助制度が大きく改善したが,支援対象者率に変化が見られない点は不思議なことと思える。

　しかしこれは当然のことであり,生活保護制度の下でも,生活が困窮している者は労働能力の有無にかかわらず支援対象者であった。1982年に全面改正した「生活保護法」の支援対象を定めた条文をもう一度見ると,①65歳以上の老衰者,②18歳未満の児童,③妊産婦,④廃疾または心身障害によって労働能力がない者,⑤その他生活が難しい者で保護機関がこの法による保護を必要とすると認める者が,対象として列挙されている。そして同法施行令では,⑤に該当する者として,「失職その他生活手段の喪失または低所得によって生計維持が困難な者」と定めている。

　つまり,生活保護法制度の下でも,労働能力があっても生活に困窮していれば支援対象とされた。よって,生活保護法制度下の支援対象は,基礎生活保障制度下の支援対象と大きな差がなく,基礎生活保障制度の導入前後において,支援対象者率に大きな変化が見られなかった。

　ただし問題は,生活保護制度の下では,「失職その他生活手段の喪失または低所得によって生計維持が困難な者」が,生計給与(当時は生計保護)を受給できなかった点である。そこで生計給与の対象者数(以下「生計給与対象者数」とする)を,人口で割った比率(以下「生計給与対象者率」とする)の長期データを確認する(図3-2)。

　生計給与対象者数は,1965年から1999年まで大きな変化は見られず,概ね30〜40万人台で推移していた。しかしながら2000年に基礎生活保障が導入されて以降,100万人を超える水準に跳ね上がり,その後は概ね150万人台で推移している。そして生計給与対象者率も,2000年以前は1％前後で推移していたが,2000年に3.2％に跳ね上がり,以降は3％を前後して推移している。よってこの数値から見れば,基礎生活保障によって,公的扶助制度の柱ともいえる生計給与を受ける者が大きく増加したといえる。

第3章 国民基礎生活保障

(万人)　　　　　　　　　　　　　　　　　　　　　　　　　　(%)

生計給与対象者率（目盛右）

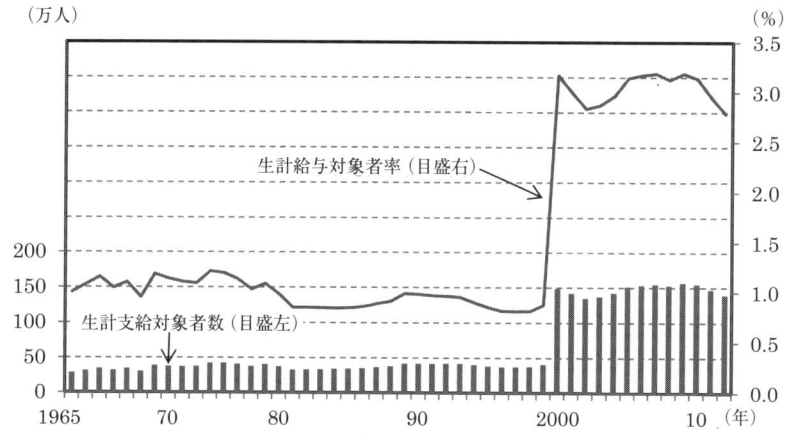

生計支給対象者数（目盛左）

(注) 1965～1970年は「生活保護者」の数, 1971～1980年は「生活無能力者たる在宅保護者」と「施設保護者」の合計, 1981～1999年は「在宅保護者」と「施設保護者」の合計である。

図3-2　生計給与対象者数および生計給与対象者率

(出所) 保健福祉部・韓国保健社会研究院 (2010), 統計庁データベースにより作成。

第2節　基礎生活保障の概観

本節では基礎生活保障の概観を解説するが、その前に、基礎生活保障に関連する機関について解説する。まず保障機関は、保健福祉部、広域自治体、基礎自治体である[36]。またこれに加えて、関連する機関として地方生活保護委員会が重要である。

保障機関のうち保健福祉部は、最低生計費および所得認定額の算定方式の決定、給与基準の決定、地域生活センターの指定など、基礎生活保障制度の重要政策事項を決定する。また広域自治体は、地方生活保障委員会の運営、自活支援計画の策定、異議申し立てに対する処理、保障費用の負担などを行っている。

そして具体的な基礎生活保障にかかる業務は基礎自治体が行っている。基礎自治体の統合調査管理担当においては、新規申請者の調査および選定、変更事

---

[36] 正確には保障機関は、保健福祉部長官、広域自治体の長、基礎自治体の長である。

第2節　基礎生活保障制度の概観

項の反映および管理，確認調査を行う。また保障担当が，給与の支給などを行う。

　さらに広域自治体および基礎自治体には，それぞれ地方生活保障委員会が設置され，決められた重要事項を審議している。まず広域自治体の生活保障委員会では，広域自治体の事業の基本方針，実施計画策定，自活支援計画，自活基金の設置・運営に関する事項を審議する。また基礎自治体の生活保障委員会では，基礎自治体の事業の基本方針，実施計画策定，自活支援事業計画や自活支援基金，年間調査計画に関する事項を審議している[37]。

　さて関連する機関について見たところで，最低生計費とその決定方法，所得認定額と財産換算額の順で概観を解説していこう。

1．最低生計費とその決定方法
◆韓国の最低生計費は世帯規模だけで決まる

　基礎生活保障制度の支援単位は世帯である。そして世帯全体としての所得認定額が，世帯類型ごとに定められた最低生計費を下回った場合，その世帯を構成する者が支援対象となる。

　韓国の最低生計費は，原則として世帯規模のみによって決まる。日本では最低生活費（韓国の最低生計費）が支援対象の選定基準となるが，世帯規模以外の条件によっても金額が変化する。日本の最低生活費は，①世帯員の年齢によって異なる個人別の額を積み上げた生活扶助基準（第1類費）基準額，②世帯の規模によって額が決まる生活扶助基準（第2類費）基準額，③障害者世帯や母子世帯などに対して加算する額，④実際に支払っている家賃・地代である住宅扶助基準（上限あり）などを加えることで算出される。さらに日本では，まったく同じ世帯構成であっても，居住地によって最低生活費が6通りとなるが，韓国は全国一律である。

　つまり，日本では世帯規模のみならず，各世帯員の年齢，居住地域など，

---

[37] 保健福祉部（2013b）6ページ，227-229ページによる。

様々な条件を勘案し，きめ細かく最低生計費が決められているが，韓国では世帯規模によってのみ最低生計費が決まる。

◆最低生計費の決定方法－非計測年は物価にスライド

「国民基礎生活保障法」は，「保健福祉部長官は，国民の所得・支出水準と受給権者の世帯類型など生活実態，物価上昇率などを考慮して，最低生計費を決めなければならない」としている。そして具体的な手続きとして，「保健福祉部長官は，毎年9月1日まで中央生活保障委員会の審議・議決を経て，次年度の最低生計費を公表しなければならない」と定めている。さらに「保健福祉部長官は，最低生計費を決めるために必要な計測調査を3年ごとに行う」としている。なお法律の導入当初は，計測調査は5年ごととしていたが，2004年の改正により3年ごとと頻度が高められた。

最低生計費の決定方法は大きく2つに分かれる。ひとつは非計測年における決定方法，もうひとつは計測年における決定方法である。最終的な決定は，中央生活保障委員会の審議・議決によるが，付議される最低生計費がどのように決められるかを見る。

まず非計測年における決定方法である。保険福祉部は，非計測年における最低生計費の決定方法として，①消費者物価上昇率を適用する方法，②水準均衡による方法，③相対貧困線による方法を紹介している。消費者物価上昇率を適用する方法は，基準年の最低生計費に消費者物価指数上昇率を乗じて，当該年の最低生計費を決定する。次の水準均衡による方法は，最低生計費を計測した年の平均消費支出と最低生計費との比率を求め，当該年度の消費支出に対して求めた比率を乗じて最低生計費を決定する。最後の相対貧困線による方法は，中位所得の一定比率を最低生計費とする[38]。

それぞれの決定方式には短所がある。例えば消費者物価上昇率を適用する方法については，本来は生活必需品の物価上昇率のみを考慮すべきところである

38　各種推定方式については，保健福祉部ホームページによる。

が，消費者物価指数は，生活必需品のみならず全品目を含めている。よって生活必需品のみで構成された価格指数と消費者物価指数の上昇率の間には乖離が生じる[39]。しかし他の方法にも短所があり，非計測年の最低生計費は消費者物価上昇率を適用する方法によって決められている。つまり，非計測年における最低生計費は物価にスライドして動いている。

◆ **最低生計費の決定方法－計測年はマーケット・バスケット方式により決定**

　計測年における最低生計費の決定方法は，マーケット・バスケット方式である。マーケット・バスケット方式とは，「最低生活を営むために必要な飲食物費や衣類，家具什器，入浴料といった個々の品目を一つ一つ積み上げて最低生活費を算出する方式」である。そして，実際の最低生計費の計測は1999年，2004年，2007年，2010年に行われ，翌年に結果が反映された。

　実際にどのように計測が行われるのか2010年を例に見てみよう。計測に当たっては，まず生活実態調査が行われた。サンプルは多段階層化標本抽出方式で無作為に選ばれた全国481の地域の2万世帯である。このサンプル世帯に対して面接調査を実施し，一般世帯と低所得世帯の所得，財産および支出などを調査した。

　次に標本世帯および世帯同等化指数の決定を行った。すなわち，実態調査結果にもとづき，父（40歳），母（37歳），子（11歳），子（9歳）から構成される4人世帯を受給標準世帯として，世帯の同等化指数を決定した。世帯規模が大きくなれば世帯全体の最低生計費も増えるが，世帯で共有されるものもあるため，世帯規模に比例して最低生計費が増えるわけではない。このような規模の利益を考慮するために同等化指数を求め，最低生計費が単純に世帯人数に比例して増加することがないようにしている。

　ただし同等化指数は，中央生活保障委員会の合意文にもとづき，現在はOECDの同等化指数が使用されている。すなわち，4人世帯を1として，単身

39　消費者物価上昇率を適用する方法の短所については，保健福祉部ホームページによる。

世帯0.370，2人世帯0.630，3人世帯0.815，5人世帯1.185，6人世帯1.370とし，4人世帯の最低生計費にこれら同等化指数を乗じることで，世帯規模別の最低生計費を算出している[40]。

さらに受給標準世帯が最低限の生活を維持するために購入する財・サービス（生活必需品）を選定した。生活必需品とされた財・サービスとしては，①所得弾力性が0.5以下，②所得がゼロの時に保有する確率が60％以上，③下位40％の階層の保有比率が3分の2以上のものが選定された。さらに市場調査や統計庁資料などを利用して，生活必需品の消費量および価格が決められた。そして最後に，生活必需品として選定された財・サービスごとに，消費量に価格を乗じた額を積み上げて，受給標準世帯の最低生計費を決定した。なお受給標準世帯（4人世帯）の最低生計費に世帯同等化指数を乗じたものが，世帯規模別の最低生計費とされた[41]。

◆最低生計費の水準は日韓で差が小さい

韓国における世帯規模別の最低生計費は，毎年，保健福祉部長官が告示しているが，2012年を例とすると，単身世帯で月額55万3,354ウォン（7万741円），2人世帯で94万2,197ウォン（12万451円），3人世帯で121万8,873ウォン（15万5,822円），4人世帯で149万5,550ウォン（19万1,193円）である。

ここで日韓の最低生計費を比較する[42]。韓国では同じ世帯規模の最低生計費は一律に決められているが，日本では世帯員の年齢，居住地などの様々な要素によって異なる値となる。ただし厚生労働省が標準としている世帯を示しているので，日本の標準世帯の最低生計費を比較対象とする。

40　保健福祉部「2009年最低生計費4人基準1,326,609ウォン，4.8％引き上げ」（報道資料：2008年8月18日），同「2011年最低生計費5.6％引き上げ」（報道資料：2010年8月25日）による。
41　計測年における最低生計費の決定方法は，保健福祉部ホームページによる。
42　なお韓国の「最低生計費」に相当する概念は，日本では「最低生活費」である。よって正確には「日本の最低生活費と韓国の最低生計費を比較する」と記述する必要があるが，記述の簡略化のため「日韓の最低生計費を比較する」とした。

第2節　基礎生活保障制度の概観

　日本の標準3人世帯は，33歳，29歳，4歳の世帯員から構成されている。この世帯の最低生計費は，最も高い1級地－1で18万5,170円，最も低い3級地－2で14万3,680円である[43]。一方，韓国における3人世帯の最低生計費を日本円に換算すると15万5,822円となり，日本の2級地－2と3級地－1の間に位置する水準である。日本における地域別の値の平均値は，16万5,258円であり，韓国と大きな差はない。

　ただし基礎生活保障の受給者は首都圏に偏在している。2011年の受給者は138万人であるが，ソウル市，仁川市，京畿道（郡部を除く）からなる首都圏には31.8%，仁川市を除く広域市には25.6%が居住している。

　単純に当てはめることはできないが，韓国の首都圏が日本の1級地－1，広域市が1級地－2であると考えると，日本の1級地に相当する地域に受給者の57.5%と半数以上が居住している。また広域自治体が道であり基礎自治体が市である市地域には（京畿道の市地域は除く），28.8%の受給者がいるが，この地域は日本の2級地に相当するといってもいいだろう。

　よって韓国の受給者の86.3%が日本の1～2級地に相当する地域に居住していると考えられる。この数値を勘案すれば，韓国の最低生計費は日本より若干低いと考えることが妥当であろうが，日韓の差が大きく開いているわけでもない。

◆ **最低生計費は平均すると毎年4.1%引き上げられた**

　次に基礎生活保障が導入されて以降，韓国の最低生計費がどのように変化してきたのか確認する。韓国で標準世帯とされている4人世帯について見ると，2001年から2012年までにおける最低生計費の上昇率は，平均で年4.1%であり，2012年の金額は2000年の1.6倍である。他方，同時期の物価上昇率は平均で年3.2%であり，物価上昇率を1%ポイント上回るペースで最低生計費が引き上げられたこととなる。

---

[43] 『保護の手引き＜平成24年度版＞』第一法規による。

先述したように，非計測年における最低生計費の上昇率は物価上昇率を反映させているので，これだけ見ると最低生計費は物価上昇率から乖離しないはずである。それにもかかわらず物価上昇を上回るペースで最低生計費が引き上げられた理由として，計測年に物価上昇を大きく上回る引上げが行われたことが挙げられる。これは世帯全体の生活水準の向上などにより新しく生活必需品とされる財・サービスが増えていることに起因する。例えば近年の例を挙げれば，2010年の計測にもとづき携帯電話が生活必需品に追加された。さらに同じ生活必需品でもその必要量が計測によって増えることもある。よって計測年には最低生計費が物価上昇率を大きく上回る水準となる（図3-3）。

以上のような最低生計費の決定方法から，非計測年には物価上昇率に近い伸び率となる。しかし計測年においては，非計測年に反映されない，①所得の上昇によりこれまで必需品でなかったものが必需品に加わること，②同じ理由で必需品の消費量が増えることによる最低生計費の上昇が一気に反映される。よって計測年（正確には計測が行われた年の翌年）の最低生計費の引き上げ率は，2005年は7.7%，2008年は5.0%，2011年は5.7%と消費者物価指数の伸びより高い値となった。

◆最低生計費の水準は中位所得の約40％で推移

韓国の最低生計費は，国内の貧困線との関係はどのようになっているのであろうか。貧困線を求めるため使用されている基準としては，中位所得の一定比率がある。OECDで使用されるなど最も一般的な基準が，中位所得の50％を貧困線とするものである。しかしこの他の貧困線の基準として，EUなどで使用される中位所得の60％，厳格な貧困基準である中位所得の40％もある[44]。

韓国で標準世帯とされている４人世帯の中位所得（月額）は，若干データは古いが2009年で346万1,860ウォン（49万6,240円）である[45]。これは同年における

---

44 キムムンギル 他（2012）60ページによる。
45 キムミゴン 他（2010）12ページによる。

第 2 節　基礎生活保障制度の概観

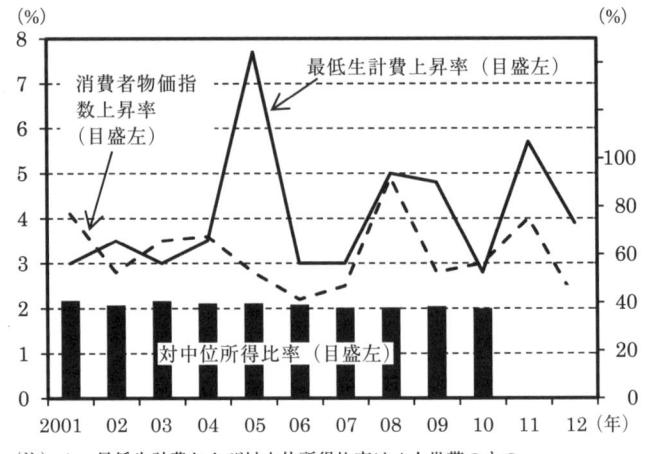

(注) 1．最低生計費および対中位所得比率は 4 人世帯のもの。
　　 2．対中位所得比率は，最低生計費÷中位所得×100%で算出。

図 3-3　最低生計費上昇率と対中位所得比率

(出所) 保健福祉部・韓国保健社会研究院 (2010) 232ページ，キムテウァン他 (2010) 133ページ，統計庁データベースなどにより作成。

4 人世帯の最低生計費の38.3%である。これを2003年からの時期で見ると，40%程度の水準で推移していることがわかる（図 3-3）。また2013年における最低生計費は中位所得の40%である[46]。つまり，韓国の最低生計費は，貧困線の中でも厳格なものと概ね一致している。

◆**最低生計費のすべてが生計給与として支給されるわけではない**

　最後に最低生計費と生計給与との関係を見る。最低生計費は，基礎生活保障の支給を決定する際の基準となる金額である。最低生計費から所得認定額を引いた額が受給額になるものの，すべてが現金で支給されるわけではない。最低生計費には，①現金で支給される生計給与，②現物支給される医療給与，③実際の家賃などが現金で支給される住宅給与，④該当者のいる世帯に一定額の現

46　韓国保健社会研究院 (2013) 13ページによる。

金が支給される教育給与，⑤該当事象が発生した場合現金で支給されるその他給与（助産給与，葬祭給与），⑥支払が免除される住民税，教育税，テレビ視聴料など，その他の法律[47]にもとづき支援される費用が含まれている。

2013年における4人世帯について，最低生計費がどのように配分されるか見てみよう（表3-1）。最低生計費は154万6,399ウォン（19万7,693円）である。そのうち，医療給与，教育給与，助産給与，葬祭給与，その他法律にもとづく支援（②④⑤⑥）が28万310ウォン（3万5,835円）を占める。そして，最低生計費から②④⑤⑥（＝28万310ウォン）が引かれた現金給与基準である126万6,089ウォン（16万1,858円）のうち，102万1,126ウォン（13万541円）が生計給与，24万4,963ウォン（3万1,316円）が住居給与として支給される。ただし住居給与の24万4,963ウォンは上限額であり，実際の家賃などがこれを下回れば，その分だけが支給される。

所得認定額がゼロの場合，上記の金額が支給されるが，そうでない場合は生計給与と住居給与から先に減額される。保健福祉部は，所得認定額が15万ウォン（1万9,176円）である単身世帯のケースを例に挙げて説明している。まず，単身世帯の現金給与基準である46万8,453ウォン（5万9,887円）から所得認定額の15万ウォンが控除される。控除後の31万8,453ウォン（4万711円）に，それぞれの配分比率を乗じた25万6,839ウォンが生計給与（3万2,835円），6万1,614ウォン（7,877円）が住居給与となる。

以上で示した給与の原則は，①所得がない場合でも最低生計費の全額が現金支給されるわけではない，②所得がある場合は，まずは現金支給基準を構成する生計給与と住居給与から減額される，の2点にまとめることができる[48]。

47　医療給与は，「医療給与法」にもとづき支給されるので，「国民基礎生活保障法」の他の法律にもとづいて支給されるともいえる。
48　保健福祉部（2013b）147-148ページによる。

第2節 基礎生活保障制度の概観

表3-1 2013年度最低生計費および現金給与基準

(単位:ウォン)

区分／人数	1人	2人	3人	4人	5人	6人	7人
最低生計費 (A)	572,168	974,231	1,260,315	1,546,399	1,832,482	2,118,566	2,404,650
他支援額 (B)	103,715	176,595	228,453	280,310	332,167	384,025	435,882
現金給与基準 (C=A-B)	468,453	797,636	1,031,862	1,266,089	1,500,315	1,734,541	1,968,768
住居給与額 (D)	90,636	154,327	199,645	244,963	290,281	335,599	380,917
生計給与額 (E=C-D)	377,817	643,309	832,217	1,021,126	1,210,034	1,398,942	1,587,851

(出所)保健福祉部(2013b)148ページの表により作成。

(参考) 4人世帯の他の法律による支援額内訳

(単位:ウォン)

支援内容	他の法律による支援額	根拠法
給食費	69,190	学校給食法
電気料金	7,022	韓国電力電気供給約款
ゴミ袋	1,350	地方自治体支援
保健医療サービス	35,562	医療給与法
教育費	72,956	教育給与
テレビ受信料	2,766	放送法施行令
有線電話,携帯電話	21,290	通信会社約款
国民年金,健康保険,住民税	70,198	地方税法など
計	280,310	

(出所)イチェジョン(2013)23ページにより作成。

2. 所得認定額と財産換算額

◆ 財産を所得に換算

基礎生活保障を受給できるか否か,受給できる場合どの程度の現金給付を受

けることができるかは，世帯の所得認定額によって決まるが，韓国の場合は保有する財産の一定比率が所得認定額に加えられることが一番の特徴である。

2000年の制度発足時には，所得基準と財産基準は別々に設定されていた。しかしながら2003年以降，所得認定額に財産換算額が算入される形で所得基準と財産基準が統合された。財産換算額については後述するとして，まずは財産換算額を除いた所得認定額の部分（以下「所得評価額」とする。）について見よう。

所得評価額は，①実際の所得から，②世帯特性による支出を反映した金品，③労働活動を通して得た所得に対する控除額を引いた額（①-②-③）となる。

まず実際の所得について説明する。実際の所得は，勤労所得，事業所得，財産所得，その他所得（私的移転所得，扶養費，公的移転所得が含まれる）から構成される。しかしここには，退職金や補償金といった定期的に支給されない所得は含まれない。また保育，教育，その他の類似した性質のサービス利用を前提として提供される金品[49]も含まれない。次に世帯特性による支出を反映した金品については，障害手当，父子・母子家庭に対する自立支援促進手当，18歳未満の者が実質的に生計を立てている場合に支払われる家庭支援金などが含まれる。

さらに労働活動を通して得た所得に対する控除額である。これは，(a)障害者が職業復帰事業に参加して得た所得の50％，(b)自活共同体に参加して得た所得の30％，(c)学生が得た勤労所得および事業所得の30％，(d)自活労働に参加して得た所得の30％，(e)行政機関および公共機関の行政インターンに参加して得た所得の10％を控除できる。

◆ **財産基準は2002年までは独立していた**

2002年までは所得基準と財産基準が別々に存在し，所得基準は所得評価額が最低生計費以下であることとされていた。また財産基準は，世帯人数別に住宅や預金などの財産金額が決められ，それを超えた場合は受給対象者から外され

---

[49] 例えば中・高・大学生に対する奨学金などが該当する。

た。具体的な財産基準を見ると，2000年では，1～2人世帯が2,900万ウォン（603万円），3～4人世帯が3,200万ウォン（665万円），5～6人世帯が3,600万ウォン（748万円）であった。

また財産金額の基準を満たしていても，住宅基準，農地基準，乗用車基準を満たさない場合は，受給対象から除外された。すなわち，住宅の場合は，専有面積が50平方メートル以上の住宅を所有する，あるいは専有面積が60平方メートル以上の住宅を貸りている世帯は受給の対象外となった。また農地については，基礎自治体別に算出された世帯当たり平均面積を超える農地を所有する場合も受給対象から外された。さらに乗用車は，直接仕事に必要な場合，疾病などにより所有が不可避な場合，車齢が10年以上である場合などの例外を除き（例外も1500cc未満との制限付き），所有すれば受給資格を得ることができなかった。

しかし2003年からは，財産基準が所得基準に統合された。つまり所得評価額と財産の所得換算額を加えた金額が所得認定額とされ，これが最低生計費を下回ることが基礎生活保障を受給する条件となった[50]。

◆居住用資産は所得換算率が低く，乗用車は極めて高い

財産を所得に換算する方法であるが，所得換算額は財産評価額に一定の比率を乗じて所得額に換算する。財産は大きく，一般財産，住居用財産，金融財産，自動車の4つに分類される。まず一般財産は，後述する住宅用財産を除く土地，建築物，住宅などの不動産，住宅や商店を借りた時の保証金，100万ウォン以上の動産などが含まれる。住居用財産は2013年から導入された概念であり，自らが居住している一戸建てあるいは集合住宅とそれに付属する土地である。金融資産は，現金，預金，株式，保険，収益証券などである。

財産額はそのまま所得に換算されるわけではなく，基本財産額と負債額を控除する。控除の順番は，まず住宅用財産であり，一般財産，金融財産，自動車

50　保健福祉部・韓国保健社会研究院（2010）102-107ページによる。

と続く。基礎財産額は，居住地によって3つに分かれ，大都市地域では5,400万ウォン（690万円），中小都市地域では3,400万ウォン（435万円），農漁村地域では2,900万ウォン（371万円）である。ただし世帯人数では差が設けられていない。

そして基礎財産額および負債額を引いた後の財産額に対して，住宅用財産は1.04％，一般財産は4.17％，金融財産は6.26％，乗用車は100％を乗じた金額が，月額所得として換算される。住居用財産は，受給権者の住居確保といった観点を考慮して，一般財産の4分の1といった低い換算率が適用されている。他方，金融財産は簡単に現金化できることから，一般財産の1.5倍の所得換算率が適用される。さらに乗用車所有に至っては，その所有者を基礎生活保障の対象とすることが国民感情から難しいため，100％といった極めて高い換算率となっている[51]。

第3節　医療給与

医療給与は，生活が厳しい者に対し，医療サービスを受けるための費用を支給する制度である。主に基礎生活保障の受給者がこの制度の対象であるが，医療給与は国民基礎制度からは分離している。本節では，基礎生活保障の受給者に焦点を絞り，医療給与の特徴について明らかにする。

1．医療給与の歴史
◆医療保護法に医療保護の関連規定が移される

医療給与の前身の制度である医療保護は，1961年に制定された「生活保護法」の条文を根拠として導入された。「生活保護法」には，保護の内容として医療保護が挙げられ，医療を必要とする要保護者に対して，診療，手術などの措置，薬剤の給付，入院などの医療サービスを提供する旨が規定されていた。

---

[51] 保健福祉部（2013a）96-123ページによる。

第3節　医療給与

　さらに，被保護者は国や地方自治体が経営する医療施設，または，とくに保護機関が指定する医療施設で医療措置を受けることも定められていた。

　しかし法律の規定を具体化する施行令が未整備であり，実際の医療保護は極端に制限された範囲で行われていた。当時の医療保護は2つの方式で行われていた。ひとつは生活保護対象者に生活保護診療券を発給し，保健所，市・道立病院が生活保護対象者の診療を担当することで，通院，入院などの医療保護を行う方式である。もうひとつは民間医療機関や地域医師団体に一定数の保護対象者を配分し，診療などの医療保護を行う方式である。ただし前者は公立医療機関が行う無料診療であったため治療内容が貧弱であり，医療保護としての実効性が不十分な状況であった。後者は供給者による慈善的な医療サービスであったため一般の診療より内容が劣っていた[52]。

　このような背景の下で1977年に「医療保護法」が制定された。同法案の提案理由には，「現行の医療保護制度は生活保護法を根拠として行っているが，医療保護制度を進めるためには不十分である。そこで医療保護に関する規定を生活保護法から分離して，生活能力がない者，あるいは生活が困難な者に対する医療保護の内容や，その方法を明確にする」と書かれている。

　「医療保護法」では，①保護対象者の範囲を生活保護法の医療保護対象者より拡大する，②医療保護の内容と保護の方法を定める，③保護費用の全部または一部を医療保護基金が負担することなどが定められた[53]。①については生活保護受給者には関係がない。しかし，②③によって，「生活保護法」を根拠として医療保護を行っていた時代の無料診療とは異なり，医療機関において一般患者と同じく有料の診療を受けることができるようになった。そして，その費用を医療保護基金が負担することとされた。これは生活保護対象者が受けることのできる医療サービスの質が向上することを意味する。

　1977年に「医療保護法」が制定された当初の対象者は以下のとおりである。

52　保健福祉部・韓国保健社会研究院（2010）51-52ページによる。
53　「医療保護法案提案理由」による。

第一は生活保護対象者であり,「医療保護法」が「生活保護法」から医療保護の部分が分離された性格のものなので当然であろう。また,社会福祉施設に受け入れられている者,罹災者,その他生活が困難な者も対象に加えられている。

なお医療保護対象者の負担であるが,生活保護対象者に限ると,①65歳以上の老衰者,②18歳未満の児童,③妊産婦,④不具,廃疾,傷痍その他精神または身体の障害により労働が難しい者(1種保護対象者)は,医療保護のため必要な費用のすべてを医療保護基金が負担した。

一方,⑤その他保護機関により保護が必要と認定された者(2種保護対象者)については,一部自己負担が課せられた。具体的には,医院などで行う比較的簡単な第一次診療に必要とする費用は全額(自己負担なし),総合病院などで行う比較的複雑な第二次診療に必要とする費用は30%を医療保護基金が負担(自己負担率は70%)した。

つまり生活保護制度における生活無能力者が1種保護対象者,自活保護対象者(=零細民)は2種保護対象者となり,両者には医療保護の水準に差が付けられた。

◆ 2種保護対象者の自己負担率は年々引き下げられた

「医療保護法」は2000年に廃止されたが,それまでの間,医療保護の対象者や保護の水準に変化があった。まずは医療保護の対象者について生活保護制度に関連して見てみよう。先述したように,1977年の「医療保護法」制定にともなって,生活無能力者が1種保護対象者,それ以外の生活保護対象者が2種保護対象者とされた[54]。

しかしこの区分は3回の変更が加えられた。最初の変更は,1981年に3種保護対象者が医療保護の対象として加わったことである。3種保護対象者とは,自活保護対象者(≒2種保護対象者)に類似しており,保護機関によって医療

---

[54] ただし1980年までは,「1種保護対象者」は「無料対象者」,「2種保護対象者」は「一部有料対象者」とされていた。

第 3 節　医療給与

　保護が必要であると認められた者である。ただし 3 種保護対象者が置かれた期間は短く，1982年には 3 種保護対象者は，2 種保護対象者に吸収された。つまり，2 種保護対象者には，生活保護対象者のみならず，自活保護対象者に準ずる者まで含まれるようになり，2 種保護対象者は倍増した[55]。

　その後，1986年には 2 種保護対象者のうち，旧 3 種保護対象者に相当する部分が医療扶助対象者として分離された。しかし医療扶助対象者は，1994年に国民健康保険に移行された。よって1994年以降は，1980年までの区分，すなわち，生活無能力者が 1 種保護対象者，それ以外の生活保護対象者が 2 種保護対象者とされる区分に戻り，「医療保護法」の廃止まで続くこととなった。

　次に給付の水準であるが，生活保護対象者が含まれる区分である 1 種保護対象者と 2 種保護対象者に絞って見ることとする。まず 1 種保護対象者は，医療サービスにかかる費用全額を，医療保護基金が負担した。つまり自己負担はゼロであった。

　2 種保護対象者も，医院などの比較的簡単な医療サービスを提供する第 1 次医療機関においては，1993年までは自己負担はゼロとされていた。1994年以降は自己負担が課せられるようになったが，1994年は1,000ウォン（267円），1995年から2000年までは1,500ウォン（227円[56]）と低水準かつ定額の負担に過ぎなかった。

　一方で，総合病院などの比較的高度な医療サービスを提供する第 2 次医療機関については，1977年から1978年 9 月までは自己負担率が70％と高水準に設定されていた。ただしこの自己負担率は，50％（1978年10月～1981年），20～50％（1982～1986年），20～40％（1987～1990年），20～30％（1991年），20％（1992～2000年）と徐々に引き下げられていった[57]。

　なお2000年に生活保護は基礎生活保障となり，公的扶助制度が大きく変化し

55　1981年は156万人であったが，1982年には309万人となった。
56　1995年から2000年の購買力平価の平均値によってウォンを円に換算した。
57　範囲がある年については，大都市地域で自己負担水準が高く，中小都市地域や農漁村地域で水準が低く設定されていた。

たことに合わせて，名称が「医療保護」から「医療給与」に変更された。対象者を大きく2種類に分け，保護水準に差をつける方式には変わりがないが，支給業務が国民健康保険公団に移管されるなどの変更が行われた[58]。

2．医療給与の概要
◆労働能力によって受給資格が分かれる

医療給与の受給者は，「国民基礎生活保障法」にもとづく受給者，その他の法律にもとづく受給者の，大きく2つに分けることができる。後者については，「災害救護法」にもとづく罹災民などが該当するが，本書では扱わない。

前者の「国民基礎生活保障法」にもとづく受給者は，国民基礎1種受給権者（以下「1種受給権者」とする），国民基礎2種受給権者（以下「2種受給権者」とする）の，大きく2つに分類される。1種受給権者は，18歳未満あるいは65歳[59]以上の者，重症障害者，疾病，負傷および後遺症によって治療や療養の必要があり労働能力がないと判定された者などである。つまり1種受給権者は，医療保護の1種保護対象者（＝生活無能力者）と同じであると考えられる。一方，2種受給権者は，基礎生活保障の受給者のうち1種受給権者ではない者である。つまり2種受給権者は，医療保護の2種保護対象者（＝自活保護対象者あるいは零細民），すなわち労働能力はあるが困窮している者である。

基礎生活保障制度においては，生計給与を始めとした他の給与について，外形的な基準により判断される労働能力の有無により支給水準に差が生ずることはない[60]。しかし医療給与については，労働能力の有無により受給資格が分かれており，支給水準に差が設けられている。

---

58 保健福祉部・韓国保健社会研究院（2010）55-62ページによる。
59 2003年までは61歳以上であった。
60 ただし，後述するように，労働能力があるものは生計給与を受けるための条件として，自活事業への参加が義務づけられている。

第3節　医療給与

◆ 1種受給権者の自己負担額はゼロに近い

　まず，1種受給権者の本人負担についてみる。入院については，本人負担はゼロである。外来については，医療機関によって差が生ずる。まずは医院など第1次医療機関であるが，自己負担は，院内で直接調剤する場合は1,500ウォン（192円），それ以外の場合は1,000（128円）ウォンの定額である。次に病院や総合病院といった第2次医療機関であるが，院内で直接調剤する場合は2,000ウォン（256円），それ以外の場合は1,500ウォンの定額である。さらに上級総合病院が該当する第3次医療機関である。院内で直接調剤する場合は2,500ウォン（320円），それ以外の場合は2,000ウォンの定額である。ただし，特殊装備撮影（CT，MRI，PET）を行った場合は，医療機関を問わず5％の自己負担が課せられる。

　これを2章で示した国民健康保険の加入者の自己負担と比較してみよう。国民健康保険の加入者の自己負担率は，入院は医療機関を問わず20％，薬局は30％の自己負担率である。外来は若干複雑である。まず上級総合病院（第3次医療機関）は，診察費全額が自己負担となり，診察費を除いた保険対象医療費の60％も自己負担となる。次に総合病院（第2次医療機関）は，洞地域（基礎自治体が区あるいは市の地域）では保険対象医療費の50％，邑面地域（基礎自治体が郡の地域）では45％，また病院（第2次医療機関）は，洞地域では40％，邑面地域では35％が自己負担率である。さらに医院（第1次医療機関）については，地域を問わず保険対象医療費の30％が自己負担額となる。

　つまり1種受給権者の自己負担は，国民健康保険の加入者と比較して，限りなくゼロに近い水準であるといえる。

◆ 2種受給権者は一定の自己負担が求められる

　次に2種受給権者の自己負担について見てみよう。入院は医療機関を問わず自己負担率が10％であり，国民健康保険加入者の半分であるが，1種受給権者ほどは負担が小さくない。ただし2004年1月1日以前は20％，2009年6月1日以前は15％の自己負担率であったため，従来と比較すれば負担が引き下げられた。

さらに外来についてである。第1次医療機関は，院内で直接調剤する場合は1,500ウォン（192円），それ以外の場合は1,000ウォン（128円）の定額を患者が負担する。これは1種受給権者と同じであり国民健康保険加入者の自己負担率である30％と比較して，相当程度低い負担であるといえる。第2次医療機関については，15％の自己負担率が適用され[61]，35〜50％の自己負担率が課される国民健康保険加入者と比較して20〜35％ポイント自己負担率が低い。そして第3次医療機関も15％の自己負担率であり，国民健康保険加入者が100％ないしは60％の自己負担率が適用されることを勘案すれば負担が大きく軽減されている[62]。

しかし1種受給権者が，低水準かつ定額の自己負担のみ課されていることを勘案すれば，入院や第2次以上の医療機関の外来には，相応の負担が求められているといえる。

◆受給権者は1種が増加するものの2種は減少

医療給与の受給権者は151万人であり，そのうち106万人（70.2％）が1種受給権者である（図3-4）。そして1種受給権者の多くが基礎生活保障の受給者であり，全体の80.2％である。また2種受給権者は概ねすべてが基礎生活保障の受給者であり，全体の97.7％を占めている。

また2000年からの推移を見ると，全体の受給権者は2000年の157万人から2007年には185万人まで増加し，その後30万人以上減少した。内訳については，1種受給権者のうち基礎生活保障の受給者は，2000年の64万人から概ね一貫して増加した結果，2012年には85万人になっている。これは高齢化が進んだことにより，65歳以上といった高齢の受給権者が増加していることが大きな原因と考えられる。そして他の1種受給権者も増加していることから，1種受給権者は2000年の81万人から2012年には105万人にまで増えている。

61　ただし慢性疾患患者などについては，院内で直接調剤する場合は1,500ウォン，それ以外の場合は1,000ウォンの定額負担である。
62　保健福祉部（2013c）106-108ページによる。

第3節　医療給与

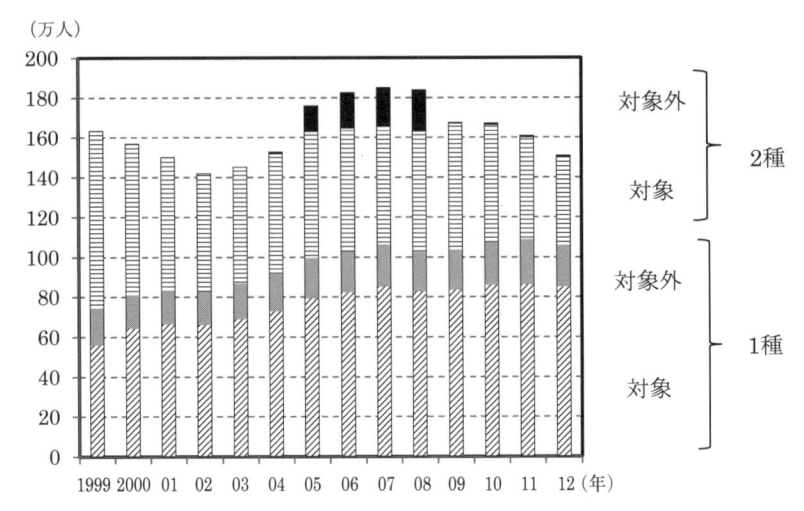

図3-4　医療給与受給権者数

(注)　対象は国民基礎生活保障の受給対象者，対象外は受給対象ではない者を意味する。

(出所)　保健福祉部・韓国保健社会研究院（2010）178ページ表2-59，国民健康保険公団「医療給与統計年報」（2010年～2012年版）により作成。

一方で2種受給権者は，2000年には76万人であったが，2012年には44万人に減少している。2005年から2008年に増加した理由は，最低生計費の100～200%に相当する額の所得で，かつ慢性疾患者などにかかった者を2種受給権者としたからである。ただしこれらの者は，2008年と2009年に順次，国民健康保険の加入者に戻った[63]。よって2009年には大きく減少している。

2000年から2012年にかけて医療給与の受給権者の数は微増にとどまっている。しかし，①公費負担の大きい1種受給権者が増加傾向にあること，②2012年には1種受給権者の41.7%が，医療費が相対的に多くかかると想定される65歳以上の高齢者であることから，後述するように公費負担が増加している。

---

[63]　保健福祉部・韓国保健社会研究院（2010）177ページによる。

◆医療給与の対象医療サービスは国民健康保険と同じ

　最後に医療給与の内容について見てみよう。医療給与の内容は，①診察・検査，②薬剤・治療材料の支給，③処置・手術とその他治療，④予防・リハビリ，⑤入院，⑥看護，⑦移送とその他医療目的の達成のための措置である。そして医療給与の対象となる医療サービスは，国民健康保険がカバーするものと同じである。つまり，保健福祉部長官が国民健康保険の対象として告示した医療サービスが，そのまま医療給与の対象となる。

　ちなみに，「国民健康保険療養給与の基準に関する規則」では別表2で，給与対象とならない医療サービスを列挙している。例を挙げると，単純な疲労や倦怠のための薬剤，多毛やそばかすの治療，二重まぶたなど美容目的の整形手術，定期的に実施する歯石除去，フッ素塗布などの虫歯予防，乗り物酔い予防や禁煙のための治療，健康診断書など各所証明書発給を目的とする診察などである[64]。もちろんこれら医療サービスについては，医療給与でも対象にならない。

3．医療給与の管理

◆医療給与日数には上限が設けられている

　医療給与の受給権者については，医療給与基金が負担する上限日数（医療給与上限日数）が決まっている。告示された107の難治性疾患は，疾患ごとに年間365日が上限とされている。また告示された11の慢性疾患，例えば高血圧性疾患，肝臓疾患，糖尿病，心臓疾患なども，疾患ごとに年間365日である。そして難治性疾患および慢性疾患を除いた疾患については，すべてを合算して年間365日が上限である。

　なお日数は，1月1日から12月31日までの期間で算出する。そして医院などで外来診療を受け，その処方箋をもって薬局から薬剤を得た場合は，1回と数える。ただし，1日に何回も病院にいって治療を受けた場合は，その回数が日

---

[64] ここで挙げた以外にも，給与対象とならない医療サービスが掲載されている。

第3節　医療給与

数としてカウントされるので，医療給与日数が上限に達する可能性がある。

　ちなみに受給権者の医療給与日数はすべてデータベースで管理されており，基礎自治体の長は，給与日数が180日を超えた受給権者には四半期に1回，300日を超えた受給権者には毎月通報することが施行規則で定められている。そして，上限日数を超えた場合，その分の医療サービス費は全額自己負担となることを知らせる。

　上限日数を超えた場合は，医療サービス費が全額自己負担となるが，給与日数の延長承認を申請することができる。その場合，診療担当医が申請書に，患者の状態（病歴や症状）および延長理由の詳細な説明を必ず記載しなければならない。そして申請書が受理されれば，基礎自治体の医療給与審議委員会において審議が行われ，延長の可否を判断する。

　延長申請の結果，条件付き承認がなされる場合もある。併用が禁止されている薬剤を服用する，あるは重複投薬により過剰に服用するなどにより，危害が発生する可能性が高い者を対象に，本人が選択した1〜2カ所の医療機関[65]を利用することを条件として，給与日数の延長を承認する。この場合，他の医療機関を利用する場合には，選択した医療機関からの紹介状が必要であり，そうでない場合には全額自己負担となる[66]。

◆ **重複投薬を受けた受給権者にも制裁措置**

　医療給与では重複投薬に対する管理（重複投薬制限）も行っている。具体的には，2つ以上の医療給与機関に行き，同一の疾病に対し同一成分の医薬品を一定期間分以上受け取った受給権者に対し，3カ月から6カ月間薬剤費を全額負担させる措置をとっている。基準となる日数は，半年間に215日以上である。

　ただし最初の違反から全額自己負担させるわけではない。最初の違反時には，重複投薬事実通知書を送付し，事例管理を実施し，態度を改める機会を与える。

65　第一次医療機関（＝医院）が認められる。
66　保健福祉部（2013c）179-206ページによる。

しかし2回目の違反時には，3カ月間，調製料を含んだ薬剤費の全額を自己負担とする措置を行う。そして連続して違反をした場合には，加重制裁として6カ月間の全額自己負担措置を行う。

　重複投薬者の調査は国民健康保険公団から始まる。公団の担当者は，毎年3月1日から8月31日，9月1日から2月28日の各半年について，それぞれ基準を超えて重複投薬を受けた者をピックアップする。そしてピックアップされた受給権者についての情報を，医療給与資格管理システムを使って保障機関，すなわち基礎自治体に提供する。

　次は保障機関である基礎自治体による調査である。基礎自治体は，医療給与資格管理システムを通じて提供を受けた内容を確認する。そして事実が確認できた場合，受給権者に対して，重複投薬日数，内容，薬剤費が全額自己負担となる可能性がある旨の通報を行ったうえで，診療の事実を確認する。最終的に違反した事実が確定した場合，この情報を社会福祉統合管理網により国民健康保険公団に送り，1回目の違反者の場合は指導し，2回目の違反者の場合は3カ月間，連続違反者の場合は6カ月間にわたり薬剤費の全額自己負担措置を講ずる。

　保健福祉部は重複投薬制限違反に関する事例を挙げているのでこれを紹介する。2010年3月1日から8月31日の間に，高血圧症により同一成分の医薬品を750日分投薬された場合，これは上限を超えているので一次違反者となる。そして2010年9月1日から2011年2月28日の間に，鬱病で同一成分の医薬品を800日分投薬された場合，今度は二次違反者となる。この場合は2011年7月に違反者として通報され，違反者として確認されれば，2011年8月1日から10月31日までの3カ月間は薬剤費の全額が自己負担[67]となる[68]。

---

[67] ただし，医療給与日数の条件付き延長承認を受けることにより利用する医療機関が1～2カ所の医院に限定されている場合，そこで受け取った処方箋により薬を受け取れば，全額本人が負担しなければならない3カ月の間でも本人負担が免除される。
[68] 保健福祉部（2013c）207-213ページによる。

第3節　医療給与

◆ **過大な医療日数や重複投与の例**

　医療給与上限日数，重複投薬制限が導入された理由は，看過できない事例が多く発生したからである。保健福祉部が公表した2つの事例を紹介する。

　まず全羅南道に居住するA氏（男性22歳）の事例である。2005年の1年間に通った医療機関数は71であり，医療給与日数は6,513日に及んだ。さらに処方箋のうち1,588枚を3つの薬局に持ち込み調剤を受けていた。また1日で27カ所の医療機関を訪問して，25枚の処方箋を薬局に持ち込んでいた。そして結果として，1年間の医療給与費は3,560万ウォン（585万円）となった。

　A氏と同じ全羅南道に居住するB氏（男性22歳）も，2005年に65の医療機関に通い，医療給与日数は5,415日であった。そしてやはり1,419枚もの処方箋をA氏と同じ3つの薬局に持ち込み調剤を受けた。またA氏が27カ所の医療機関を訪問した日と同じ日に，同じ27カ所の医療機関を訪問し，26枚の処方箋を，やはりA氏と同じ3つの薬局に持ち込んだ。B氏の1年間の医療給与費は3,025万ウォン（497万円）となった。

　ここまで極端な例でなくとも1年間の診療日数が365日を超える受給者は多かった。2005年において，実質診療日（外来診療を受けて受け取った処方箋をもって薬局で調剤を受けた場合は1日とする）が366日以上であった受給者は，38万人で受給者全体の22.3％にものぼった。そして1,100〜1,999日が2万4,374人，2,000〜2,999日が923人，3,000日以上が168人であり，実質診療日が366日以上であった22.3％の人で，総医療費の48.7％を占めた[69]。

　医療給与費が急増する中，上記のような問題が発生したため対策が講じられるようになった。医療給与日数の上限については，2001年には導入されていた。しかし，先述のように2005年においても上限日数を超える者が22.3％いた。無論この中には，慢性疾患などにかかり，トータルの上限日数が多くなっている者も少なくないと考えられる。ただし，先述のA氏やB氏の事例のように，不

69　保健福祉部「保健福祉部，不正受給者給与制限，これ以上放置できない」（報道資料：2008年8月23日）。

必要な通院を繰り返し，上限日数を大きく超えた者もおり，医療給与上限日数の管理が十分ではなかったと考えられる。

重複投薬を一定以上受けた者に対する薬剤費徴収制度が導入された背景には，このような深刻な重複投薬の例が多く判明したことがあった。

◆医療給与の管理に威力を発揮する電算システム

医療給与の管理には，2007年7月に導入された「医療給与資格管理システム」，「医療給与総合情報支援システム」が重要な役割を果たしている。医療給与資格管理システムが構築された背景として以下の点が挙げられている。医療給与対象者の拡大による財政支出の増加，一部受給者に対する重複投薬により健康上の危害が拡大している。しかし管理体制は未整備であり，受給者の医療利用の実態把握が診療日から3～4カ月かかっており，給与日数超過者に対する管理が整備できていなかった。また上限日数を，難治性疾患，慢性疾患，その他疾患ごとに把握しなければならず，これらを分けて管理するシステムも必要であった。

そこで医療給与資格管理システムが構築された。病院，医院，薬局といった医療機関にはソフトウェアが提供され，コンピュータ（インターネット）を通じて情報のやり取りが行われる[70]。これが国民健康保険公団の医療給与資格管理システムとつながり，医療給与資格データベース，医療給与データベースに入力されたデータが蓄積され，必要なデータが蓄積されたデータから抽出される。もちろん受給者の識別には住民登録番号が利用される。

医療給与の対象者に医療サービスを提供する場合，まず医療機関は医療給与資格管理システムを通じて資格確認要請を行う。そして資格確認結果の通報にもとづき医療サービスの提供を行う。医療機関は医療サービスの提供後，医療費を健康保険審査評価院に請求する。そして費用は，医療給与基金によって負

---

70 なおインターネットが整備されていない医療機関については，電話により情報のやりとりを行うこともできる。

第3節　医療給与

担される。なお，健康保険審査評価院は請求された費用を審査した後，受給者に提供された医療サービスにかかる情報をシステムに送り，これが医療給与データベースに蓄積される。

　医療給与資格管理システムの中には，資格承認管理システム，機関間連携システム，医療給与総合統計システムなどがあり，医療給与データベースとやり取りをしながら，データの蓄積やデータの利用が行われる。機関間連携システムは，健康保険審査評価院との連携も行っており，そこから医療給与の審査情報，つまり受給者がどのような医療サービスを受けたかなどの情報が，すべて医療給与データベースに蓄積される。

　ここで医療給与費の管理に最も重要なものは，医療給与総合統計システムである。これを通じて受給者の医療サービスの利用状況を抽出することができる。そしてこのシステムと，基礎自治体の医療給与事務を支援するための医療給与総合情報支援システムは連携している。医療給与管理者，つまり基礎自治体の担当者はこれらのシステムを通じて，受給者の最新の医療利用状況，さらには医療給与日数が超過していないか，重複投薬が一定日数以上行われていないかなどを迅速に把握できる[71]。

　医療給与上限日数は2001年に導入されたにもかかわらず，2005年時点でも日数を大幅に超過する受給者が多かったが，この要因としては，電算化ができていなかったため，把握が難しかったことを挙げることができる。また2009年に導入された重複投薬制限も，成分が同じ薬剤ごとに日数を計算しなければならないなど，電算化されたデータがなければ迅速な把握は難しい。医療給付対象者が増加するなか，電算システムができたため，医療給与の管理が従来に比べて迅速かつ確実にできるようになったことは，容易に想像できる。

71　国民健康保険公団が公開している資料などによる。

第4節　扶養義務

　韓国の基礎生活保障の特徴として，扶養能力のある扶養義務者がいる場合，受給対象とならないことを挙げることができる。換言するならば，扶養義務者がいない，あるいは扶養義務者がいても扶養能力がないことが受給の条件になる（以下「扶養義務基準」とする）。

　また韓国では，扶養能力を判定する基準が客観的な数値で定められている。そして扶養義務基準を満たしていない場合は受給が認められない。もちろん例外はあるものの，例外認定のハードルは高い。さらに韓国では扶養義務者の所得・財産調査を厳格に行っており，調査を支援するシステムも整っている。

　以下では，韓国の扶養義務について解説していく。

1．扶養義務者の範囲
◆韓国の基礎生活保障における扶養義務者の範囲は狭い

　韓国では，「国民基礎生活保障法」において，扶養義務者を受給権者の一親等の直系血族およびその配偶者と定めており，これには父，母，子，子の配偶者が該当する。

　これを日本と比較してみよう。日本の「生活保護法」では，民法に定める扶養義務者の扶養はこの法律の保護に優先して行われると規定されている。「民法」では，①直系血族および兄弟姉妹は，互いに扶養をする義務がある（絶対的扶養義務者），②家庭裁判所は，特別の事情があるときは，直系血族および兄弟姉妹の外，三親等内の親族間においても扶養の義務を負わせることができる（相対的扶養義務者），とされている。

　よって，扶養義務者の範囲のみを見れば，韓国の扶養義務者の範囲は日本よりは狭いといえる。

◆韓国では制度発足時より扶養義務者の範囲が狭められた

　韓国では2000年に現行制度が発足した時より扶養義務者の範囲が狭められた。

第4節　扶養義務

　制度の発足当初の扶養義務者は，直系血族とその配偶者，生計を共にしている二親等以内の血族であった。よって，現在の，父，母，子，子の配偶者のみならず，祖父母，孫とその配偶者，また生計を共にしていれば兄弟姉妹も扶養義務者とされた。

　この範囲は2005年に施行された改正法で狭められた。直系血族に「一親等」との条件が付き，祖父母，孫とその配偶者が扶養義務者から除かれた。さらに2007年に施行された改正法では，「生計を共にしている二親等以内の血族」が扶養義務者から削除された。

　このように扶養義務者の範囲が縮小された理由としては，最低生活保障の「死角地帯」が扶養義務条件のために発生しているといった問題意識からである。呂珦眞 他（2003：13-14）は，扶養義務者の範囲が狭められた理由を以下のように説明している。2000年における韓国の貧困率[72]は7.4%であるが，実際の基礎生活保障の受給率は3.1%に過ぎず，両者の差である人口の4.3%に相当する国民が，いわゆる最低生活保障の「死角地帯」と考えられた[73]。そして最低生計費以下の所得しか得ていない世帯の25.7%が，扶養義務条件のため基礎生活保障の受給資格から脱落したと分析され，これを解決するために，扶養義務者の範囲が狭められた。

　この点は，改正法案[74]の提案理由に，「扶養義務条件など，不合理な点を改善して，基礎生活保障の対象者を選定する基準を緩和して，対象とされていない貧困層の中で実際に保護が必要な人々が対象者として選定されるようにする」と書かれていることでも確認できる。

---

[72] 世帯規模別の最低生計費を基準とした絶対的貧困率である。
[73] 当然，所得は少ないが財産が多いため基礎生活保障の対象から外れたものも含まれているので，「死角地帯」とされる国民の4.3%のすべてが，最低生活の維持が困難な状況にあるとは考えられない点には留意が必要である。
[74] この法案は，2005年12月に公布，2007年に施行された。

◆扶養能力のある扶養義務者がいれば原則受給対象にならない

　韓国の「国民基礎生活保障法」では，受給権者の範囲を，「受給権者は，扶養義務者がない，あるいは扶養義務者がいても扶養能力がない，もしくは扶養を受けることのできない者で，所得認定額が最低生計費以下の者」と定めている。つまり扶養能力がある扶養義務者がいないことが，基礎生活保障を受けるための要件とされている。そして後述するように，この要件は一部例外があるものの厳格に運用されている。

2．扶養能力の基準
◆扶養能力はまず所得基準により判断

　扶養義務者が存在しても，扶養能力がなければ基礎生活保障を受給することができる[75]。「国民基礎生活保障施行令」などは，扶養能力がないと判定するための具体的な基準を定めている。これによると，扶養能力は，①所得，②財産によって判定される。所得および財産ともに扶養能力を判定する客観的な基準額が定められており，扶養義務者の所得および財産が，それぞれの基準を下回る場合にのみ扶養能力がないとされる。

　所得から見た扶養能力の判定基準から見ていこう。まず扶養義務者の所得が，扶養義務者が属する世帯（以下「扶養義務世帯」とする）に対応する最低生計費の130％を超えていれば，扶養義務者に扶養能力があるとされる。

　2013年における最低生計費は，3人世帯の場合，126万315ウォン（16万1,120円），4人世帯の場合，154万6,399ウォン（19万7,693円）である。つまり扶養義務者が4人で世帯を構成している場合，円に換算すると年収で237万円を超えると，扶養能力があると判定される。

　ただし扶養義務者に扶養能力があると判定されても，扶養能力が微弱である

---

[75] 基礎生活保障の給与には，生計給与，住居給与，医療給与など7種類あるが，本書では生計給与を前提としている。

第 4 節　扶養義務

とされる場合には，満額ではないものの基礎生活保障を受給できる[76]。扶養能力が微弱か否かを判断する基準は以下のとおりである。扶養義務者の所得が，受給申請者が属する世帯（以下「受給申請世帯」とする）と扶養義務世帯，それぞれの最低生計費を合算した額の130%未満であれば，扶養義務者の扶養能力は微弱であるとされる。

なお上記の所得基準には例外がある。高齢世帯，障害者世帯，母子あるいは父子世帯が受給を申請した場合[77]，扶養義務者の所得が，受給申請世帯と扶養義務世帯それぞれの最低生計費を合算した額の185%を超えなければ，扶養義務者の扶養能力は微弱であるとされる。この場合は，基礎生活保障をまったく受給できなくなる扶養義務者の所得は高まり，受給のハードルが下がる。

◆ 財産があっても扶養能力ありと判断される

次に財産である。財産は扶養義務者の不動産および金融資産などである。まずは財産の金銭的価値を評価して，その価値を所得に換算する。財産の所得換算額は，居住財産は評価額に1.04%，その他の財産は評価額に4.17%を乗ずることで算出される。次に扶養能力があるとされる所得換算額であるが，これは受給申請世帯および扶養義務世帯それぞれの最低生計費を合計した金額に42%を乗じたものとなる。扶養義務者の財産の所得換算額が基準額を上回れば，所得面では扶養能力がないと判断されたとしても，財産面で扶養能力があるとされる。

---

[76] 扶養義務者の扶養能力が微弱であると判定された場合は，扶養義務者が定められた額の扶養費を支払うこととなり，これを所得認定額に含めたうえで，最低生計費と所得認定額の差額が支給額になる。扶養義務者に課される扶養費の額は，扶養義務世帯および受給申請世帯の特性によって，①扶養費賦課率が30%の場合（扶養費＝扶養義務世帯の所得－扶養義務世帯の最低生計費×130%）×30%，②扶養費賦課率が15%の場合（扶養費＝扶養義務世帯の所得－扶養義務世帯の最低生計費×130%）×15%に分かれる。ただし扶養費が課されない場合もある（保健福祉部　2013b：31-35）。

[77] 高齢世帯とは65歳以上の者がいる世帯，障害者世帯とは「障害者福祉法」による障害者などがいる世帯，母子・父子世帯とは「母子・父子家族法」による母子・父子世帯と定義されている。

なお扶養義務者の財産は、純財産額（財産額−負債額）から基本財産額を控除することで算出される。ちなみに基本財産額による控除は、大都市地域で2億2,800万ウォン（2,915万円）、中小都市地域で1億3,600万ウォン（1,739万円）、農漁村地域で1億150万ウォン（1,298万円）に設定されている。

具体的な所得基準と財産基準は、受給申請世帯と扶養義務世帯それぞれの世帯員数の組み合わせによって決まる。また所得基準については、受給申請世帯が高齢世帯であるなどの事情によっても変わる。

ここで具体的な例を挙げて、所得基準および財産基準がどの程度になるか見よう。2人で構成される高齢世帯が受給を申請し、扶養義務世帯が3人世帯であるとする。このケースでは、月間所得が164万ウォン（21万円）未満であれば扶養能力なし、164万ウォン以上413万ウォン（53万円）未満であれば扶養能力が微弱とされる。そして年間所得で見れば、扶養能力があるか否かの基準額は1,966万ウォン（251万円）、扶養能力が微弱か否かの基準額は4,961万ウォン（634万円）である。また扶養義務者が大都市に居住している場合、財産が2億5,051万ウォン（3,203万円）未満であれば、財産基準も満たす[78]。

3．扶養を拒否するための基準
◆扶養を拒否するための基準

扶養義務者に扶養能力があるか否かを判断するため、所得および財産にかかる客観的な基準がある点を見てきた。扶養義務者の所得や財産が基準を超えていれば、基礎生活保障の対象には原則ならない。しかし扶養義務者が扶養能力を有していると判断されても、①扶養能力がある扶養義務者がいても扶養を受けられない場合、②扶養能力がある扶養義務者が扶養を拒否あるいは忌避（以下「扶養を拒否」とする）する場合には、受給が認められる[79]。

第一に、「扶養能力がある扶養義務者がいても扶養を受けられない」である

---

[78] 居住用財産は基本財産額（＝控除額）の範囲内でおさまると仮定した。
[79] 保健福祉部（2013b）35ページによる。

が，扶養を受けられないと認定される扶養義務者の状態が「国民基礎生活保障法施行令」に列挙されている。まず，扶養義務者が，①兵役法によって徴集されている，②海外移住法にもとづき海外移住者に該当する，③刑務所，拘置所，保護観察施設に収容されている場合が該当する。また，④行方不明者である場合も該当するが，(a)失踪宣告手続きが進行中である，(b)警察署など行政官庁に，家出，行方不明申告を行って1カ月以上経過した，(c)基礎自治体の長[80]が，家出または行方不明である事実を確認した場合がこれに相当する。

さらに，⑤その他の事項の中で申請者が扶養を受けることができないと基礎自治体の長が確認した場合も該当する。これには，(a)扶養義務世帯に自然災害やこれに準ずる事故などが発生した場合，(b)受給を申請した者の一親等の直系血族が死亡した場合，(c)義理の父母が扶養義務者である場合（再婚した実の父母は死亡），(d)その他，扶養義務者が扶養できないとする妥当な理由を証明する，あるいは保障機関が直接確認した場合がこれに相当する。

第二に「扶養能力がある扶養義務者が扶養を拒否する」である。これは受給申請者が扶養を拒否されたと申し出るだけでは十分ではなく，扶養義務者が扶養を拒否するに足る理由があることが必要である。

保健福祉部（2012b：35）は，どのような場合に理由があるとされるか例を示している。そのひとつが，実質的に家族関係が断絶している，あるいはその他これに準ずる理由により申請者が扶養を受けることができないと認定された場合である。具体的には，①父母が再婚して子を扶養せずにいた場合，②過去に生じた家族間の扶養拒否事由（家出，浮気，虐待など）によって，扶養を拒否した場合，③養子，養父母など血縁関係にないことを理由に扶養を拒否した場合がこれに相当する。

保健福祉部が例示した以外のケース，とくにマスコミなどで報じられた日本におけるケースで，扶養を拒否できるのであろうか。これを明らかにするため，基礎自治体の基礎生活保障担当者に対し，日本のマスコミで紹介された以下の

---

80 韓国の基礎自治体は市，郡，区であり，それぞれの長は，市長，郡守，区庁長である。

5つの事例について扶養を拒否できるか、電話による聞き取り調査を行った[81]。

事例1は、「申請者の両親は元公務員で比較的高額な年金を受給している。扶養の可否を問われた際、これを拒否し、受給申請者に対しては『俺は関わりたくないから、勝手にしろ』と言った」ケースである。事例2は、「一定の収入はあるものの『自宅のローンを抱え、子が高校や大学に進学する時期であり、決して生活は楽ではない』と援助を断った」ケースである。そして事例3は、「扶養義務者に扶養能力はあるが『30歳を超えた息子には一切援助はしない』と主張して援助を拒否した」ケース、事例4は、「扶養義務者に扶養能力はあるが『なんで今さら援助しなければいけないのか』と断られた」ケース、事例5は、「扶養義務者の名義でマンションを購入し、このマンションに受給申請者が入居した。しかしお金の援助はしていない」ケースである。

聞き取り調査の結果、調査対象とした基礎自治体のすべての担当者から、「5つの想定されたケースでは、いずれも扶養を拒否できない」との回答を得た。また、「このようなケースで扶養拒否を認めた場合、扶養義務の意味が失われてしまう」との指摘を受けた。そして「扶養能力があると判断された以上、断絶がないかぎりは保障の対象にはならない」との声もあった。

なお扶養を拒否する理由が妥当か否かは、基礎自治体に設置されている地方生活保障委員会で判断する。これは自治体職員と民間により委員が構成されるが、釜山広域市A区の事例では、委員長を区庁長、副委員長を局長、監査をチーム長といった行政職員が務め、その他は外部の委員である。3カ月程度に1回程度開催され、急いで処理しなければならない案件がある場合には小委員会が開催される。主な議題は、扶養を拒否する理由の妥当性にかかる判断である[82]。しかしながら、扶養を拒否する理由について、委員会が妥当と判断するためのハードルは高い。

---

81 この調査では、筑波大学大学院生命環境科学研究科に在籍する全志英(チョンジョン)氏の協力を得た。他の電話による聞き取り調査も同様である。
82 基礎自治体の国民基礎生活保障担当者に対する電話による聞き取り調査結果による。

第4節　扶養義務

◆**扶養義務基準により基礎生活保障を受給できない者は117万人**

　ここまで扶養義務基準の厳格さについて説明してきたが，申請したにもかかわらず，扶養義務基準によって受給に至らなかった者の数を具体的に見ると，2012年は1万2,852人であった。申請者は25万9,017人であったので，5.0%が扶養義務基準により，受給から脱落した（表3-2）。

　なお他の理由も含めた脱落者は7万2,790人で，脱落率は28.1%である。脱落者のうち，所得認定額が基準を超えたため受給できなかった者が，4万5,925人で63.1%を占め，最も多い。しかし扶養義務基準で脱落した者も，全脱落者の17.7%を占めている。

　また受給していたが，基準に満たなくなったなどの理由で受給しなくなった者は，2012年で21万3,679人（全受給者の15.3%）である。そのうち，所得や財産の変動により受給対象から外れた者は7万2,777人（脱受給者の34.1%）であったが，扶養義務基準を満たさなくなって受給できなくなった者は3万4,026人

表3-2　基礎生活保障基準別申請脱落者

(単位：人，%)

		2010年	2011年	2012年
基礎生活保障給与申請者 (A)		284,672	257,443	259,017
基礎生活保障給与申請脱落者 (B)		76,771	68,323	72,790
基礎生活保障申請脱落比率 (B/A*100)		27.0	26.5	28.1
脱落理由	所得認定額基準 （脱落者に占める比率）	48,058 (62.6)	42,025 (61.5)	45,925 (63.1)
	扶養義務基準 （同）	16,866 (22.0)	14,057 (20.6)	12,852 (17.7)
	その他 （同）	11,847 (15.4)	12,241 (17.9)	14,013 (19.2)

（出所）イ・チェジョン（2013）15ページ表6を引用。

（同15.9%）である[83]。

　申請したにもかかわらず受給に至らなかった者，受給から外れた者のいずれを見ても，自らの所得認定額が最低生計費を超えてしまったことが理由であるケースが多い。しかし，扶養義務基準によるケースも少なくなく，この数値は扶養義務基準の厳しさを反映したものといえる。

　先に示したように，受給を申請したものの扶養義務基準によって受給できなかった者は1万2,852人である。しかしこの値は，実際に申請した者の数値であり，扶養義務基準のため基礎生活保障を受給できない者のすべてをカバーしているわけではない。保健福祉部は，所得や財産は基準を満たすが，扶養義務基準により基礎生活保障を受給できない者の人数を117万人であるとした[84]。

　この数値の中には，実際に子や親から手厚い扶養を受けており，基礎生活保障を申請する必要のない者が少なくないと考えられる。親や子から十分な扶養を受けず，所得や財産も少ないにもかかわらず，扶養義務基準のため申請を断念している者がどの程度いるかは明らかではない。しかし受給者の4分の3に相当する者が，所得や財産は基準を満たすが，扶養義務基準により基礎生活保障を受給していない事実は，韓国における扶養義務の厳格さを示しているといえよう。

4．扶養義務者にかかる調査—所得・資産調査
◆調査に威力を発揮する社会福祉統合管理網

　ここまで，扶養義務者に扶養能力があるか否かについて，それを判断するための所得および財産基準が明確に定められている点について見てきた。しかし扶養義務者の所得および財産を調査することは難しく，申請者の申告のみにもとづいて判断するならば，明確な基準も絵に描いた餅になってしまう。しかし韓国では扶養義務者がいるか否かのみならず，扶養義務者の所得や財産までも

83　イチェジョン（2013）15-16ページによる。
84　保健福祉部「重要政策推進方向」（2013年業務計画：2013年3月21日）27ページによる。
　　なおこの数値は2010年のものと考えられる。

第4節　扶養義務

調査が可能である。

　扶養義務者の所得および財産調査については，「社会福祉統合管理網」，愛称が「幸福eウム」というシステムが威力を発揮している。eウム（イウム）とは韓国語で「つながり」という意味である。韓国語でイと発音する部分を英語のe（ITを想起するからと想定される）に置き換えたことから，無理に日本語にすると「ウム」の部分を発音のまま訳すしかない。韓国では愛称で呼ばれているが，愛称の直訳では意味が伝わらないので，本書では正式名称である「社会福祉統合管理網」を使用する。

　さて社会福祉統合管理網は，保健福祉部が管理しており，地方自治体の福祉行政を担当する職員を支援することを目的とした情報システムである。このシステムは2010年1月から運用が開始されたが，このシステムが扶養義務者の所得および財産調査に威力を発揮する理由は，これによって個人の所得および財産情報を入手できるからである。そこで以下ではこの社会福祉統合管理網について解説していこう[85]。

　社会福祉統合管理網は，保健福祉部が管理しているが，32の機関が所有している374種類の所得および財産情報などが連携しており[86]，地方自治体の福祉担当公務員などに情報が提供される。これまでも福祉サービスを担当する地方自治体の公務員が情報を得る手段があったが，福祉サービス提供時に調査する所得および財産情報がサービスごとにばらばらであったとともに，福祉サービスごとに各機関に情報提供の申請をしていたため効率的ではなかった。

　しかし社会福祉統合管理網では，所得および財産情報を標準化したとともに（表3-3），福祉サービスを受けた人の情報を蓄積することで，様々な福祉サービスの担当者から，所得および財産情報を所有している機関が何度も照会を受けることがなくなった。

---

[85]　「社会福祉統合管理網」に関する記述は，保健福祉部（2010）などを参考にしたとともに，保健福祉部福祉情報課に対する電話による聞き取り調査も行った。
[86]　保険福祉部（2012a）317ページによる。

表3-3 所得・財産情報の標準化

所得	勤労所得	常用・臨時雇用者所得	①国民健康保険公団，②国民年金公団，③国税庁の順でそれぞれが把握している所得額を使用
		日雇い労働者所得	国税庁が把握している日雇い労働者所得額を使用（「支出実態調査票による所得確認」によるデータ使用もあり）
	事業所得	農業・漁業所得	農地原簿などを照会後，作物ごとに単価を適用し算定した所得を使用
		その他事業所得	国税庁のデータを使用（「支出実態調査票による所得確認」によるデータ使用もあり）
	その他	私的移転所得	「支出実態調査票による所得確認」によるデータを使用
財産	一般財産	土地	地方税算出に使った市価標準額を使用
		建築（住宅など）	地方税算出に使った市場標準額を使用
		建築（施設物）	地方税算出に使った市場標準額を使用
		船舶，航空機	地方税算出に使った市場標準額を使用
		漁業権など	地方税算出に使った市場標準額を使用
		会員権	地方税算出に使った市場標準額を使用
		分譲権など	当選資料を確認後，価格算定額を使用
		家畜，種苗	申請人の申告価格を使用
	金融財産		金融機関から提供を受けた金融財産額を使用（金融機関への照会基準を統一（口座当たり10万ウォン以上））
	乗用車		保険開発院が把握している車両基準価格を使用

（出所）保健福祉部（2012b）269-271ページにより作成。

　受給申請を受け付けた基礎自治体の担当職員は，社会福祉統合管理網に，申請者世帯の構成員，扶養義務者の住民登録番号を入力して，所得および財産情報などを照会する。ここで留意が必要な点は，社会福祉統合管理網には，国民全体の所得および財産情報が蓄積されているわけではなく，あくまでも社会福

第4節　扶養義務

祉サービスを受けた人の情報に限られることである[87]。よってこれまで他の福祉サービスを受けたことのない人の所得および財産情報は，新たに関係機関から提供を受ける。

　この際には，個人の住民登録番号が重要である。韓国では個人がそれぞれの住民登録番号をもっており，担当者はこの住民登録番号を社会福祉統合管理網に入力することで，所得および財産情報の照会を行う。国民全体の情報が蓄積されているわけではないので，即時に情報を得ることはできない。しかし，最長でも14日といった，比較的短い時間で情報を得ることができる[88]。

　韓国国民は，個人IDともいえる住民登録番号を有しているが，銀行口座開設，土地登記，自動車登録，税の納付，年金にかかる手続きなど様々な手続きに際して，必ず住民登録番号が必要であり，個人名が住民登録番号とセットで登録される。また最近はインターネットの実名制にともない，サイトへ入るために住民登録番号の入力が求められるケースも増えている。この個々の国民に付与された生涯変わらない固有の番号は，所得および財産情報の収集に威力を発揮する。

◆扶養義務者の所得および財産は概ね把握可能

　基礎生活保障の申請を受け付けた基礎自治体の担当職員は，受給申請世帯の世帯員，扶養義務者の住民登録番号を入力して所得および財産情報を照会する。基礎生活保障の申請書には，申請人，世帯員，扶養義務者の住民登録番号を書く欄がある。そこには世帯の所得および財産を詳細に記す欄があることはもちろんであるが，扶養義務者の所得および財産を書く欄もある。

　しかし自分や世帯員の所得および財産はわかっても，扶養義務者の所得およ

---

[87] 社会福祉サービスの受給が終了した後も5年間は，社会福祉統合管理網に情報が残る。ただし受給終了後の更新作業は行われない（韓国保健社会研究院チェヒョンス博士に対する聞き取り調査結果による）。
[88] 社会福祉統合管理網の導入以前には60日ほどかかっていた（保健福祉部（2012a）321ページによる）。

び財産について知っている者は多くないと考えられる。よって知らなければ，この欄に何も書かずともよく，扶養義務者の名前と連絡先さえ書けば問題ない。さらに扶養義務者を申請書に書かなくとも，申請者の住民登録番号から，扶養義務者に相当する人の姓名，住民登録番号を追うことができる[89]。

さて申請がなされれば社会福祉統合管理網で確認がなされる。照会がかけられた扶養義務者の所得および財産情報は，住民登録番号を頼りに，これらに関する情報が蓄積している機関から入手される。

所得情報は，国税庁や国民年金公団などから得ている。国税庁は総合所得税を課税する際に所得額を把握しているし，国民年金管理公団も年金保険料を賦課する際に所得額を把握している。また固定資産については，行政安全部が財産税を徴収する際に，土地や建物の評価額を把握している。さらに，預金，株式，有価証券，収益証券などの金融資産の情報は，銀行，保険会社，証券会社，組合中央会，知識経済部（郵便貯金）により提供されている。そして，社会福祉統合管理網に照会がかけられた金融資産情報は，保健福祉部の傘下機関である韓国保健福祉情報開発院が，金融財産照会システムを通じて，各金融機関に一括して照会する。

ただし金融資産については，金融機関が，保健福祉部長官，基礎自治体の長に情報を提供する提供することを，本人が同意することが必要である。同意書には，金融情報が求められる人の名前，住民登録番号を書いたうえで，「金融情報などへの提供に同意する」と書かれた欄に署名あるいは捺印する。当然，扶養義務者からも同意を取る必要があるが，これは受給申請者が行う。そして，地方自治体が受け取った同意書をイメージファイルにして，これを韓国保健福祉情報開発院に送付する。送付された同意書は，署名（印）と住民登録番号が一致しているかなどチェックを受け，さらに金融財産照会システムに送られる。なお扶養義務者が扶養を拒否するなどの理由で同意書を提出しない場合，扶養を拒否する理由につき調査が行われる。そして妥当な理由がなければ基礎生活

---

[89] これには，後述する家族関係登録簿を使う。

第4節　扶養義務

保障を受給できない。

　扶養能力のある扶養義務者がいても，基礎生活保障の受給が可能となるケースについては後述するが，「恥ずかしいから，あるいは説教されるから扶養義務者に同意書を取りに行けない」といった理由は当然のことながら認められない。ちなみに扶養義務者の住所がわからないため，同意書を取りに行けないケースも想定されるが，この場合は，基礎自治体が住所を調べ受給申請者に教え，それによって申請者が同意書への署名を依頼することとなる[90]。

◆すでに受給している者の扶養義務者情報も定期的に確認

　また社会福祉統合管理網は，扶養義務者の事後管理のための情報整備も行っている。「国民基礎生活保障法」では，年1回以上，①扶養義務者の有無および扶養能力など，扶養義務者に関連する事項，②受給権者および扶養義務者の所得および財産に関する事項を，定期的に調査することが定められている。2010年9月の数値で見ると，基礎生活保障の受給者は155万人であり，その扶養義務者は143万人であった[91]。そこで社会福祉統合管理網は，これら扶養義務者に関連して，まず2010年12月に扶養義務者の人的整備を行った。人的整備とは，扶養義務者に漏れがないか，また家族構成に変化がないかなどを確認し，扶養義務者の範囲およびその世帯特性を確定させる作業である。

　扶養義務者の人的整備には，家族関係登録簿が威力を発揮している。韓国では戸籍に代わり，家族関係登録簿が作成された。家族関係登録簿は，家単位で編成された戸籍とは異なり，個人単位で，本人だけでなく，両親（養父母を含む），配偶者，子（養子を含む）の姓名，性別，生年月日，住民登録番号などの登録事項などが記録される。家族関係登録簿は，書面の帳簿ではなく，登録事項がデータで入力されている。そして電算システムで情報が管理され，必要な情報のみが抽出され提供される。なお登録事務やシステムの管理は，日本の最

90　基礎自治体の基礎生活保障担当者に対する電話による聞き取り調査の結果による。
91　保健福祉部（2010）130ページによる。

高裁判所に相当する大法院が担当し，関係行政機関との連携も行っている。よって基礎生活保障の担当は，社会福祉統合管理網を通してではなく，直接，大法院のシステムから，新規申請者や既存受給者の扶養義務者に関する情報を得ることとなる[92]。

このように扶養義務者の人的整備によって，基礎生活保障の受給者の家族関係登録簿を照会して，扶養義務者の情報に漏れや変動がないか確認が行われたが，人的整備に引き続き，2011年からは所得および財産情報の整備が行われた。これは，扶養義務者全員の所得および財産情報を最新のものに更新する作業であり，国税庁，韓国年金管理公団から得る所得情報，行政安全部から得る固定資産情報などの公的情報をもとに，上半期と下半期の年2回実施される。また民間の金融機関から得る金融財産情報は，2011年秋に更新がなされた[93]。つまり2011年のうちに扶養義務者の情報は，完全リニューアルされ，今後はこれが定期的に行われるようになった。

◆2011年の調査の結果3万人以上への支給が停止された

このように，社会福祉統合管理網に蓄積されている扶養義務者にかかる情報が最新のものに更新されたところで，最新情報をもとに扶養義務者に対する詳細な確認調査が行われた[94]。ただし確認調査は悉皆調査ではなく，2011年の調査においては，扶養義務者の世帯所得が中位所得以上，すなわち4人世帯であれば月間所得が360万ウォン（46万円）以上の世帯[95]に調査対象が絞られた。

そして2011年に行われた確認調査の対象世帯は，23万9,441世帯の38万6,989人であった。調査は，情報元の機関から2011年4月までに入手した扶養義務者の所得および財産に関する資料を，基礎自治体が確認する方式で行われた。戸

---

92 法制処ホームページの「探しやすい生活法律情報」などによる。
93 保健福祉部「扶養義務者確認調査による業務処理要覧」（2011年5月），保健福祉部福祉情報課の担当者に対する電話による聞き取り調査の結果による。
94 確認調査については，保健福祉部「基礎生活保障受給者扶養義務者確認調査結果発表」（報道資料：2011年8月18日）による。
95 「家計動向調査」（2011年）による数値である。

第4節　扶養義務

籍から把握できていなかった扶養義務者に対して重点的に行われた。よって扶養義務者の所得および財産額の変動についても確認された。これら確認調査の結果，3万3,277人に対して基礎生活保障の支給が中止され，13万9,277人の支給額が削減された。一方で9万5,169人は支給額が増加した。支給が中止されたケースでは，扶養義務者の所得月額が500万ウォン（65万円）を超えていた受給者が5,496人，1,000万ウォン（131万円）を超えていた受給者が495人であった。

保健福祉部が公表した扶養義務者確認調査の報告には，確認調査の結果，扶養義務者が高所得であった，あるいは多くの財産を有していたことが判明した事例が示されている。少し長くなるがこれを適宜引用しつつ紹介する。

釜山広域市では，受給申請時に子を申告しなかった受給者がおり，2000年から受給していた。しかし，家族関係登録簿から子が確認され，長男の世帯所得が月額1,400万ウォン（183万円）（長男は公企業の職員で，その妻は事業所得を得ていた）であることが判明した。

京畿道では，受給申請時には子が確認できなかった受給者に，家族関係登録簿から4男1女がいることが確認され，次男の財産が41億ウォン（5億4,000万円），四男の所得が月額900万ウォン（118万円）であることが確認された。さらに慶尚南道でも，扶養義務者がおらず生活が苦しいとの理由で，2000年から受給していた者に，家族関係登録簿から5人の子がいることが確認され，次男の財産が14億ウォン（1億8,000万円）であることが判明した[96]。

このような扶養義務者に対する事後調査は，2011年が初めてではないが，以前は，基礎自治体単位で調査が行われていた[97]とともに，社会福祉統合管理網といった強力なシステムがなかったため，その調査能力には限界があった。これに対して2011年の調査は，全国一斉に社会福祉統合管理網を使った初めての調査であったため，以上で紹介したような事例を中心に，3万人以上に対して

---

[96] 保健福祉部「基礎生活保障受給者扶養義務者確認調査結果発表」（報道資料：2011年8月18日）に列挙されている事例を紹介した。

[97] 基礎自治体の基礎生活保障担当者に対する電話による聞き取り調査の結果による。

基礎生活保障の支給が中止され，約14万人の支給額が削減されることになった。

　韓国では扶養義務者の調査は，情報をもっている関係機関との連携，ITを駆使した情報の収集によって行われているが，これは，国民を住民登録番号で識別できるから可能であるといえる。所得の過少申告などにより国税庁でさえ，扶養義務世帯の所得を正確に把握しているとは限らない。しかし，公的機関が把握している情報はもとより，民間の金融機関が把握している情報を漏れなく収集しているので，扶養義務者の有無，扶養義務者の所得および財産に関する情報の確度は高いと考えられる。

5．扶養義務者にかかる調査―扶養を拒否する場合の理由調査
◆2013年より調査手続きが明確化

　申請者が，扶養義務者から扶養を拒否されたと主張する場合，基礎自治体ごとに設置されている地方生活保障委員会の審議を経て，基礎自治体が保障の可否を決定する。委員会は申請者が提出する署名書，基礎生活保障担当が提出する事実調査復命書などを基礎資料として審議する。

　署名書とは，申請者が，扶養が拒否されて扶養を受けることができない理由などを書き提出する書類である。申請者が高齢であるなどの理由から署名書を作成することが難しい場合は，担当者が近隣住民，統長あるいは里長[98]，班長の確認書に替えることができる。

　事実関係復命書とは，基礎生活保障担当者が，扶養義務者との相談などを行い，その結果にもとづき作成する。なお過去に暴力などの問題があり，連絡や公文書の送付により，申請者あるいは扶養義務者の世帯に問題が発生することが予想される場合，扶養義務者の連絡先がわからない場合，相談を拒否する場合については，申請者および近隣住民から話を聞く。

　そして署名書や事実関係復命書などの基礎資料にもとづき，①扶養義務者が

---

[98] 基礎自治体は，市の場合は洞，郡の場合は邑・面に分かれ，さらに，それぞれ統，里に分かれる。統には統長，里には里長が置かれ，それぞれ班長がいる。

第4節　扶養義務

扶養しない意思を明らかにしている場合，理由に妥当性があるか，②申請者が，扶養義務者から扶養を受けることができないとする理由に妥当性があるかについて検討する。そして必要時には申請者の近隣住民や，統長あるいは里長，班長と面談をして事実関係を確認する。

署名書や事実関係復命書などの基礎資料では十分な検討ができないと担当者が判断した場合，扶養を拒否する理由を裏づける追加資料の提出を要請することもある。例としては，失踪申告書，児童養育施設などの保護確認書，児童虐待申告書，最近6カ月間における受給者名義の固定電話あるいは携帯電話の通信履歴を挙げることができる[99]。

なお以上の手続きは，明確に示されていなかったが，2013年の「国民基礎生活保障事業案内」から明示されるようになった。

◆ 扶養を拒否した場合は保障費用を徴収されることもあり得る

「国民基礎生活保障法」は，扶養能力があるにもかかわらず扶養を拒否したため，基礎生活保障が支給された場合，扶養義務者に対してその間の保障費用を徴収することを規定している。基礎自治体は，地方生活保障委員会の審議・議決を経て，扶養義務不履行者に保障費用を徴収するか否か決定しなければならない。

保障費用の徴収除外者としては以下の者が該当する。第一に扶養義務者が海外移住，軍服務，行方不明など，扶養することが不可能な場合である。第二に地方生活保障委員会が，保障費用を徴収しないように決定した場合である。第二の場合について保健福祉部は，①扶養義務者が養子であるなど，血のつながりがない，②扶養義務者と受給者の間で，父母が子を扶養しなかった，家出あるいは浮気をしたなどの理由から，家族関係が実質的に断絶している，③受給者の血のつながった子に配偶者がいるが，子が死亡あるいは行方不明になった

99　扶養が拒否された場合の基礎生活保障支給可否を決める手続きについては，保健福祉部（2013b）124-128ページによる。

ケースを例として挙げている。

　基礎自治体が保障費用の徴収を決定した場合，扶養義務者に費用納付通知が送られる。そして納付しない場合は，国税および地方税を滞納した場合に準じて徴収が行われる[100]。

　ちなみに，申請者の受給者が決定された場合，扶養能力のある扶養義務者に対して基礎生活保障の支給にかかる費用を徴収する可能性があることを書面で通知する[101]。

第5節　自活事業

　基礎生活保障制度は前身の生活保護制度とは異なり，労働能力がある生活困窮者も生計給与の対象とした。しかし労働能力があるにもかかわらず就業していない者に対しては，生計給与を受ける条件として自活事業への参加を課すこととした。

　政府は自活事業の目的として，①自活事業を通じて労働能力のある低所得層の自活を促すため，技能習得の場，労働の場を提供すること，②自活事業への参加を条件に生計給与を支給することで，国家の保護に安住するモラルハザードを防止することを挙げている[102]。以下では自活事業について，事業内容，効果などを中心に検討していく。

1．事業対象者
◆労働能力があり働いていない者は条件付き受給者に

　自活事業の対象者を基礎生活保障の受給者に絞って分類すると，①条件付き受給者，②その他受給者の大きく2つに分けることができる。条件付き受給者とは，基礎生活保障の受給者の中で，労働能力があるが働いておらず，自活事

100　保健福祉部（2013b）192-195ページによる。
101　保健福祉部（2013b）128ページによる。
102　保健福祉部・韓国保健社会研究院（2010）266ページによる。

第5節　自活事業

業に参加することを条件に生計給与が支給される者である。よって条件付き受給者の自活事業への参加は必須である。その他受給者は，自活事業への参加は義務づけられていないが，自主的に参加を希望する者である[103]。

　条件付き受給者をもう少し詳しく説明しよう。基礎生活保障の受給者は大きく，一般受給者と条件付き受給者に分けることができる。条件付き受給者は，自活事業に参加することを条件に生計給与が支給されており，労働能力があるが働いていなかった受給者がこれに該当する。

　条件付き受給者になるか否かについては，労働能力の有無の判断が重要になる。判断に際しては，まず外形的な基準によって労働能力の有無を判断する。基準のひとつは年齢である。18歳未満あるいは65歳以上の者の場合は自動的に労働能力がないと判断される。次は重症障害者，難治性疾患にかかった患者なども同様である。さらに，20歳未満の中学生あるいは高校生についても労働能力がないとされる。

◆条件付き受給者の選定は医学および活動能力の観点から決定

　上記の判断基準は，生活保護制度において生活無能力者と判断するため使用されていた基準と概ね同じであるが，これら基準を満たしていなくても労働能力がないと判定されることがある。それは「疾病がある，あるいは負傷している者で一定の基準を満たすことで労働能力がない」と判定される場合である。疾病がある，あるいは負傷している者は，医者や担当公務員が行う労働能力評価により労働能力の有無が判断される。

　2000年から2009年までは医学的な評価のみで労働能力を判断していた。具体的には，3カ月以上働くことが不可能であるとした医者の診断書を提出すれば，労働能力がないと判断された。診断書に記載された労働が不可能である期間が過ぎた後，もう一度診断書の提出を求めていた。しかし2010年からは医学的評価のみならず，活動能力評価も行い，これらを総合して労働能力の有無を判断

---

[103]　保健福祉部（2013d）12ページによる。

することとした[104]。

2012年末の条件付き受給者について見てみよう。外形的な基準によって労働能力があると判断される者は24万6,000人（全受給者の18%）である。しかし，そのうち自活事業に参加しないと給付を受けることができない条件付き受給者は4万7,000人（同3%）に過ぎず，残りは労働能力がないと判定され，自活事業への参加を免除されている[105]。つまり，外形的な基準によって労働能力があると判断された者の大半は自活事業の参加を義務づけられていない。

◆ 労働能力の判断基準に問題がある

しかし政府は問題点も指摘している。外形的な基準によって労働能力があると判断される者のうち，実際には労働能力がないとして自活事業の参加を免除されているものが大半を占めている。そしてこの理由として，実際の労働能力を判定する公務員に専門性が不足していることから評価が難しいことが挙げられている。さらに温情によって，自分には労働能力がないとする主張をそのまま認めてしまう傾向にあることも指摘されている。

さらに基礎自治体の間で，労働能力があるとされる者の比率に大きな差が発生している。2010年には，大都市地域における比率は9.2%〜35.2%，中小都市地域では6.9〜32.8%，農漁村地域では6.7〜27.4%と，その差は20%ポイント以上となっている[106]。そしてこの差は，担当者の判断基準の差によっても生じていると考えられる。

2．事業内容と効果

◆ 自活事業は6類型

自活事業に参加する者は，まず就業適性評価を受け，評価が高い順に，「集

---

[104] 保健福祉部・韓国保健社会研究院（2010）159-160ページによる。
[105] イチェジョン（2013）29ページによる。
[106] 保健福祉部「2013総合自活支援計画『明日（My Job）の夢プロジェクト』推進計画（案）」（報道資料：2013年4月18日）6ページによる。

第5節　自活事業

中就業支援対象者」、「労働能力強化対象者」、「労働意欲推進対象」の3種類に分類される。そして分類などによって6つの類型の事業に参加する。

　まずは、就業適性評価において点数の低い者が参加する事業であるが、①労働維持型事業がこれに相当する。事業は保健福祉部が所管しており（以下、希望リボン事業まで同様）、「労働意欲増進対象者」が参加する。参加者は、高齢者などを対象とした家事サービス、地域環境整備、公共施設物管理補助など、労働強度の低い仕事に従事する。1日5時間、週5日労働が原則であり、基礎自治体の自活支援センターが事業を実施する。

　次に、就業適性評価において中間の者が分類される「労働能力強化対象者」が参加する事業であるが、これには、②社会サービス型事業、③インターン・援助型事業、④市場進入型事業、⑤希望リボン事業の4つが含まれる。社会サービス型事業であるが、参加者は公益性がある社会的に有用な仕事に従事し、実施主体は地域自活センター、または民間委託団体（以下、市場参入型まで同様）である。なお、週5日、1日8時間労働が原則である（希望リボン事業まで同じ。ただし市場進入型事業は除く）。次にインターン・援助型事業であるが、参加者は、地方自治体、地域自活センター、社会福祉施設、一般企業などで、インターンとして働き、技術や経験を積む。さらに市場進入型事業では、参加者が一定期間の間に自活企業を創業する。

　希望リボン事業は、脱受給効果が一番期待されている事業と考えられる。リボンとはRe-bornを意味し、「希望再生」といった意味が込められている事業である。実施機関は、公募により選定された、広域自活センター、地域自活センター、民間企業などである。実施機関は、参加者と面接・相談を行いつつ、個人別の自立支援計画を作る。また就業の妨げをなくすための支援も行う。例えば、小さな子がいる場合は保育施設と連携し、債務者の場合は無料債務整理サービスと連携する。そして実際の就職に当たっては、参加者の適正に合った職種の情報を収集・提供したうえで、就職を促す。そして何社か採用試験を受けたが採用に至らない場合には、要因分析などを行う。就職に成功した後は、仕事の継続を促すため、モニタリングを行い、問題が生じた場合はその解消を

図る[107]。

最後に，就業適性評価において点数の高い者が分類される「集中就業支援対象者」が参加する事業であるが，これは雇用労働部が所管する自活事業である。雇用センター（日本のハローワークに相当）が実施機関であるが，基本的には就職成功パッケージ事業の枠組みで就職支援を行う。就職成功パッケージ事業は，所得が最低生計費の150％以下である世帯を対象としており，相談，職業訓練，斡旋とともに，就職成功者には最大100万ウォン（12万7,841円）の成功手当を支給する[108]。

2011年における各事業の参加者であるが[109]，社会サービス型事業が28,276人（自活事業合計の22.5％）であり，市場進入型事業の13,228人（同15.8％），雇用労働部の自活事業（就業成功パッケージ事業）の7,915人（同9.5％）と続く。一方で，希望リボン事業は4,254人（同5.1％）に過ぎない。また2012年度予算は，保健福祉部所管分が5,333億ウォン（684億円），雇用労働部所管分が1,396億ウォン（179億円）である[110]。

◆脱受給率は10％程度

自活事業の効果を見るうえでは，自活事業に参加した者の中で，基礎生活保障の受給者から脱した者の割合である脱受給率，あるいは就業や創業が成功した者の割合である自活成功率が重要である。まず脱受給率は，2002年には6.9％であったものが，いったん下落はしたものの，2011年には10.0％にまで高まっている。また自活成功率は2007年の14.0％から一貫して上昇しており，2011年には21.8％に達した（図3-5）。

---

[107] 保健福祉部の事業については，保健福祉部（2013d），保健福祉部（2013e）などによる。
[108] 雇用労働部の「就職成功パッケージ」ホームページによる。
[109] 2011年11月1日～12月31日において，実際に事業へ参加した人数である。
[110] 保健福祉部「福祉部，2012 希望自活戦略本格推進する」（報道資料：2012年2月29日）による。

第5節　自活事業

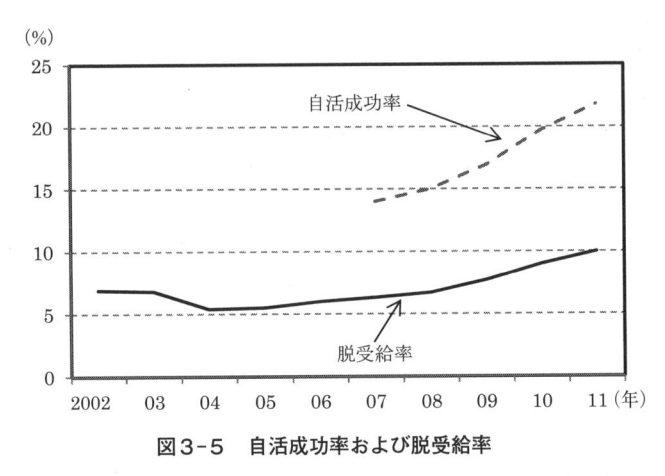

図3-5　自活成功率および脱受給率

（出所）保健福祉部報道資料，保健福祉部・韓国保健社会研究院（2010）172ページにより作成。

3．労働インセンティブを高める方策
◆労働インセンティブを高めるための制度

　自活事業参加者の脱受給率については徐々に高まっており，これに対しては一定の評価ができる。しかし，そもそも自活事業への参加者が多くないとの問題を抱えており，自活事業が成功しているとはいえない状況である。しかし労働能力があるにもかかわらず就業していない者に対しては，生計給与を受ける条件として自活事業への参加を義務づけている。18歳から64歳までの者は，自活事業に参加しない場合，原則的には生計給付を受けることができない。しかしその大半が，疾病や負傷のため労働能力がないと判定され，自活事業への参加を免除されている。そして政府が指摘するように，実際に働けるにもかかわらず，自分には労働能力がないと主張し，これが認められている者も多いと考えられる。よって現在のところ，自活事業は十分機能しているとはいえない状態である。

　このように自活事業が十分に機能していない根本的な要因として，基礎生活保障受給者の就労インセンティブを高める制度が十分に整備されていないこと

が挙げられる。働くほど生計給与が削減されるとともに，所得が一定額を超えれば，基礎生活保障の生計給与にとどまらず，居住給与，医療給与を受け取ることができなくなる。さらに携帯電話料金の減免などの多様な支援も打ち切られるため，脱受給は可処分所得の大幅な減少をともなうこととなる[111]。

イチェジョン（2013：36）は，所得が中位所得の60％未満である世帯について，基礎生活保障の受給者と被受給者の経常所得を比較している。データは韓国保健社会研究院が行っている「韓国福祉パネル調査」のマイクロデータを使用しているが，2009年では，受給者世帯の経常所得（月額）は97万9,000ウォン（14万円）であるが，非受給者は86万7,000ウォン（12万4,000円）であり，所得が逆転している。

このようななか，労働インセンティブを高める制度しては，①自活奨励金，②自活特例制度，③希望増加通帳，④移行給与特例制度がある。しかし，これら制度についても，基礎生活保障受給者の就労インセンティブを十分に高めるには至っていない[112]。以下では各制度について見る。

◆ 自活奨励金により所得の30％が手元に残る

自活事業により得た所得（自活所得）は，原則によれば全額所得認定額となるため，働いた分だけ現金給与額が減らされてしまう。これでは自活事業に参加しても手取りは変化しない。よって，参加義務から逃れるため，実際に働けるにもかかわらず，労働能力がないと主張する誘因が生じてしまう。

このような誘因を少しでも減らすため設けられた制度が自活奨励金である。自活奨励金は，自活所得の30％に相当する金額から，生計給与の基準超過額を引いた金額となる。保健福祉部が示した例を見てみよう。2人世帯，自活所得

---

111 2007年以降の数値は，保健福祉部「福祉部，2012希望自活事業戦略本格推進する」（報道資料：2012年3月2日）5ページ。また2002年から2006年までの数値は，保健福祉部・韓国保健社会研究院（2010）172ページ図2-14による。また脱受給者に関する説明も同報道資料による。
112 イチェジョン（2013）31-33ページによる。

第5節　自活事業

以外の世帯所得が10万ウォンである世帯について，自活所得が，①30万ウォン，②50万ウォン，③70万ウォンである場合，それぞれの全体収入がどのように変化するのか試算されている[113]。

まず自活所得が30万ウォンの場合，世帯全体の収入が88万7,636ウォンとなる。自活所得が50万ウォンに増えた場合，生計給与は30万3,522ウォンから13万542ウォンに減少する。しかし自活奨励金が9万ウォンから15万ウォンに増加するため，全体の収入は94万7,636ウォンと，6万ウォン増加する。そして自活所得が70万ウォンとなれば，全体の収入は100万7,636ウォンとさらに6万ウォン増える。つまり自活所得の増加額の30％に相当する金額だけ全体の収入が増えることがわかる（表3-4）。

確かにこの制度によれば，自活事業に参加すれば所得は増加する。しかし自活事業の所得水準は高くなく，自活奨励金を受け取っても，自活所得の30％しか収入に反映されないことを勘案すれば，労働インセンティブを高める効果は強くないと考えることが妥当であろう。

また労働インセンティブを高めることを意図した制度として，自活特例制度や移行給与特例制度がある。前者は自活事業への参加によって，所得認定額が最低生計費を超過した場合でも，3年間は基礎生活保障の受給資格を維持できる制度である。また後者は自活事業ではなく一般の労働市場で得た給与によって，所得認定額が最低生計費を超過した場合，2年間は基礎生活保障の受給資格を維持できる制度である。しかし両制度とも，生計給与および住居給与は支給されない。

つまり医療給与の適用対象とはなるものの，現金給与である生計給与と住居給与は打ち切られることから，これらの制度が労働インセンティブを高めるとは考えられない。

---

[113] 自活所得の変化による全体収入の変化を比較することが目的であるため，ウォンを円に換算しない。

表3-4　自活奨励金の計算例

(単位：ウォン)

区分	内容	例1	例2	例3
現金給与基準	2人世帯基準	797,636	797,636	797,636
住居給与基準	(現金給与基準 －全体所得認定額×19.3%)	94,114	67,094	40,074
生計給与基準	(現金給与基準 －全体所得認定額×80.7%)	393,522	280,542	167,562
自活所得（A）		300,000	500,000	700,000
自活所得の70%（0.7A）		210,000	350,000	490,000
自活所得の30%		90,000	150,000	210,000
別途所得認定額（B）	他の世帯員の収入など	100,000	100,000	100,000
全体所得認定額（0.7A＋B）		310,000	450,000	590,000
住居給与（C）	住居給与基準と同一	94,114	67,094	40,074
生計給与（D）	生計給与基準－自活所得の30%	303,522	130,542	0
自活奨励金	自活所得の30%	90,000	150,000	167,562
政府支援金（A＋B＋C＋D）		787,636	847,636	907,636
世帯全体の収入（A＋B＋C＋D＋E）	(現金給与基準＋自活給与の30%) と同一	887,636	947,636	1,007,636

(注) 1．生計給与基準が自活所得の30%より低い場合，生計給与の支給額はゼロとなる。
　　 2．自活奨励金については，生計給与基準を超過できない。よって，自活所得の30%が生計給与基準より多ければ，自活奨励金は生計給与基準と同一となる。
(出所) 保健福祉部（2013d）173ページの表を引用。ただし，若干の語句の変更などを行った。

◆ 希望増加通帳の効果はあるものの予算制約あり

　次に希望増加通帳事業を見てみよう。希望増加通帳に加入した者は毎月10万ウォン（1万2,784円）を貯蓄して[114]，3年以内に基礎生活保障の受給対象から抜け出した場合，毎月の積立金に最大で53万ウォン（6万8,000円）の労働所得奨励金が加えられる。そして3年後には，3人世帯の場合，最大2,400万ウォ

114　5万ウォンを選択することも可能である。

第5節　自活事業

ン（307万円）を受け取ることができる。つまり積み立てた額の6倍以上のまとまった金額を手にする。

労働所得奨励金は，（労働所得－最低生計費×0.6）×1.05で算出される。4人世帯の受給者が2010年に希望増加通帳に加入した場合を例にとろう。最低生計費の60%は86万3,648ウォンであるので，110万ウォンの労働所得がある場合，労働所得奨励金は25万ウォンとなる。つまり自分で貯蓄した10万ウォンの3.5倍が実際に積み立てられていく。一方，労働所得が125万ウォンに高まれば，奨励金は40万ウォン[115]に高まり，積み立てられていく金額は5倍となる。ただし3年の間に受給状態から脱さない限り，奨励金はゼロになり，自らが積み立てた資金に利子を付けた金額のみしか受け取れない。

なお使途は，住宅購入や賃貸，子の教育，創業資金など，自活・自立に必要なものに限定されている。また受給者でなくなっても通帳をもっていた場合は，2年間ではあるが医療給与，教育給与を受給できる。

希望増加通帳に加入できる者は，労働所得が最低生計費の60%以上の基礎生活保障受給者である。つまり受給者であるが一定の労働収入がある者が対象となる。政府は，希望増加通帳によって自立を果たした基礎生活保障受給者の例を紹介している。建設作業に従事する非正規職のA氏は，健康上の問題からいくら努力しても，環境を変えられず無気力な状態に陥っていた。しかし希望増加通帳に加入して，毎月10万ウォンずつ積み立てていった。所得によって支援金が増えることを知り，一所懸命働いたA氏は，基礎生活保障受給から脱することに成功し，1,600万ウォン（205万円）を手にしたそうである[116]。

希望増加通帳に加入した世帯の脱受給率は，自活事業の参加者における脱受給率より高く，一定の効果があると考えられる。しかしこの制度を運営するためには，政府と民間のファンドが必要である。そして財政に限りがあるので募

---

[115] 一定の条件の下での例示であるので，ウォンを円に換算しない。
[116] 希望増加通帳に関する説明および成功例は，保健福祉部「3年の希望増加，大きくなる明日（my job）の夢」（報道資料：2013年2月21日），保健福祉部ホームページによる。

集人数を増やすことができないとの限界がある[117]。その結果，2013年には希望増加通帳への加入が可能な世帯が6万5,533世帯である一方で，実際に加入している世帯はその27.2%に相当する1万7,824世帯に過ぎない[118]。

以上を勘案すれば，労働インセンティブを高める制度については，あまり効果が大きくないと判断することが妥当であろう。

第6節　調査および不正受給への対応

基礎生活保障の適正な支給のためには，調査が不可欠である。韓国では第4節「扶養義務」で紹介した社会福祉統合管理網によって，申請から事後管理まで徹底的な調査が行われている。調査の原則は，まずは社会福祉統合管理網を通して照会した公的資料を優先使用することである。社会福祉統合管理網では，所得，財産にかかる公的資料が自動的に更新されるので，これによって大半の情報は把握できる。さらに公的資料では不十分な場合は実態調査も行っている[119]。このような徹底的な調査は日本では行われておらず，この点は日韓で大きく異なる点である。以下では，基礎生活保障にかかる調査に加え，不正受給に対する対応について取り扱うこととする。

1．申請時調査と事後調査
◆ 国民は生涯不変の住民登録番号をもっている

社会福祉統合管理網の運用に絶対に欠かせないものが住民登録番号である。住民登録番号は，「住民登録法」にもとづき，韓国国民に対して付与される13ケタの番号である。住民登録番号という名称からは，住所が変わるごとに番号も変わることが想定されるが，実際は出生から死亡するまで番号が変わることはない。また17歳以上の者には，姓名，顔写真，住民登録番号などが示された

117　韓国保健社会研究院ノテミョン博士に対する聞き取り調査結果による。
118　イチェジョン（2013）33ページによる。
119　保健福祉部（2013b）17ページによる。

第6節　調査および不正受給への対応

住民登録証が発給される。そして，国，地方自治体，公共団体，企業などが，身分を確認する必要がある場合，住民登録証を確認することが義務づけられている。

住民登録番号は1962年から，また住民登録証は1968年から付与されるようになった。住民登録番号の目的は，住民を登録することによって住民の居住関係など人口の動態を常に明確に把握して，住民生活の便益を増進させて行政事務を適正に処理することとされている。

しかし，国会の内務委員会で住民登録法の改正が審議された際（1968年4月23日）の議事録を見ると，内務部長官は法案提出趣旨説明で，法改正の理由を幾つか挙げるとともに，「スパイのような不純分子を捜索するうえで支障が多く，本人であることを確認させることができる証明制度を確立するために現行法を改正する」と述べている。

いずれにせよ韓国人は，住民登録番号をもっているが，銀行口座開設，土地登記，自動車登録，税の納付，年金にかかる手続きなど様々な手続きに際して必ず住民登録番号が必要であり，個人名のみならず住民登録番号とセットで登録される。また最近はインターネットの実名制にともない，サイトへの加入のために住民登録番号の入力が求められるケースも増えている。そして生涯変わらない固有の番号は，所得および財産情報の収集に威力を発揮している。

◆ **申請者に対する調査は社会福祉統合管理網を主に利用**

基礎生活保障の受給申請があった場合，申請を受理した基礎自治体が，受給要件を満たしているか否か調査を行う。まず統合調査管理チームが，世帯構成及び扶養義務者の確定を行う。そして社会福祉統合管理網を通じて公的資料の照会を要請する（社会福祉統合管理網によって提供される資料については第4節「扶養義務」を参照）。

提供を受けた資料から，申請世帯や扶養義務者の所得および財産が把握できるが，公的資料では所得を把握することが困難な者に対しては，支出実態調査

票の作成を申請人に要請し、それを元に所得の出所を把握する[120]。支出実態調査票では、食料費、住居費、光熱水道費、被服履物費、医療費、教育費、教養・娯楽費、交通・通信費、その他の支出大項目に沿って26の支出について、1カ月の金額の記入を要請することで支出額を把握する。

さらに家族別の所得とともに、親族からの援助額、公的な援助額、借入額、カード使用金額の記入も要請し、収入を把握する。この調査によって支出と収入を把握するとともに、実際に訪問することで記入が信頼できるか確認したうえで収入を推定する[121]。

◆ 確認調査も年1回以上行う

申請時には社会福祉統合管理網を使って、申請者世帯、扶養義務世帯の所得および財産に関する公的機関が把握している情報を照会し、受給資格があるか否か審査する。しかし受給時に把握した所得および財産の状態がそのまま維持されるわけではない。申請時には受給資格があったものの、所得および財産額の変化により受給額に変化が生じることがあるとともに、受給資格を失う場合も想定される。よって受給者世帯、扶養義務世帯の所得および財産情などを定期的に確認調査することも重要である。

受給者の受給資格および給与が適正であるか確認するために、基礎自治体は年間調査計画によって毎年1回以上、定期的に調査を行っている。調査の対象は受給者およびその扶養義務者であり、内容は申請時に行われる調査と同じである。調査の方法は、社会福祉統合管理網による調査である。社会福祉統合管理網上の情報は定期的に更新される。そして受給者世帯などの情報に変動があった場合、社会福祉統合管理網から通知がくる。まずは所得情報である。財産所得の変動については毎月、労働所得および事業所得は四半期ごと、その他所得は毎月通知が来る。財産については、一般財産と自動車は変動があった場合

---

120 保健福祉部（2013b）7ページによる。
121 基礎自治体の基礎生活保障担当者に対する電話による聞き取り調査による。

第6節　調査および不正受給への対応

に毎月，また金融財産は金融機関への照会時に変動が見つかった場合に通知が来る。さらに人的事項については，死亡，居住地変更は毎日，出生，結婚，離婚といった変動は四半期ごとに通知される[122]。

基礎生活保障の現場では，社会福祉統合管理網などから寄せられる通知を，受給者への支給などに正確に反映させるための仕組みも構築している。社会福祉統合管理網から送られたアップデート情報は，プログラムにより，基礎自治体が管理している受給者情報に自動的に反映される。よって社会福祉統合管理網が把握する変更情報については，基礎生活保障の担当者は漏れなく把握することができる。このデータの連携はもちろん住民登録番号によって行われている。

◆ 人口の2割程度の所得および財産などのデータが蓄積

社会福祉統合管理網については第4節「扶養義務」で説明したが，ここで改めて取りあげる。社会福祉統合管理網は2010年1月に運用が開始された。社会福祉統合管理網では全国民の情報が管理されているわけではなく，何らかの公的福祉サービスを利用した者のデータのみが蓄積している。2012年7月における対象者数は，述べ1,434万人であり，重複者を除くと933万人である[123]。これは住民登録人口統計による韓国人の18.3%に相当するが，基礎生活保障にかかる管理対象者としては，142万人の情報が蓄積している。

なお社会福祉統合管理網は，韓国保健福祉情報開発院が管理している。この機関は，「社会福祉事業法」における，「保健福祉部長官は保健システムの効率的運用のため，運用に関する業務を行う専担機構を設立できる」との条文を根拠に，2009年に設立された。ちなみに2012年7月時点の定員が290人であり，2012年の予算は403億ウォン（52億円）で，国からの補助金と民間協賛補助金が財源である。

122　保健福祉部（2013a）174-175ページによる。
123　保健福祉部（2012b）268ページによる。

2．不正受給と保障費用の徴収

◆**不正受給した保障費用は全額徴収され刑事告発もあり得る**

　保障機関は，詐計やその他不正な方法で給与を受け取った者，あるいは他人に給与を受け取らせしめた者（以下「不正受給者」とする）から，保障費用の全部または一部を徴収しなければならない。不正受給が確認された場合，受給者は重点管理対象者に登録され管理される（社会福祉統合管理網に登録）。それとともに，不正受給の間の補償費用は徴収されるとともに，不正受給期間が 6 カ月を超える，あるいは不正受給金額が300万ウォン（38万円）以上の者は刑事告発される。

　徴収額について保健福祉部が例を示している。受給者が2013年 1 月に新規に就業して所得が選定基準を超過したにもかかわらず，この事実を申告せず，同年 9 月に事実が確認されたとしよう。まず支給の基準は前月の所得であるため，選定から外れた時点は 2 月とされる。そして徴収は中止理由が発生した月の翌月から行うため， 3 〜 9 月の支給額が徴収額となる。さらに 9 月からは支給が停止される。

　そして徴収費用が確定した後，補償費用・不当利得徴収通知書を送付し，30日以内に納付する義務があることを通知する。もし期限までに納付されない場合は，督促を行い，それでも納入がない場合は，国税や地方税の滞納時と同様に，財産がある場合には差し押さえる[124]。

◆**不正受給者は調査強化により増加した**

　不正受給者についての公式的なデータは2007年までしか得られない。これによると2004年に2,792件の不正受給が発覚し， 9 億700万ウォン（ 1 億5,287万円）の徴収が決定したが，その後急速に増え続け，2007年には8,654件，41億8,200万ウォン（ 6 億5,406万円）にまで増加した。保健福祉部はこの増加について，十分ではなかった調査インフラを拡充し，調査活動強化により不正受給が新た

---

[124]　保健福祉部（2013b）187-188ページによる。

に発見されたためとしている。

　政府の各機関は，受給者の所得および財産関連の電子データを保有している。これを基礎自治体の福祉行政ネットワークに連携して常時確認できるようにした。また不正受給の蓋然性が高い世帯を重点管理対象者として選定し，精密な調査を行うようにもした。さらに国と地方が合同で，毎月2～3カ所の基礎自治体を対象として，受給者実態点検を行った。その結果，不正受給の取り締まり実績が大幅に増加した[125]。

　2010年に開通した社会福祉統合管理網は不正受給者の減少に寄与した。社会福祉統合管理網の開通の前後を比較すると，扶養義務者数が61万5,844人（33.8%）増加した。そしてこの数の多くは，申告していなかった扶養義務者が社会福祉統合管理網などによって明らかになったものと考えられる。また社会福祉統合管理網により，福祉受給対象者715万人のうち18万人が受給不適格であったことが判明し，対象者から脱落した。その結果，年間で3,287億ウォン（445億円）の予算が削減でき，基礎生活保障は52%を占める1,712億ウォン（232億円）の保障費を減らすことができるようになった[126]。

　社会福祉統合管理網の導入と同時に，基礎生活保障の受給者が減少したが[127]，これは不正受給が難しくなったことが影響していると考えられる。つまり，調査の厳格化によって，従来は見つけることができなかった不正受給者が徐々に判明した。そして，社会福祉統合管理網の導入により，調査の厳格化でも見つけることができなかった不正受給者も把握できるようになった。

第7節　財政

　基礎生活保障の財源は，日本と同様，国および地方からの支出によってまか

---

[125] 保健福祉部「基礎生活保障不正受給予防拍車」（報道資料：2008年10月2日）による。
[126] 保健福祉部「基礎生活保障受給者扶養義務者確認調査結果発表」（報道資料：2011年8月18日）による。
[127] 保健福祉部に対する聞き取り調査結果による。

なわれている。以下では財源について、国および地方の負担割合、給与別の支出、また保健福祉部の支出のどの程度を占めているのかなど、その特徴を見ていこう。

1．基礎生活保障の財政
◆財政自立度と社会保障指数で国と地方の負担率が変わる

まず基礎生活保障にかかる給与費用の中央および地方負担率を見てみよう。まず国と地方の負担率は基礎自治体ごとに異なる。負担率は基礎自治体の、①財政自立度、②社会保障費指数によって、国、広域自治体、基礎自治体の負担率が異なっている。さらに広域自治体がソウル特別市か否かでも負担率が異なる。財政自立度は歳出予算に対する地方税および税外収入などの自主財源の比率、社会保障費指数は地方自治体の歳出予算に対する社会保障費の比率である。

これら指標は当該年度の前々年の最終予算を基準としたものが使用される。これによれば、ソウル特別市の基礎自治体である区は、財政自立度が85％以上かつ社会保障費指数が20％未満の場合、国の負担が40％、ソウル特別市が18％、区が42％となる。他方、ソウル特別市以外の広域自治体の基礎自治体である市郡では、財政自立度が80％未満かつ社会保障指数が25％以上の場合は、国の負担が90％、広域市が7％、基礎自治体が3％とされる。

この負担率は2008年から適用されたが、それ以前は、ソウル特別市の基礎自治体の場合、国の負担が50％、ソウル特別市が25％、区が25％と負担率が一律に定められていた。そしてソウル特別市以外の広域自治体の基礎自治体の場合も、国の負担が80％、広域自治体の負担が10％、基礎自治体の負担が10％と一律であった。しかし基礎生活保障が導入されて以降、基礎老齢年金、長期療養保険など、新たな社会保障制度が導入され、地方自治体の負担が増すこととなった。そこで財政自立度を考慮して負担に差をつける方式に改められた[128]。

128　キムテウァン 他（2011）50-51ページによる。

第7節　財政

◆ 基礎生活保障費の8割は国が負担

　以上のように財政自立度などの指標にもとづき，基礎自治体ごとの基礎生活保障費が国と地方自治体で負担される。では，全国の基礎自治体の数値を積み上げた場合，国と地方自治体の負担率はどのようになるのであろうか。負担率を計算するために，保健福祉部より医療給与費を除いた基礎生活保障費の予算について，国・地方別の数値の提供を受けた。この数値から比率を計算すると，2010年から2012年までは国の負担率が79.4%，2013年は79.6%であった。つまりこの期間を見る限り，基礎生活保障費の国の負担率は約8割である。

　次に医療給与費の負担割合である。医療給与費は基礎生活保障とは異なり，財政自立度などの指標で負担率に差を設けていない。ただし広域自治体の形態によって差を設けている。ソウル特別市の場合は，国の負担率が50%，ソウル特別市が50%であり，区の負担はない。広域市の場合は，国の負担率が80%，広域市が20%で，やはり基礎自治体の負担はない。また道の場合は基礎自治体の形態によって負担率が異なる。基礎自治体が市の場合は，国の負担率が80%，道が14%，市が6%であり，郡の場合は，国の負担率は80%で変わらないが，道が16%，郡が4%となる。

　基礎生活保障と同様，基礎自治体ごとの数値を積み上げると，2011年においては国の負担率が75.9%，地方自治体が24.1%である。つまり国の負担率は4分の3程度であるが，この比率は1986年，1996年，2006年ともほぼ同じであり，25年以上にわたり国の負担率は変わっていない[129]。

　韓国では医療給与は基礎生活保障から独立しているが，本来は日本のように一体であっても不思議はない。そこで医療給与と基礎生活保障の両方の費用を合わせた金額から国の負担率を算出すると，2011年は77.5%である。

◆ 医療給与が半分以上を占める

　基礎生活保障費の規模を，医療給与の地方負担分が入手できた2011年度の数

---

[129] チェソンウン他（2012）128-129ページによる。

第3章　国民基礎生活保障

その他
住居給与　　　　　医療給与
　　　8.2　1.9

（2011年）
基礎生活保障費
8兆8,920億ウォン
（構成比％）

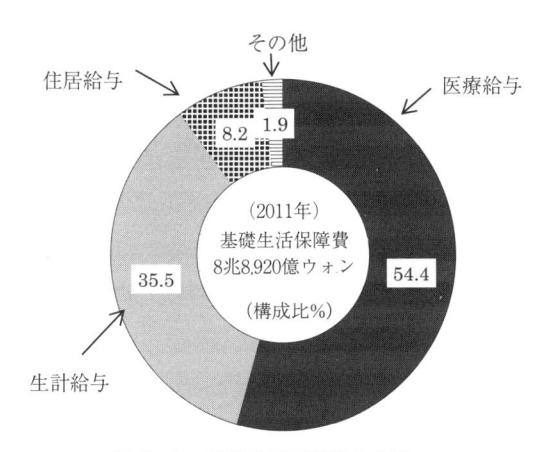

35.5　　　　54.4

生計給与

図3-6　基礎生活保障費の内訳

（出所）保健福祉部資料などにより作成。

値から見る[130]。国の負担分は6兆8,928億ウォン（9,004億円），地方は1兆9,992億ウォン（2,611億円）であり，合計では8兆8,920億ウォン（1兆1,615億円）である。このうち4兆8,358億ウォン（6,317億円）（費用全体の54.4％）が医療給与であり，生計給与が3兆1,537億ウォン（4,119億円）（同35.5％）であり，住居給与が7,310億ウォン（955億円）（同8.2％）と続く。つまり基礎生活保障費の半分以上は医療給与が占めている（図3-6）。

2．保健福祉部予算における位置づけ
◆ **保健福祉部の予算に占める割合は1960年代より低下**

韓国の政府機関は政権によって大きく改編されることが常態化しているが，保健福祉部の所掌は比較的変化が小さく，概ね一貫して保健福祉行政を担ってきた。よって生活保護制度の時代も含めた基礎生活保障費（生活保護制度時代も「基礎生活保障費」とする）の位置づけを時系列で見ることができる。

130　予算の項としての「基礎生活保障」には，基礎生活給与（生計，住居，教育，出産葬祭など），医療給与のほか，緊急福祉，自活支援が含まれている。しかしここでは，狭義の国民基礎生活保障費，すなわち基礎生活給与，医療給与を扱う。

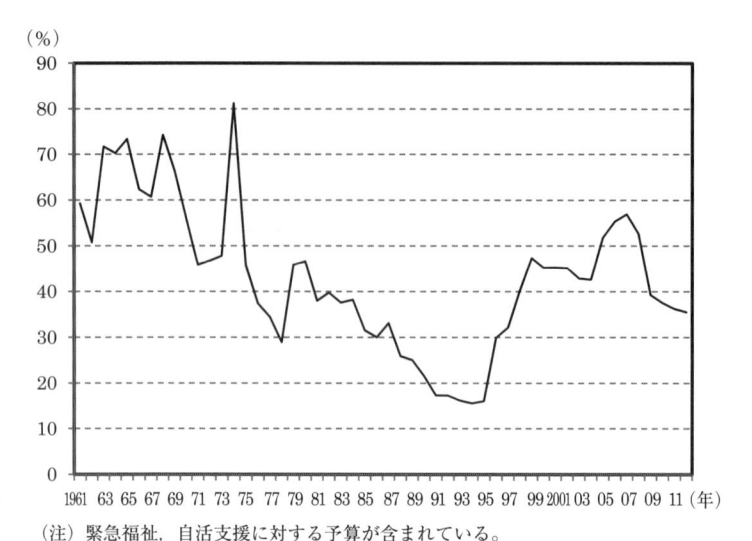

第7節　財政

図3-7　保健福祉部予算に占める基礎生活保障費の割合

（注）緊急福祉，自活支援に対する予算が含まれている。

（出所）保健福祉部・韓国保健社会研究院（2010）283ページ，企画財政部ホームページにより作成。

　1960年代における基礎生活保障費の保健福祉部予算に対する比率は，制度による給与が脆弱であったにもかかわらず，他にめぼしい事業がなかったため，一時期70％以上を占めていた（図3-7）。しかし1970年代に入り，他の事業が創設された，あるいは拡充されたことにより，単年度事業が行われ費用が急増した1974年を除き，下落傾向に転じた。

　この傾向は1990年代になって拍車がかかり，基礎生活保障費が保健福祉部の予算に占める比率は1995年には15.6％まで低下した。しかし2000年には，制度が生活保護から基礎生活保障に変わり，生計給与の対象が生活能力のある者にも拡大されたなどの要因から上昇に転じた。そして2012年には35.5％を占めている。

第3章　国民基礎生活保障

第8節　2014年10月からの基礎生活保障制度

　2013年9月に保健福祉部は，パククネ政権における基礎生活保障の改正案を公表した。この改正案は，段階的に2014年10月以降段階的に施行されていく予定である。改正案のポイントは大きく2つである。第一に，選定基準を最低生計費から中位所得に変更する。そして第二に，これまで最低生計費以下の世帯に対して統合的に支給してきた基礎生活保障の給与を，生計，住居，医療，教育などの給与ごとに選定基準を決めるようにする[131]。また厳しい扶養義務基準が大幅に緩和される。その結果，総じて見れば，韓国のセーフティネットは強化されることが見込まれる。以下では，2013年9月10日に保健福祉部が公表した基礎生活保障の改正案について検討する。

◆基礎生活保障から最低生計費の概念が消える

　まず「選定基準を最低生計費から中位所得に変更する」についてである。2013年における4人世帯の中位所得は384万ウォン（49万1,000円）である。最低生計費を100％とすると，中位所得はこの248％となる[132]。しかし選定基準は中位所得となるわけではなく，中位所得の一定割合となる。よって選定基準が大幅に高まることはない。この変更の意義は，基礎生活保障を受け取る基準を，絶対基準から相対基準にすることであるが，これによって最低生計費との概念が消えることとなる。

　次に「生計，住居，医療，教育などの給与ごとに選定基準を決める」である。現在の制度では単一基準である最低生計費を所得認定額が上回るなどにより受給資格を失うと，すべての給与を失う「all or nothing」の状態にある。これを給与別に基準に差を設ける。生計給与の基準は中位所得の30％[133]（2013年の

---

[131] 保健福祉部「基礎生活保障受給対象最大110万世帯増える」（報道資料：2013年9月10日）による。
[132] 韓国保健社会研究院（2013）13ページによる。
[133] 正確にはこの水準を考慮して中央生活保障委員会により決定された所得水準である。

179

4人世帯で115万ウォン：14万7,000円）である。また住居給与は中位所得の43%（165万ウォン：21万1,000円）、教育給与は50%（192万ウォン：24万5,000円）、医療給与は40%（155万ウォン：19万8,000円）。また扶養義務基準は、受給者を扶養しても中位所得を維持できる所得基準とされる[134]。

◆扶養義務基準は引き上げられる

変更される扶養義務基準は所得である。現在は、扶養能力なしと判定されるためには、扶養義務世帯の所得が最低生計費の130%以下である必要がある。そして扶養能力が微弱とされる場合は、受給申請世帯の最低生計費に、扶養義務世帯の最低生計費を加えた額の185%（受給申請世帯が高齢世帯の場合）以下である必要がある。

この基準は厳しい。扶養能力が全くないと判断されるためには、最低生計費の130%以下でなければならない。中位所得を基準にすると、扶養義務世帯が4人世帯の場合、中位所得の53%を超えれば扶養能力があるとされる。また受給申請世帯を高齢単身世帯とすれば、所得が中位所得[135]を超えた場合、扶養能力微弱にも該当せず、完全に扶養能力があると判断される。

改正案では、扶養義務基準のうち所得については、「受給者を扶養しても中位所得を維持できる程度」に高められる。この基準によれば、所得が、扶養義務世帯の中位所得に扶養申請世帯の最低生計費を加えた額を下回る世帯は、扶養能力がないと判定される。

そして保健福祉部によれば、受給申請世帯が高齢単身世帯、扶養義務世帯が4人世帯である場合、2013年において扶養能力が完全にあるとされる（扶養能力微弱にも該当しない）所得は月額392万ウォン（50万1,000円）以上であるが、

---

[134] 保健福祉部「基礎生活保障受給対象最大110万世帯増える」（報道資料：2013年9月10日）による。
[135] 正確には中位所得の102%である。

これが扶養義務基準の引き上げにより441万ウォン（56万4,000円）に高まる[136]。ただし財産基準には変更が加えられない。

◆ **生計給与受給の受給者は総じて増加**

　生計給与を受けるための所得認定額は，中位所得の30%となる[137]。この金額は，2013年の4人世帯で115万ウォン（14万7,000円）であり，最低生計費である155万ウォン（19万8,000円）より低い。つまりこの数値からは，生計給与を受給するハードルが高まり，生計給与額も減ることが予想される。

　しかし実際には，生計給与に関しては受給のハードルが高まる一方で，生計給与の支給額は減ることはない。まず受給のハードルについて見る。生計給与を受給するためには，所得認定額が最低生計費を下回ることが必要である。改正後は，基準が最低生計費から中位所得の30%に引き下げられることから，生計給与を受給できなくなる者が出てくる。韓国保健社会研究院は，2013年の基準で見ると，生計給与を受給している76万2,835世帯のうち，0.3%に相当する2,584世帯への支給が停止されるとしている。

　ただし生計給与を受給するハードルが高まる一方で，扶養義務基準の緩和により生計給与を受給できることとなる世帯もある。申請者世帯に課される所得基準により受給対象から外れる世帯は2,854世帯であるが，扶養義務基準の緩和で新しく対象となる世帯は8万2,029世帯である。よって総じて見れば，改正により10.4%に相当する7万9,445世帯が，新たに生計給与を受給できるようになる。

　次に生計給与額である。第2節で見たように，最低生計費には，現金で支給される生計給与の他，医療給与，住宅給与，教育給与，その他給与（助産給与，葬祭給与），支払が免除される住民税，教育税，テレビ視聴料など，その他の

136　保健福祉部「基礎生活保障受給対象最大110万世帯増える」（報道資料：2013年9月10日），韓国保健社会研究院（2013）13ページによる。なお中位所得に対する比率は筆者が計算した。
137　正確には，中位所得30%水準を考慮して中央生活保障委員会で決定した金額となる。

第8節 2014年からの基礎生活保障制度

法律にもとづき支援される費用が含まれている。よって生計給与の支給額は，所得認定額がゼロの場合でも最低生計費の66.5%しか支給されない。

具体的な数値を見ると，4人世帯の場合，2013年で103万ウォン（13万2,000円）が生計給与の上限額である。一方で，中位所得の30%は115万ウォン（14万8,000円）であるので，改正後は生計給与額が高まる。なお，生計給与については受給者が増加し，受給額も増加するので，必要とされる費用は26.5%ほど増加することが見込まれている。

予定されている基礎生活保障の改正によって，最も選定基準が厳しい生計給与も総じて見れば受給者が増える見通しである。よって，その他の給与の受給者も増加することが想像できる。まず医療給与である。医療給与の受給基準は中位所得の40%に設定されるが，現在の最低生計費と同水準であるため，所得基準による増加はない。ただし扶養義務基準の緩和で16万人の増加が見込まれる。さらに住居給与，教育給与は所得基準が現在より高まるため，現在より受給者が増える[138]。

---

[138] 韓国保健社会研究（2013）23ページ，28-29ページ，31ページ，38ページによる。

第4章 高齢化にともなう社会保障支出増が財政に与える影響

　韓国の財政は健全の一言につきる。OECD加盟国の中でも，韓国の国家債務の対GDP比は低水準であり，この主要因としては，政府が均衡財政の堅持に注力していることが挙げられる。重い税負担によって均衡財政を維持しているわけではない。OECDのRevenue Statisticsによれば，2011年における韓国の租税負担率は19.8％であり，OECDの平均値である25.0％より5.2％ポイント低い水準である。統計の対象国で，韓国より租税負担率が低い国は，チェコ，アメリカ，メキシコ，日本，スロバキアの5カ国しかない。つまり韓国では，支出を抑えることで均衡財政を達成しているわけである。

　韓国では高齢化がまだ進んでいないが，2020年頃を境にして高齢化が急速に進むことが予想されている。日本では，1990年以降，財政状況が悪化した主な要因のひとつとしては，高齢化による社会保障支出の増加が挙げられる。よって韓国も，高齢化にともない社会保障支出が急増すれば，増税あるいは均衡財政の放棄を選択せざるを得ないかもしれない。

　高齢化の要因は出生率の急速な低下である。韓国では近代化とともに出生率が大幅に低下したが，出生抑制政策がこの速度を高めた。そして近年は，若年層を中心とした雇用の非正規化，教育費の負担といった要因により出生率が低迷している。2000年代に入り，政府は少子化対策を講ずるようになったが，出生率を大きく高めるには至っていない。

　しかし韓国では高齢化が進んでも，社会保障支出の増加がそれほど深刻なものとはならない。無論，高齢化は先進諸国が経験したことのないスピードで進むため，現在のような低水準の負担というわけにはいかない。しかし現在のOECD加盟国平均程度の負担を受け入れれば，財政の健全性を十分に保つことができる。ただし無条件で財政の健全性を保てるわけではなく，社会保障制度

183

を「低福祉」のまま維持することが前提となる。

本章の構成は以下の通りである。第1節では，今後は日本を上回るスピードで高齢化が進むことを確認したうえで，その要因である出生率の急速な低下が起こった要因につき検討する。さらに2006年および2011年に策定された「低出産・高齢社会基本計画」について紹介する。第2節では，韓国の財政状況が極めて健全である点，これは政府が均衡財政にこだわった結果である点を解説する。第3節では，高齢化にともない社会保障支出が増大することを示す。そして，このままでは健全財政を保つことができないが，現在のOECD加盟国平均程度の負担を許容すれば，健全財政を維持できる点を確認する。

第1節　高齢化と出生率低下

韓国では2020年頃を境に急速に高齢化が進むが，この背景には合計特殊出生率（以下「出生率」とする）の急速な低下がある。本節では，まず今後の高齢化の動き，またその背景となっている出生率の低下について論ずる。次に，急速に出生率が低下した理由について，①1990年代前半までの出生抑制政策が行われていた時期，②1996年に出生抑制政策が廃止されて以降の時期に分けて考察する。さらに，2004年および2009年に策定された少子化対策について紹介する。

1．高齢化と出生率の低下
◆ **韓国は日本以上に早いペースで高齢化が進む**

高齢化率が7％を超えると高齢化社会，14％を超えると高齢社会，20％を超えると超高齢社会と呼ばれる。韓国では2000年に高齢化率が7％を超え，高齢化社会の仲間入りをした。欧米諸国が高齢化社会となった時期は，フランス1864年，ドイツ1932年，アメリカ1942年と比較的早く，日本はそれよりは遅いとはいえ1970年には高齢化率が7％を超えた。つまり韓国における高齢化の歴

第4章　高齢化にともなう社会保障費増が財政に与える影響

(%)

図4-1　高齢化率

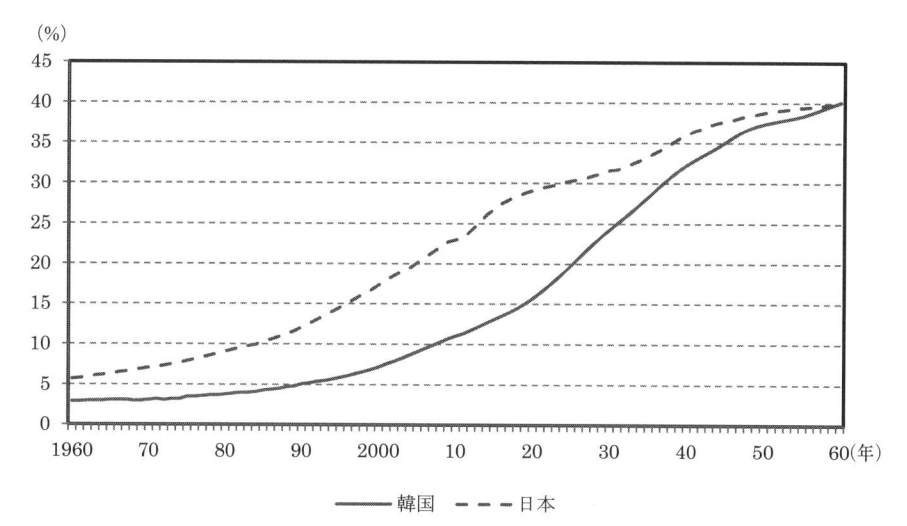

(注) 2010年までは実績推計値，2011年以降は推計値。

(出所) 統計庁データベース，総務省統計局データベース，国立社会保障・人口問題研究所データにより作成。

史は浅いといえる[1]。

　しかし韓国における高齢化のスピードは極めて速い。最新の推計によると，高齢化率が14%を超す時期は2017年，20%は2026年であり，高齢化社会から高齢社会までは17年，高齢社会から超高齢社会までは9年しかかからないと見通されている（図4-1）。日本は，高齢化社会から高齢社会になるまで24年，また高齢社会から超高齢社会まで11年かかっており，欧米諸国と比較すると速いテンポで高齢化が進んでいる。韓国では，その日本よりも速いペースで高齢化が進むことが見通されている。

1　大韓民国政府（2006）13ページによる。

第1節　年金保険制度の歴史

◆将来人口推計の前提は出生率が1.42

韓国では将来人口推計を統計庁が行っており，最新の推計は2011年に公表された2060年までのものである。本書で紹介した将来の高齢化率もこの推計結果を使っている。さて人口推計には様々な仮定が置かれるが，とくに重要なものは出生率である。

2011年に行われた将来人口推計の中位推計では，出生率が以下のように推移すると仮定されている。すなわち，出生率は2010年の1.23から，2020年に1.35，2030年に1.41，2045年には1.42と高まり，その後は2060年まで1.42が維持される。この他，高位推計と低位推計もなされているが，前者は2020年1.63，2030年1.76，2040年1.79と高まり，その後は1.79で維持される。そして後者は2020年1.01，2030年には1.00に低下し，2040年以降は1.01が維持される[2]。

ちなみに2006年推計における出生率の仮定では，2011年推計より低い数値を採用していた。中位推計では，2005年の1.08から徐々に回復し，2010年には1.15，2020年には1.20，2030年に1.28となり，それ以降は1.28のままで推移するとされていた[3]。さらに5年前の2001年推計では，2000年の1.47が，2010年には1.36に低下した後，2020年1.37，2035年1.40と再び上昇する仮定を置いていた[4]。

出生率の仮定は，2006年推計で弱気になった。これは2005年の出生率が1.08にまで低下したからである。しかし2010年には予想以上に出生率が回復し，2006年推計の高位推計の仮定である1.28に迫る数値となった。

なお2012年の出生率は1.30と，2011年推計の強気な仮定が現実のものとなる方向で推移している。しかしこのまま回復傾向が続いても，2060年の高齢化率は40.1％に達するなど，高齢化が進むことには変わりがなく，韓国経済はその影響を避けることができない。

2　統計庁「将来人口推計：2010年〜2060年」（報道資料：2011年12月7日）22ページによる。
3　統計庁（2006）29ページによる。
4　統計庁（2001）28ページによる。

第4章　高齢化にともなう社会保障費増が財政に与える影響

```
(歳)
100
 90
 80       ＜男性＞      ＜女性＞
 70                              ① 終戦直後の混乱期(43～46年生まれ)
 60                              ② 朝鮮戦争(50～53年生まれ)
 50                              ③ ベビーブーム(55～63年生まれ)
 40                              ④ ①の影響(64～67年生まれ)
                                 ⑤ ②の影響(76～78年生まれ)
 30                              ⑥ ③の影響
 20                              ⑦ ④の影響および強力な家族計画事
                                    業の影響
 10                              ⑧ 強力な家族計画事業廃止の影響
  0                              ⑨ 婚姻・出産遅延および忌避の影響
   60  40  20   0   20  40  60 (万人)
```

図4-2　人口ピラミッド（2013年）

(出所) 統計庁データベースにより作成。コメントは統計庁 (2006) 9ページによる。

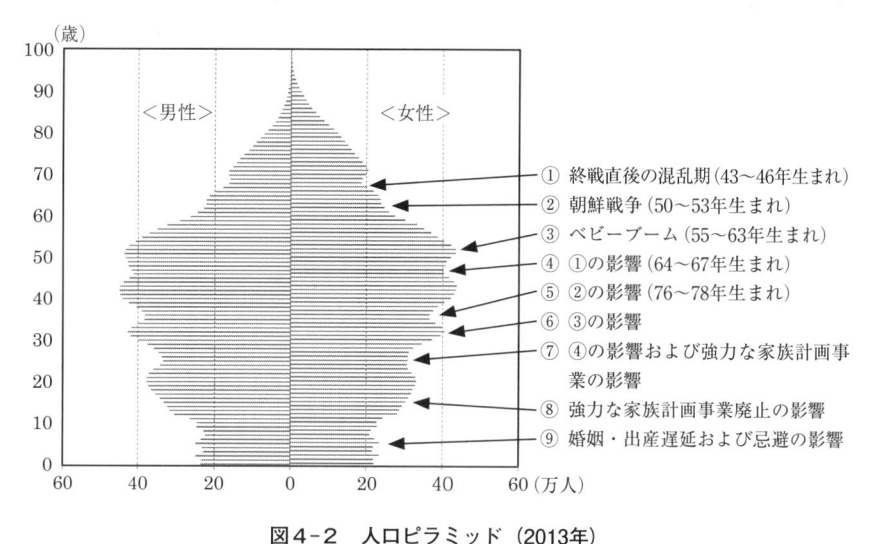

◆ 出生率は50年足らずで大きく低下

　韓国ではとくに2020年頃から急速に高齢化が進むが，この理由は朝鮮戦争後のベビーブーム[5]に生まれた人々が65歳に達するからである。そしてベビーブーム期と比較すれば低下が見られたものの，1970年頃までは高い出生率が維持された。ベビーブームの真只中である1960年における出生率は6.0であったが[6]，1970年でも4.53であり，日本の第1次ベビーブームの初年である1947年の4.54とほぼ同じといった高い水準にあった。その結果，この期間の出生数は多く，これは2013年における人口ピラミッドで，1950年代中盤から1970年代前半に生まれた58歳から43歳頃までの人数が多いことからも見てとれる（図4-2）。この世代が65歳になる年が，2020年から2035年であり，この間に高齢化率は，15.7%から28.4%に一気に上昇する。

---

[5]　韓国の第1次ベビーブームは朝鮮戦争が休戦となった翌年の1955年に始まり1963年まで続いた。
[6]　1960年の出生率は，イサムシク他（2005a）64ページによる。

第1節　年金保険制度の歴史

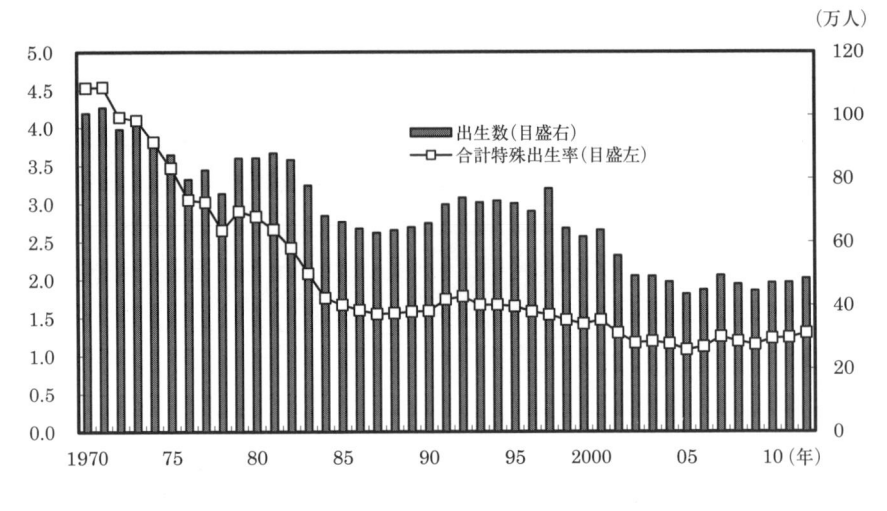

図4-3　合計特殊出生率

(出所) 統計庁データベースにより作成。

　もちろん1970年以降の出生率が高ければ，急速に高齢化が進むことはないのであるが，1970年代から1980年代に出生率は大きく下落し，1983年には人口置換水準である2.08となった。そしてその後も出生率は下落し続け，1987年に1.55となった後，いったんは下げ止まった。しかし，1992年から再び下落が始まり，通貨危機以降は下落のペースに拍車がかかった。そして2005年には，1.08と先進国の中でも最低水準となった。

　その後，出生率は若干回復したが，2012年でも1.30と，日本の1.41より低い水準である（図4-3）。そして1970年に生まれた子の数は100万7,000人であったが，2012年は48万4,000人と半減した。

◆ 1980年代中盤までは近代化にともなう出生率低下

　韓国における出生率低下の過程を2つの時期に分けて考えてみよう。第一の時期は，出生率がピークであった1960年から，人口置換水準を下回った1983年までの時期である。韓国で1960年から1983年までの出生率の低下は，欧米先進

国を始めとした近代化を成し遂げた国々で共通に見られたような，「多産多死」の段階から，「多産少死」を経て「少産少死」に至る，人口転換の過程において生じたものと考えられる。

　人口転換の全般的説明理論として，Notesteinの近代化仮説を挙げることができる。この近代化仮説について，阿藤（2000：34-35）は以下のように説明している。すなわち，前近代社会においては，医学・公衆衛生が発達していないことから平均的に死亡率が高く，家族や社会の存続を図るためには平均的に高い出生率が必要となる。しかし近代医学・公衆衛生の発達により乳幼児死亡率が低下してくると，出生数を減らしても家族・社会の存続は可能となる。さらに，都市化・工業化，義務教育制度の導入，児童労働の禁止などは，子育てコストを高め子どものベネフィットを少なくするため，出生抑制の動機が生まれ，それが「少産少子」につながっていく[7]。

　韓国においては，1960年代に「第1次経済開発五カ年計画」などを背景に近代化が始まったが，そのようななか，人口転換が始まり，その後，近代化が急速に進むとともに出生率が低下していったと考えられる。人口転換の局面では，子に対する需要が弱まることが指摘されているが，韓国でもこの現象を確認することができる。子に対する需要，すなわち，希望する子の数の推移を見ると，1960年に5.0人であったものが，1966年に3.9人，1974年2.8人，1982年2.5人と減少し続け，1984年に2.0人となった後にようやく下げ止まった[8]。

　韓国における，理想とする子の数と実際の出生率の差を見ると，1966年には，実際に出生する子どもの数が希望する子どもの数を上回っていたが，その後はその差が縮小していき，1984年には概ね一致するようになった。

---

[7] 阿藤（2000：34-35）は，近代化仮説も含む古典的人口転換理論について詳しく説明している。
[8] 15～44歳の女性が理想とする子の数である。数値はチョンガンヒ（2003）40ページ表1による。

第1節　年金保険制度の歴史

◆出生抑制政策が出生率低下のスピードを高めた

韓国では1961年から1995年まで出生抑制政策を行った[9]。1990年以降は政策の存廃について議論されていただけで、実質的な政策は行われていないが、1980年代までは具体的な出生抑制のための措置が講じられていた。出生抑制政策を行わなかったとしても出生率は低下したと考えられるが、そのスピードを高めたことは間違いない[10]。以下では韓国政府が行ってきた出生抑制政策について説明する。

政府は、1961年に家族計画事業を開始した。この背景としては人口増加率の高まりがあった。1910年までの韓国は多産多死の状況にあり、人口は停滞していた[11]。しかし、1910年以降は死亡率が低下し始め、1910～1915年には34‰であったものが、1940～1945年には23‰、1955～1960年には16‰となった[12]。

一方、粗出生率は、1910～1945年の間、38‰から42～45‰程度に上昇し、その後も、1945～1950年の42‰、1950～1955年の40‰と高い水準を維持した。この結果、人口の自然増加率は、1915年の0.40％から1960年には2.87％にまで高まった。これは発展途上地域における人口増加率がピークに達した1965～1970年の2.5％[13]よりも高い水準であった[14]。

家族計画事業が開始された前年である1960年における、韓国の1人当たりGNPは79ドルに過ぎず、これは当時でも最貧国に分類される水準であった。出生抑制政策は急激な人口増による生活水準の低下を避けるため、「第1次経済開発五カ年計画」にあわせて導入されたが、同時に経済発展のための戦略であったとも考えられる。高出生率がもたらす人口増加は、子を扶養するための

9　出生抑制政策にかかる説明は、イサムシク他（2005a）65-72ページによる。
10　統計庁「将来人口推計：2010～2060年」（報道資料：2011年12月7日）24ページでは、1980年代中盤の出生率減少は、強力な家族計画事業を実施した影響としている。
11　1910年以前の粗出生率は35-45‰、粗死亡率は30～35‰で安定していたと推定され、李氏朝鮮時代の500年間の人口増加率は年2‰と極めて緩やかであった（キムトゥソプ 2003：51）。
12　ただし朝鮮戦争を含む1950～1955年には粗死亡率は32‰に高まった。
13　阿藤（2000）20ページによる。
14　キムトゥソプ（2003）51-57ページによる。

資源需要を拡大し，経済開発に必要な資本形成を妨げる。よって，経済発展にはマイナスであり，国際社会で人口増加抑制プログラムへの支援が始まった[15]。韓国もこのような動きに沿う形で，出生抑制政策が講じられたと考えられる。

1961年に導入された家族計画事業は，避妊の普及を中心とした出生抑制政策であり，1960年に2.9％であった人口増加率を，1971年までに2.0％にまで引き下げることを最終的な目的としていた。1960年代においては，避妊手段へのアクセスを容易にする政策などが講じられた。

1970年代は1960年代の方向性が継承されつつも，いくつかの重要な施策が追加された。第一は1973年における人工妊娠中絶の実質的な合法化である。1970年代に入り，より強力な出生抑制策が模索されるなか，「母子保健法」が制定され，優生学的あるいは遺伝学的理由による妊娠中絶を許めた。「一般的には，中絶を合法化した国の出生力転換は非合法の国に比べると急速である」との指摘があり[16]，人工妊娠中絶の実質合法化が，1970年代以降の出生率低下に寄与したと考えられる。

第二は避妊に対するインセンティブ付与である。政府は世帯当たりの子の数を2人以下に抑えるとの意思を明確にしており，1978年には，子が2人以下の妻が避妊手術を受けた場合，その世帯に対し公共住宅の優先分譲権を付与することとした。

◆出生率が置換水準を切っても出生抑制政策を継続

そして1980年代はさらに強力な出生抑制政策が講じられた。1980年に策定された「第5次経済社会発展五カ年計画」では，1988年までに出生率を2.1にまで下げる目標を設定し，2.8であった出生率を下げるための強力な施策の実施を内閣に指示した。そして1981年には「人口増加抑制対策」が策定された[17]。

15　阿藤（2000）20ページによる。
16　同上，103ページによる。
17　対策に盛り込まれた具体的な施策は，イサムシク 他（2005a）519-520ページに列挙されている。

同対策では，出生抑制政策の内容がよりドラスティックになっている。

例えば，教育費補助金の非課税範囲を第2子までに制限，分娩費用の医療保険適用を2回までに制限といった，子の多い世帯に対してディスインセンティブを与える施策を講じた。また，避妊手術を受けた場合[18]，公的融資の優先配分，公共住宅の入居優先権の付与，0～5歳に対する1次医療機関における無料診療など，家族計画を受け入れるインセンティブを与える措置も講じた。さらに実施はされなかったが，子の数により住民税に差を設ける（子の数が多いほど高くなる），家族法上の婚姻最低年齢を引き上げるといった施策も盛り込まれていた。

この対策では，1988年までに出生率を2.1に引き下げるとの目標を設定した。さらに，政府は，1987～1991年を対象とした「第6次経済社会発展五カ年計画」を策定した際，1984年は2.05であった出生率を，1995年までに1.75まで引き下げる目標を設定した。このように政府は，出生率が人口置換水準を下回ってからも出生抑制政策を緩めなかった。

なお1.75との目標は，「第6次経済社会発展五カ年計画」の対象年の前には達成されてしまい，1987年には1.55にまで落ち込んだ。さすがに出生率がここまで落ち込んだので，政府は出生抑制政策を弱める方向に舵を切ったが，その後も政策は継続され，1996年になってようやく廃止された。

2．通貨危機以降の出生率低下

合計特殊出生率は，1987年の1.55を底に，1992年には1.78にまで回復した。しかし1993年からは再び下落に転じ，通貨危機後の1999年には1.42となり，2005年には1.08と最低値を記録した。1993年以降の出生率低下は，明らかに近代化にともなうものではなく，出生抑制政策も1996年には廃止されたので，政策を原因とするものでもない。そこで，以下では，とくに通貨危機以降の出生率低下についてその要因を検討する。

---

18 子が2人以下の世帯に限定されるものもある。

◆結婚行動と出産行動の両方の理由により出生率が低下

韓国では日本と同様，婚外子の比率が極めて小さい。よって韓国では，まず未婚状態から結婚状態に移行した後，その夫婦が家族形成を行うとのプロセスが踏まれることが通常である。前者は結婚行動，後者は出産行動と呼ばれるが，出生率はこの2つの行動の変化によって影響を受ける。

では韓国における出生率の下落は，結婚行動と出生行動のどちらに影響を受けたのだろうか。この問いに対する答えは金勝権（2003）の研究から得ることができる。金勝権は，1959～1999年の40年を10年ごとに分け，それぞれの期間における出生率の低下幅について，結婚行動の変化ならびに出生行動がどの程度寄与したか明らかにした[19]。

まず1959～1969年，1969～1979年における出生率の低下は，それぞれ90%，85%が出産行動の変化によるものであった。しかし，1979～1989年には出産行動の変化の影響が61%にまで落ち，1989～1999年にはマイナス95%と逆に出生率を引き上げる方向に効いていた。

ただし通貨危機後の1999～2004年には，出産行動の変化の影響が49%，結婚行動の変化の影響が51%と拮抗した[20]。よって，通貨危機以降の出生率の低下は，結婚行動の変化と出産行動の両方の影響が均等に寄与したということができる。

◆経済力が結婚の阻害要因

まず結婚行動から見ていこう。これに関連する統計として平均初婚年齢があるが，韓国では統計を入手できる1970年代から30年余り一貫して晩婚化が進んでいる。韓国における女性の平均初婚年齢をみると，1972年には22.6歳であったが，1981年には23.2歳，1990年24.8歳，2000年26.8歳，2012年には29.4歳とな

---

19 金勝権（2003）12ページ第4表による。
20 金勝権（2003）による1999年までの分析結果は，イサムシク 他（2005a）227ページの11-8表により延長されている。

第1節　年金保険制度の歴史

るなど，加速しながら高まっている[21]。

　とくに通貨危機が発生した1997年から2012年までの15年間で3.7歳も上昇するなど，通貨危機後に晩婚傾向に拍車がかかっている。また男性の平均初婚年齢も，1972年は26.7歳であったが，2012年には32.1歳にまで高まっており，女性と同様に通貨危機以降に晩婚化傾向が強まった。

　韓国保健社会研究院が，最も出生率が低下した2005年に実施した「2005年全国結婚および出産動向調査」によれば，25～34歳の未婚男性の28.1%が「絶対結婚しなければならない」，42.3%が「結婚した方がよい」と回答した[22]。そして「結婚しない方がよい」と回答した者は2.5%にとどまった。また25～34歳の未婚女性については，「絶対結婚しなければならない」あるいは「結婚した方がよい」と回答した者が44.4%であった。男性よりは結婚に肯定的な意見をもつ者の比率が低いが，「結婚しない方がよい」と回答した者は4.2%と少ない。つまり未婚の男女で結婚に否定的な考えをもつ者は少数である。

　同調査は，未婚者に対して結婚していない理由を尋ねている。その結果，25～34歳の男性の31.0%が「所得不足」あるいは「失業・雇用不安定」，20.1%が「結婚費用負担」，15.5%が「適当な人に出会えない」と回答した。一方女性は，29.2%が「適当な人に出会えない」と回答している。また20～44歳の未婚女性に配偶者の最も重要な条件を尋ねたところ，30.8%が「経済力」と回答した[23]。

　この結果を勘案すると，男性については雇用や所得が不安定であること，女性については，経済力のある男性にめぐり合わないことが結婚を先延ばししている原因といえる。そしてこの背景には，若年者を中心とした労働の非正規化があると考えられる。一般的に非正規職は雇用が不安定で所得が低い。よって非正規職は正規職に比べて結婚を先延ばしする傾向にあると推測できる。

21　1972年の数値はキムテホン（2005）18ページ表2による。なお1981年以降の数値は統計庁資料による。
22　25～29歳，30～35歳の数値の単純平均値である。以下の25～34歳の数字も同様である。
23　イサムシク他（2005b）122ページ表4-1，123ページ表4-2，149ページ表4-18，179ページ表4-35，180ページ表4-36による。

「経済活動人口調査」の個票データより，2011年10月時点における，男性の常用職と臨時職・日雇い[24]の未婚率を見ると，常用職の未婚率は25〜29歳では70.2%であるが，30〜34歳では30.8%と急減し，35〜39歳には10.0%となる。一方，臨時職・日雇いについては，25〜29歳で83.1%，30〜34歳で49.1%であり，35〜39歳でも25.1%と4人に1人は未婚であるなど，正規職と比べて未婚率が高くなっている。つまり非正規職は結婚を先延ばしする傾向にあることがデータからも裏づけられている。

そして近年は，大卒でも非正規職として就職する人が多い状態が生じている。「経済活動人口調査青年層付加調査」の個票データを利用して四年制大学の卒業者の就職先の雇用形態を見ると，2001年から2008年の間でも非正規職としての就職率が3割を超えている。とくにリーマン・ショック以降である，2009年以降の卒業生は4割以上が非正規職[25]として就職している[26]。

このように，近年は若年層を中心に非正規職が増加しているが，これによって，男性は所得不足あるいは雇用が不安定となり，女性は経済力のある男性に出会えなくなり，これが晩婚化の要因になっていると考えられる。

◆教育費負担が出産の阻害要因

次に出産行動である「2005年全国結婚および出産動向調査」から，15〜44歳の有配偶女性について，希望する子の数を見てみよう。希望する子の数は，1985年には2.0人であったが，1991年には2.1人，2000年には2.2人，2005年には2.3人と，少しずつではあるが増加している。他方，実際の子の数は2005年で

---

24 常用職は正規職，臨時職・日雇いは非正規職と言い換えることは厳密にはできないが，実際はそれぞれ重なっている部分が大きく，常用職と臨時職・日雇いの違いを見ることで，正規職と非正規職の違いを類推することが可能である。
25 ここでの非正規の定義は，政府の公式統計である「経済活動人口調査勤労形態別付加調査」の定義とは若干異なる。すなわち，(1)有期契約雇用者，(2)無期契約雇用者であるが継続的な勤務が期待できない雇用者，(3)パートを非正規職としている。政府の定義との違いは，派遣や請負など非典型雇用者を非正規職から除外する可能性がある点，自己都合で継続勤務できない無期契約雇用者を非正規職に含めてしまう点などである。
26 高安（2012）286-287ページによる。

第1節　年金保険制度の歴史

1.77人と，希望する数より0.53人ほど少ない状態である。

次に出産を先に延ばしている理由を見ると，43.9%が「教育費の負担」を挙げており，「不安定な所得や雇用」が25.4%とこれに続く[27]。また，2005年に日本の内閣府が実施した「少子化社会に関する国際意識調査」では，希望の子の数より実際の子の数が少なく，かつ今よりも子を増やさないと回答した人に対してその理由を尋ねている。その結果，韓国では「子育てや教育にお金がかかりすぎるから」と回答した人の割合が68.2%に達し，欧米諸国はもとより，日本の56.3%よりも高かった[28]。

実際に韓国では実際に教育費負担が大きい。6～19歳の子が1人いる世帯に限定して[29]可処分所得に占める教育費の割合を見ると，ここ20年間で負担が倍以上に増え，2009年は14.3%となった。そして教育費の中でも，塾など補習教育のための費用は可処分所得の7.9%を占めており，これも一貫して高まっている。さらに子が複数いる世帯の教育費比率を見ると，2009年には子が2人で17.7%，子が3人で20.0%である。

韓国では補習教育により教育費がかさんでいると考えられるが，小・中高校生の塾通いの費用について，「私教育費調査」の2009年におけるデータから見ていこう。この調査で把握される補習教育には，塾だけでなく習い事が含まれているが，ここでは一般教科を学ぶための補習教育に限定する。1人当たりの補習教育費を円に換算すると，小学生は17万円，中学生は23万4,000円，高校生は17万8,000円となる[30]。

これに対応する日本の数値は文部科学省が行った「子供の学習費調査」から

---

[27] イサムシク 他（2005b）255ページ表11-27，261ページ表11-34による。
[28] 内閣府「少子化社会に関する国際意識調査」の概要版12ページによる。
[29] 通常は集計データで比較することが多いが，集計データでは高齢者世帯など子育てとは直接関係ない世帯，子がいない世帯が含まれるため，教育費の負担が過小に算出される。また子がいる世帯も，その数によって負担に違いが見られる。そこで同じ条件での比較を行うため，子が1人いる世帯に限定した。
[30] 「私教育費調査」の数値は特別集計による。ちなみに本書では購買力平価によりウォンを円に換算しているが，この数値は高安（2012：267）から引用した市場為替レートにより換算したものである。よって購買力平価で換算した場合はさらに数値が高まる。

把握できる。韓国の補習教育費には,「家庭教師費など」と「学習塾費」の合計が対応するが,2008年では小学生が6万6,000円,中学生が21万7,000円,高校生が9万2,000円である[31]。このように,中学生は日韓でほぼ同額であるが,韓国では小学生と高校生の1人当たりの補習教育費がかなり高いことがわかる[32]。韓国では教育費の負担が大きいが,これが理想とする子の数が2人であっても,1人であきらめてしまう理由のひとつと考えられる

3．第1次低出産・高齢社会基本計画

「低出産[33]・高齢社会基本法」では,「保健福祉部長官は,関係中央行政機関の長と協議して,5年ごとに基本計画案を作成して,低出産・高齢社会委員会および閣僚会議の審議を経た後,大統領の承認を得て,これを確定する」と規定されている。そして基本計画には,①政策の基本目標と推進方向,②期間別の重要推進課題と推進方法,③必要な財源の規模と調達方法などを盛り込むことが定められている。これにもとづいて2006年に「第1次低出産・高齢社会基本計画」が策定された。以下ではその概要について解説する。

◆2004年になってようやく積極的な少子化対策

1990年代に入り出生率が人口置換水準より大きく低下する状態が続き,ようやく政府内でも出生抑制政策を続けるべきか否か議論が起こり始めた。具体的には,1995年に保健福祉部に審議会が設けられ,そこで出生抑制政策の今後について分析・検討が行われた。そして1年間の検討の末,このまま低い出生率が続けば,労働力人口の減少,社会保障支出の増大などの悪影響が生じること

---

[31] 日本の数値は公立校のものである。後述するように韓国の小・中学校は標準化されており,最寄りの学校に通う。つまり日本の公立校と同じと考えられる。よって韓国とは公立校の数字で比較することが妥当である。
[32] 高安(2012)265-267ページによる。
[33] 韓国では「少子化社会」のことを「低出産社会」と呼んでいる。本書では原則として「少子化」との用語を使っているが,計画の名称など固有名詞として使われている場合は,「低出産」を使っている。

から，出生抑制政策を廃止して，新たに人口増加に転じることが必要との結論が出された。そして政府はこれを受け，1996年に30年以上続いた出生抑制政策を廃止するとともに，出生率を回復させるための施策を講じることとした[34]。

ただし政府はすぐに積極的な少子化対策を行ったわけではなく，2004年に大統領諮問高齢化および未来社会委員会が設置され，ようやく政府全体として取り組む体制ができた。さらに2005年には「低出産・高齢社会基本法」が制定され，これにもとづき，2006年に「第1次低出産・高齢社会基本計画」を策定した。

◆ **子育て中の世帯に対する支援**

具体的な施策としては，①子育て中の世帯に対する支援，②仕事と子育て両立支援策が重要である。

まず子育て中の世帯に対する支援であるが，主たるものとして，(a)金銭的支援，(b)国民年金の年金クレジット制導入，(c)その他インセンティブ導入を挙げることができる。第一の金銭的支援は，既存の支援制度に設けられている所得制限を緩和することで，カバーされる対象を拡大することである。具体的には，満0〜4歳児をもつ世帯に対する保育・教育支援は，支援対象が，所得が平均値[35]の70%以下の世帯に制限されていたが，2009年までに130%以下の世帯にまで段階的に拡大することが盛り込まれた。これにより対象となる子の比率は50%から80%に高まる。

次に，満5歳児に対する無償保育および教育費支援であるが，これも対象の拡大が計画された。前者の支援対象は，所得が平均値の90%以下の世帯，また後者は100%以下の世帯に制限されていたが，2009年までに，所得が平均値の130%以下の世帯にまで段階的に拡大することが盛り込まれた。

第二の国民年金の出産クレジット制は，第1章で解説したように，子が生ま

---

34 イサムシク 他（2005a）69ページによる。
35 都市地域に居住する被用者世帯の平均値である。以下も同様である。

れるごとに一定の期間を年金加入年数に加える制度である。2008年に生まれる子から，2人以上の子を出産した場合，国民年金の加入期間を追加認定することとした。この制度の導入により，平均所得を得る者（月額159万ウォン：26万1,100円）は，子が2人の場合は年24万ウォン（3万9,411円），子が3人の場合は60万ウォン（9万8,528円）程度，年金受取額が上昇し，77歳まで生存する場合は，それぞれ360万ウォン（59万円），900万ウォン（148万円）程度，年金を多く受け取れると試算されている[36]。

第三のその他インセンティブ付与は，子が3人以上の無住宅世帯に対して，公共住宅の分譲権を優先的に与える制度，子の数が多いほど国公立保育園の入所順位を上方に位置づける制度の導入である。これは，1980年代に導入された，子が少ない世帯に対するインセンティブを，子が多い世帯に置き換えたと考えると理解しやすい[37]。

◆仕事と子育て両立支援策

次の仕事と子育て両立支援策については，主なものとして，①保育インフラ拡充，②産前・産後休暇や育児休暇取得の活性化，③職場復帰支援を挙げることができる。

第一の保育インフラ拡充については，(a)国公立保育所の新設，(b)職場保育施設設置義務対象の拡大，(c)民間保育施設に対する補助金拡大，(d)保育園の夜間対応教師増員に対する支援などを挙げることができる。

第二の産前・産後休暇や育児休暇取得の活性化については，まず産前・産後休暇については，企業が60日分を負担していたが，この負担をなくすこととした。そして，雇用保険が，元々負担していた30日分と合わせた90日分を負担することとなり，2006年より中小企業が先立って対象とされることとなった。これにより，企業が負担軽減のため休暇を所得させないとの行動が少なくなるこ

---

[36] イサムシク 他（2005a）444ページによる。円への換算は，イサムシク 他（2005a）が数値を算出した2005年の購買力平価で行った。
[37] 大韓民国政府（2006）52-60ページによる。

第1節　年金保険制度の歴史

とが期待されている。また育児休暇については，出産後1年未満との制限が，3年未満に緩和され，支給額も40万ウォン（6万4,461円）から，2007年には50万ウォン（8万577円）に引き上げられることが盛り込まれた[38]。

第三の職場復帰支援については，出産女性再就職奨励金の導入が盛り込まれた。具体的には出産や育児により仕事を中断した女性を新規に雇用した事業主に，奨励金を支払うこととなった[39]。

◆ 少子化対策に5年で約19兆ウォン投入

「第1次低出産・高齢社会基本計画」の投資規模は，2006年から2010年までの5年間で32兆ウォン（4兆8,000億円[40]）である。このうち少子化対策である「出産と育児に有利な環境創出」に18兆9,000億ウォン（2兆8,000億円），「高齢社会における生活の質向上基盤の構築」は7兆2,000億ウォン（1兆1,000億円），「少子・高齢社会の成長エンジン確保」は6兆ウォン（9,000億円）が充てられることとされた。

財源については，国費が11兆2千億ウォン（1兆7,000億円），地方費が13兆ウォン（1兆9,000億円），基金が7兆8,000億ウォン（1兆2,000億円）である。ただし，財源の調達方法については，「歳出構造改革，課税基盤拡充を通じて優先的に財源確保」と抽象的に記述されている[41]。韓国では財源調達方法として，しばしばこの表現が使われる。とくに公約レベルでは最終的に財源が調達できず，政策の実現に至らないこともある。

しかしながら「第1次低出産・高齢社会基本計画」については，2006年から2010年の財政投入額が42兆2,000億ウォン（6兆3,000億円）となり，計画を上回る規模となった。そして少子化対策である「出産と育児に有利な環境創出」に

38　円への換算は，「第1次低出産・高齢社会基本計画」の策定時である2006年の購買力平価で行った。
39　大韓民国政府（2006）66-84ページによる。
40　円への換算は，「第1次低出産・高齢社会基本計画」の計画期間である2006～2010年の購買力平価の平均値で行った。
41　大韓民国政府（2006）228-229ページによる。

ついては，19兆7,000億ウォン（2兆9,000億円）が投入された[42]。

4．第2次低出産・高齢社会基本計画

「第1次低出産・高齢社会基本計画」の最終年は2010年であり，「低出産・高齢社会基本法」にもとづき，政府は2011年に「第2次低出産・高齢社会基本計画」を策定した。基本方向は「第1次低出産・高齢社会基本計画」と変わっていないが，いくつか目新しい政策が盛り込まれている。

◆育児休暇中の所得保障を強化

育児休暇の制度は，2001年の「男女雇用平等法」により，①育児休暇制度の導入を義務づけること，②育児休暇後の復職を保障すること，③雇用保険から育児休暇給与を支給することが規定されるなど，整備されている。

しかし育児休暇給与は2006年まで40万ウォンと決して多くはなかった。「第1次低出産・高齢社会基本計画」にもとづいて，2007年にはこれが50万ウォンに引き上げられたが，これも決して十分な水準とはいえない。実際，2011年においても育児休暇の取得率は53%であるが，政府はこの理由のひとつとして，育児休暇給与の水準の低さを挙げている。

そこで「第2次低出産・高齢社会基本計画」では，従来の定額制から定率制に改め，育児休暇に入る前の賃金の40%を支給[43]することとした。ただし職場復帰のインセンティブを高めるため，育児休暇給与のうち15%は，職場復帰後に支給する方式とする[44]。そして政策効果により，2015年には育児休暇の取得率が65%に上昇することを見込んでいる[45]。

---

[42] 大韓民国政府（2011）17-18ページによる。
[43] ただし上限額を100万ウォン（12万7,841円），下限額を50万ウォン（6万3,921円）に設定した。
[44] 賃金の40%が50万ウォン以下になる場合は，下限額である50万ウォンが支給される。
[45] 大韓民国政府（2011）36-37ページによる。

第1節　年金保険制度の歴史

◆ 保育・教育費支援を拡充

　保健福祉部が行った「2009年度全国保育実態調査」の結果によれば，乳幼児がいる世帯は，育児費用が所得の14.1%を占めており，育児費用を負担と感じる世帯は64.2%に達している。そこで政府は，乳幼児をもつ世帯においては育児費用が負担となっているとの認識のもと，その負担の軽減を計画に盛り込んだ。

　具体的な政策のひとつは，保育・教育費の全額支援対象の拡大である。2010年には所得が下位50%以下の世帯に対して，満０～５歳児に対する保育・教育費を全額支援してきた。これを2011年から下位70%以下の世帯まで対象を拡大することとした。

　また保育施設を使わない場合，従来は０～１歳児に月額10万ウォン（１万3,062円）[46]を支払っていたが，これを０～２歳児に対象を拡大し，金額も０歳児は20万ウォン（２万6,124円），１歳児は15万ウォン（１万9,593円）に引き上げた（２歳児は従来の水準である10万ウォン）[47]。

◆ 少子化対策に５年で約40兆ウォン投入

　「第２次低出産・高齢社会基本計画」の投資規模は，2011年から2015年までの５年間で75兆8,000億ウォン（９兆8,000億円[48]）である。このうち少子化対策である「出産と育児に有利な環境創出」に39兆7,000億ウォン（５兆1,000億円），「高齢者の生活の質向上基盤の構築」は28兆3,000億ウォン（３兆7,000億円），「成長エンジン確保」は７兆8,000億ウォン（１兆円）が充てられる。

　財源については，「第１次低出産・高齢社会基本計画」のように国費，地方費，基金が分担する金額が示されていない。そして，①実効性の低い事業など

46　円への換算は，「第２次低出産・高齢社会基本計画」の策定時である2011年の購買力平価で行った。
47　大韓民国政府（2011）59-61ページによる。
48　円への換算は，「第２次低出産・高齢社会基本計画」の計画期間である2011～2015年の購買力平価の平均値で行うべきである。しかし，2012年以降の数値が得られないため，2011年と2012年の購買力平価を平均した数値を使用した。

の廃止，既存事業の効率化による歳出削減，②自営業者に対する所得捕捉率を引き上げることによる税収増で財源を確保するとしている。

第2節　国の財政状況

　韓国の財政状況は健全であるが，その背景には政府による均衡財政へのこだわりがある。本節では，まず韓国の国家財政の現状について，国家債務および財政収支から確認する。そして政府が均衡財政を実現するために行っている様々な方策について説明する。

1．国家債務の状況
◆**国家債務の対GDP比は34.8％**

　韓国の財政は健全の一言につきる。国家債務は2012年で443兆ウォン（57兆円）でありGDP比は34.8％である（図4-4）。1999年の国家債務の対GDP比は18.0％であったので，確かに最近は増加傾向にあることは否めないが，いまだにOECD諸国の中でも最も低い水準の国のひとつである。なお国家債務の443兆ウォン，対GDP比である34.8％には地方の債務も含まれている。

　一方，日本における，2012年度末の国および地方の長期債務残高を見ると，932兆円で対GDP比率は196％である。つまり財政の状況を債務残高で比較すれば，韓国は日本とは比較できないほど健全であるといえる。

　さらに韓国の国家債務を見る際には，国家債務の50.4％に相当する223兆ウォン（29兆円）が，融資資金などの対応資産がある金融性債務であることを忘れてはならない。金融性債務としては大きく2つが挙げられる。ひとつは外国為替市場の安定のための債務（主に外貨平準債），もうひとつは低所得者の住居安定のための債務（主に国民住宅債）である。

　外貨平準債は，為替介入に必要な資金を調達する目的で発行され，ウォン高を是正する（ウォン安を誘導する）ための介入の際にはウォン建ての債券を発行し，逆の場合はドル建ての債券を発行する。なお大半はウォン建ての債券が

第 2 節　国の財政状況

図 4-4　国家負債の対GDP比

（出所）企画財政部資料により作成。

発行されてきたが，ドル建ての債券が発行されたこともある。ウォン建ての債券を発行した場合，調達資金でドルを購入するが，これは外貨準備の政府所有分となる。よって債券に相当する額のドルが存在する。

　また国民住宅債は国民住宅基金の財源調達のため発行されている。国民住宅基金は，主に住宅供給者と住宅需要者に対する貸付を行っており，供給者に対しては，一定規模以下の低所得者向け賃貸住宅を建設する者に資金を低利で貸し出している。また需要者に対しては，低所得で住宅をもたない者が一定規模以下の住宅を購入する場合に，住宅取得価格の一定比率に相当する金額を低利で貸し出すなどしている。よって国民住宅債の裏には，低所得者向けの賃貸住宅を供給した者，住宅を購入した低所得者などに対する債権がある。

　つまり韓国の場合，半分以上の国家債務には，外貨や一定期間過ぎれば返還される債権など，確実に返済資金となるものが連動している[49]。よってGDPの

49　ただし為替評価損，貸し倒れの発生があり得るので，厳密には「確実」とは言い切れない。

34.8%に相当する債務といっても、実質的な国家債務はGDPの17.3%に過ぎない。

2. 均衡財政
◆ 均衡財政にこだわる政府

さて韓国の財政が健全な理由としては、政府が均衡財政にこだわり、実際にこれを実現してきたことを挙げることができる。韓国では統合財政収支、すなわち、一般会計、特別会計、基金の収支を合計し、会計間の内部取引を除外した収支を財政運営上の目標としてきた。現在、統合財政収支は黒字基調で推移しているが、昔はそうではなかった。

1970年代から1980年代初頭までは、政府は経済成長を優先し、財政には注意を払わなかったので持続的に赤字の状態であった。しかし1980年代初頭からは物価上昇を抑制して経常収支赤字を解消するために、安定的な財政運営がなされるようになり、それ以降は統合財政収支が均衡しつつ推移している（図4-5）[50]。

1980年代初頭に財政運営の基調が変化した背景について、当時はインフレ、国際収支の悪化、外債負担といった経済における難題を抱えており、節制された財政政策基調を維持することは安定化のための最も重要な前提条件であったとの指摘がある。また、純粋なマクロ経済的次元からだけでなく、安定化政策の効果を極大化するためには国民の協調が必要であり、そのためには政府が率先垂範して財政赤字を縮小させ、政府の政策に対する信頼性を確立することが必要であったからという理由が挙げられている[51]。このような背景から、政府は均衡財政のルールにしたがうようになったと考えられる。

具体的には統合財政収支が赤字に陥った場合には、その翌年から均衡が達成されるまで、政府は一般会計の歳出を緊縮基調とする。例を挙げると、1998年には通貨危機後の景気後退のため大幅な税収減となったことなどから、統合財政収支がGDP比で3.7%と大きな赤字を記録した。政府はこれを受けて、翌年

50　大韓民国政府（2004）7ページによる。
51　司空壹（1994）70-75ページ。

第2節　国の財政状況

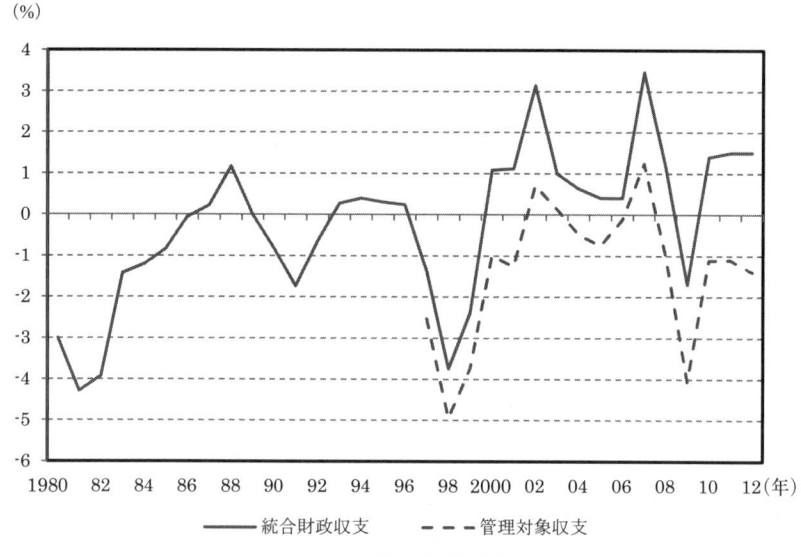

図4-5　統合財政収支の対GDP比

（出所）企画財政部資料により作成。

の1999年には「中期財政運営計画」を策定し，2006年の均衡回復を目標とした。そして一般会計の歳出を名目経済成長率より2％程度低くすると明記して，実際にこれを徹底した。

2001年は景気が後退していたにもかかわらず，歳出増加額を名目成長見通しの8～9％より2％以上低い6.1％に抑えた。そしてこのような財政健全化に向けた努力の結果，統合財政収支の黒字は目標年より早い2000年に達成され，その後も順調に黒字が続いた。

なお最近は管理対象収支が目標とされている。統合財政収支を構成する会計などの中で国民年金基金は大きな黒字となっており，統合財政収支の黒字達成に大きく寄与している。これは1988年から国民年金が導入されたため，まだ本格的な年金支給は始まっておらず，保険料収入が年金支払いを上回っているからである。しかしこの状態は長続きせず，本格的な年金の支払いが始まれば，統合財政収支の足を引っ張ることは確実といえる。そこで統合財政収支から，

年金基金を始めとした社会保障基金の黒字を除いた数値を管理対象収支と呼び，これを目標とするようになった。

2004年から，向こう5年間の財政運営方針を示す「国家財政運営計画」が毎年策定されることとなったが，そこでは管理対象収支の均衡あるいは赤字縮小が目標に掲げられている。なお管理対象収支は前掲の図4-5のように赤字基調で推移しており，「2010～2015年国家財政運用計画」では，2014年における均衡が目標とされている。

◆日本で財政が悪化した要因のひとつは高齢化

韓国では政府は均衡財政にこだわり健全財政が維持されているが，急速に進む高齢化によって歳出が膨らむ可能性がある。日本でも20年ほど前は，韓国ほどではないが財政が比較的健全であった。1990年度は長らく続いた赤字国債の発行がゼロとなった年である。

財務省によると，1990年度から2013年度の間に公債残高が約571兆円増加した。そのうち歳出の増加による増加が312兆円，税収の減少による原因が147兆円であった。さらに歳出の増加の要因を見ると，社会保障関係費の増加が191兆円，地方交付税交付金などの増加が74兆円，景気浮揚を目的とした公共事業関係費の増加が58兆円である[52]。

1990年の日本の高齢化率は12.1%であり，国連の定義による「高齢化社会」ではあったが，「高齢社会」にはなっていなかった。一方，韓国における2013年の高齢化率は12.1%と，まさに日本の1990年と同じ値である。つまり高齢化率で見れば，日本で財政の状態が良かった1990年と，現在の韓国は概ね同じ状態にあるといえる。

日本の財政状態が悪化した理由のひとつとして，社会保障支出の増加を挙げることができるが，その背景には急速に進んだ高齢化がある。1990年に12.1%であった高齢化率は，2013年には25.1%に高まり，「高齢社会」どころか「超高

---

[52] 財務省「日本の財政関係資料」（2013年4月：ホームページ上の資料）14ページによる。

齢社会」となった。

　よって韓国でも高齢化が進めば，いくら政府が均衡財政にこだわったとしても，社会保障支出の増加により，現在のような健全財政を維持できない可能性がある。そこで第3節では，韓国の高齢化が財政に与える影響について検討する。

第3節　社会保障支出の増大が国家財政に与える影響

　高齢化が急速に進むことが避けられない以上，今後，社会保障支出が増加することは間違いない。日本では高齢化にともなう社会保障支出の増加が，財政状況が悪化した要因のひとつであるが，本節では，韓国でも日本と同じことが起こるのかにつき検討する。

　結論を先に示せば，「低福祉」を維持し，負担を許容可能な範囲で少し高めれば，財政の健全性を保つことができる。しかし「低福祉」は高齢者により成り立っているともいえ，先の大統領選挙では，「ささやかな幸福」を求めた高齢層の投票行動が結果を左右した。そこで朴槿恵（パククネ）大統領は，高齢者の「ささやかな幸福」を実現する宿題を負ったが，韓国の経済情勢を見れば，社会保障制度を，現在の「低福祉－低負担」から転換することは容易ではない。本節ではこの事情についても解説を加える。

　将来的な財政推計については，2012年に国会予算政策処が2060年までの数値を公表したもの，2011年に国家財政運営計画長期見通し分野作業班が2050年までの数値を公表したものの2つがある。以下では2つの財政推計から，韓国の将来における財政状態を見ていく。

◆**国会予算政策処の推計では2031年の国家債務はGDPの61.3%**

　推計結果を紹介する前に，国会予算政策処について説明する。国会予算政策処とは，国会事務処，国会図書館，立法調査処とともに，「国会法」を根拠として，国会に設置されている機関である。そして国会予算政策処は，国家の予

算決算・基金および財政運用と関連した事項に関して，研究分析・評価を行い，議院の活動を支援している。

まず国会予算政策処の推計を見よう。日本の2013年における高齢化率である25.1％に韓国が到達するのは2031年である。基準推計によれば，2031年における国家債務の対GDP比は61.3％である。よって日本のような状態にはならないが，2012年の34.8％よりは，26.5％ポイント高まる（図4-6）。

しかし問題はこれ以降である。この推計では2034年には国家債務が持続可能ではなくなる。持続が不可能とはどのような状態なのであろうか。まず公債費を除く歳出をまかなえないほど税収が少なくなり，その穴埋めのため公債を増発する状態が継続する。これを続けていくうちに，ついには償還できないほど公債残高が累積してしまう[53]。このようになれば，国家債務はもはや持続可能ではない。

国会予算政策処の推計では，韓国の国家債務は，2034年に持続可能ではなくなって以降も増え続け，2043年には国家債務がGDPの100％を超える。そして2060年には218.6％にまで高まる。

韓国の社会保障は「低福祉－低負担」であり，年金に公費が投入されていないなど，日本ほどは高齢化が財政に負担をかけない構造である。しかし，高齢化が財政に全く負担をかけないわけではない。例えば，基礎老齢年金の財源は全額公費であり，高齢化が進むほど支出が膨らむ。基礎老齢年金の支出額は，2012年の対GDP比が0.23％であるが，2060年には1.72％にまで高まる。基礎生活保障の支出も，高齢化とともに拡大し，2012年の対GDP比0.53％から2060年には0.80％となる。

社会保険についても，医療保険には公費が投入されており，保険料収入の20％と定められている。今後，高齢化により医療費が増大し，医療保険のための支出は，2012年の対GDP比0.41％から2060年には1.03％に高まる。国民健康

53　土居・中里（2004）68ページによる。なお国会予算政策処の分析では，国家債務の持続可能性をBohn'sテストなどで判断している。Bohn'sテストについては同67-68ページに詳細な説明がある。

第3節　社会保障費の増大が国家財政に与える影響

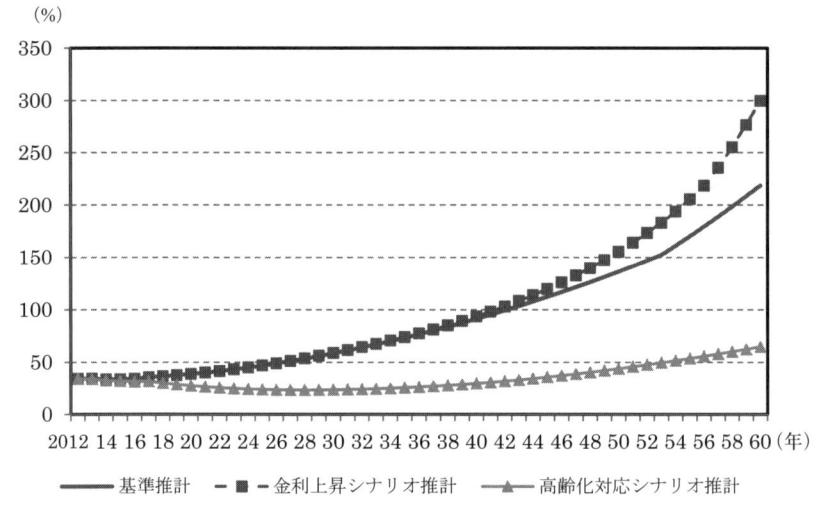

図4-6　各推計の国家債務対GDP比の推移

（出所）国会予算政策処（2012）133ページ，135ページ，139ページにより作成。

　保険財政が赤字にならないためには保険料率を高める必要があるが，これにより保険料収入が高まり，保険料収入の20%とされている公費投入も増加する。韓国における医療保険に対する公費投入の割合は，日本と比較して低いが，それでも財政にかかる負担は大きくなる。

　また国会予算政策処の推計は，公費が投入されていない年金も財政に負担を与えるとしている。国民年金は2053年までは現在と同様，公費が投入されない。しかし現状の負担と給付の構造では財源が枯渇してしまい，その時に，保険料率を大幅に引き上げるか，公費を投入するか選択を迫られる[54]。

　年金給付額は，2012年の対GDP比0.90%から，2060年には5.78%と大きく増加する。しかし現状では，国民年金の保険料率を高める計画はない。よって早い段階で年金給付額が保険料収入を上回るが，しばらくの間は積立金の取り崩しにより赤字が補填される。

---

[54] もちろん二者択一ではなく，二者を組み合わせる選択もある。

しかし2053年には積立金が尽きてしまい，保険料率を大幅に引き上げるか，公費を投入するか，何らかの方策を講じなければならなくなる。国会予算政策処の分析では，積立金が尽きた後，赤字額をすべて公費で補填することを仮定している。よってこの推計によれば，2053年以降は国民年金が財政に大きな負担をかけることとなる[55]。

◆マクロ経済変数の仮定

長期推計ではマクロ経済変数の仮定が重要であり，以下ではこの推計で置かれた仮定を見ていこう。

基準推計の仮定は以下のとおりである。まずマクロ経済指標においては，潜在成長率（実質値）が2016〜2020年の3.4%から，2026〜2030年は2.5%，2036〜2040年は2.1%，2046〜2050年は1.5%，2056〜2060年には0.9%と大きく下落する。この仮定については，今後，韓国経済が人口減少や急速な高齢化に直面することを勘案すれば妥当なものといえる。

出生率が1983年以降に人口置換水準を下回ってから久しいが，2031年には韓国は人口減少に転ずる。もちろん他の世代と比較して就業率が低い高齢者の比率が高齢化によって高まるため，労働力人口は，人口が減少する前から減少に転じる。そして減少に転じた後は，減少率の幅が年々大きくなる。実際に仮定では，労働投入の寄与が2026〜2030年にはマイナスに転じており，それ以降は経済成長の足を引っ張り続ける。

また高齢化は資本投入の寄与も引き下げる。資本投入の伸びは投資に左右される。資本蓄積は投資による増加部分から資本廃棄による減少を引いた分だけ変化するが，資本が資本蓄積の一定比率で廃棄されるとすると，投資が多いほど資本蓄積の増加率，すなわち資本投入の増加率が高まる。なお投資の趨勢は貯蓄率によって左右される。投資は国内の貯蓄か海外からの借入などでまかな

---

[55] 国会予算政策処（2012）41-55ページ，133ページ，金融研究院パクジョンギュ博士（分析当時は国会予算政策処経済分析室長）に対する聞き取り調査による。

第3節　社会保障費の増大が国家財政に与える影響

われるが，中・長期的には投資率と貯蓄率には強い相関があることが知られているなど（ホリオカ・フェルドシュタインのパズル），投資の源泉としては国内の貯蓄率が重要である。

さらに貯蓄率と高齢化率との間には負の相関関係があることが知られている。ライフサイクル仮説によれば人々は高齢期には貯蓄を取り崩すので，高齢化が進むとマクロで見た貯蓄率が低下する。以上は，「高齢化の進行→貯蓄率低下→投資率低下→資本投入の伸び率低下」といった流れに整理できる。つまり高齢化は資本投入の伸び率の低下をもたらす。労働投入とは異なり資本投入は，2056〜2060年においても潜在成長率に対してプラスに寄与するが，2016〜2020年の1.38%から，2056〜2060年には0.58%へと寄与が0.8%ポイント低下する。

また消費者物価指数については，現在の緩やかな低下趨勢が持続するとされ，2016〜2020年の2.6%から2051〜2060年には0.9%になると仮定された。さらに会社債（3年：AA-）金利も同様であり，2016〜2020年の4.6%から2051〜2060年には2.7%になるとされた[56]。

◆金利上昇シナリオでは2060年の国家債務は対GDP比で300%

基準推計の仮定では，2034年に国家債務が持続可能でなくなった後も，長期金利が上昇しない。しかし国家債務が持続不可能になった時点で国債金利が大幅に高まると仮定する方が自然である。基準推計の仮定では，長期金利の指標として会社債の金利の動きが示されている。韓国では健全財政が続いたため国債発行残高が小さく，国債市場に厚みがなかった。よって，伝統的に長期金利の指標として会社債の金利が使用されてきた。

国債の金利は会社債よりリスクが低いため金利の水準も低い。金利差は金融市場の環境によって異なるが，2003〜2012年の動きを見ると，2006年は0.34%と小さかったが，リーマン・ショック後の2009年は1.77%と大きくなった。国会予算政策処の報告書には，基準推計で仮定された国債金利の水準が数値で示

---

[56] 国会予算政策処（2012）22-40ページ，133ページによる。

されていないが，会社債金利と同様，2060年にかけて緩やかに低下すると仮定されている。

　国会予算政策処は，基準推計の他に，2034年に国家債務が持続可能ではなくなった後に，国債金利が大幅に上昇する仮定で推計を行っている（「金利上昇シナリオ推計」とする）。この仮定によれば，国債金利は2031年の3.6%から2034年に3.9%上昇した後，2050年には5.0%，2060年には6.9%となる。ちなみに2060年の名目経済成長率は1.54%であるので，名目成長率を長期金利が大きく上回る状態となる。

　この場合の政府債務の対GDP比は，2042年に100%を超え，2060年には299.8%にも達する。つまり，国家債務は基準推計の場合より80%ポイント以上高い水準となる（図4-6）[57]。

◆高齢化対応シナリオで2060年の国家債務は対GDP比で65%

　国会予算政策処は，現行の収入および支出構造では，国家債務の持続が不可能あると結論づけた。しかし一方で，高齢化に対応した財政構造改革を実行した場合の国家債務の動きを示している（「高齢化対応シナリオ推計」とする）。

　財政構造改革の方策のひとつは，国民年金の保険料率引き上げと支給年齢の引き上げである。現在のところ保険料率は9%で固定するとされているが，これを2025年までに12.9%に引き上げる。また2013年から2年ごとに支給年齢を1歳ずつ引き上げ，2025年までに67歳とする。この年金改革を行えば，2070年まで基金が枯渇することはなく，公費を投入する必要がなくなる。

　もうひとつの財政構造改革の方策は税収を増やすことである。具体的には，現在10%である付加価値税の税率を，2018年以降に12%に引き上げる。また税の減免措置を縮小する。現在における国税の減免比率は14.4%であるが，これを2018年までに段階的に9%に引き下げる。

　このような高齢化に対応した年金改革と税制改革を行えば，2060年において

---

[57] 国会予算政策処（2012）22-40ページ，135ページによる。

第3節　社会保障費の増大が国家財政に与える影響

も国家債務が持続可能となる。そして2060年の国家債務は，対GDP比で64.7%にとどまると推計されている（図4-6）[58]。

◆作業班の推計でも国家債務は2050年に138％

次に国家財政運営計画長期財政展望分野作業班（以下「作業班」とする）が公表した長期財政見通しを見る[59]。高齢化とともに国民年金や国民健康保険などの支出は急増するが，国はその影響の一部を受けるに過ぎない。ただし負担は確実に増加するので，税収を増やさなければ財政収支は悪化することになる。

作業班の推計によれば，租税負担率を2010年の19.7%で維持するならば，国家債務は対GDP比で33.5%から2050年には137.7%まで増加する。また保険料引上げにより国民負担率は，2010年の25.6%から29.3%に高まる[60]。

◆社会保険支出は2050年に対GDP比で18％

作業班の推計によれば，2010年にGDPの0.90%であった国民年金の支出は，2050年は5.31%と規模が拡大する。また国民健康保険の支出も2010年のGDP比で3.06%から，2050年には5.67%まで拡大する。さらに本書では取り扱わなかった日本の介護保険に相当する長期療養保険の支出も，2010年におけるGDPの0.21%から，2050年には1.32%にまで拡大する。上記の支出に，私学年金，公務員年金，軍人年金といった職域年金，基礎老齢年金を加えた社会保険支出は，2010年におけるGDPの6.0%から，2050年には17.8%となり，経済規模に対する割合が3倍になると予測されている。

しかしこれがすべて政府の負担になるわけではない。例えば国民年金は完全な保険料方式であり，支出が増加しても政府の負担が増すわけではない。

58　国会予算政策処（2012）63-75ページ，139ページによる。
59　国家財政運営計画長期財政見通し分野作業班「2011～2015年国家財政運営計画－長期財政見通し分野－」（公聴会資料：2011年6月22日）（以下「作業班資料」とする）で報告された見通しである。政府の公式的な見解ではないとしている。
60　「作業班資料」23ページによる。

第4章　高齢化にともなう社会保障費増が財政に与える影響

　作業班の見通しによれば，国民年金，職域年金，基礎老齢年金，国民健康保険，長期療養保険の支出は，2010年から2040年の間に対GDP比で11.8%ポイント増加する。しかし，国費の増加分は3.1%ポイント，地方費は0.8%ポイントであり，合わせて支出増加分の約3分の1を占めているに過ぎない。そして残りの7.9%ポイントについては，保険料引上げなどにより2.7%ポイント，基金の積立金の取り崩しにより5.2%ポイントがまかなわれる。国民年金については現在のところ基金に多額の積立金があるが，これを将来的に取り崩すことで支出増に対応する[61]。

◆国家債務をGDPの30%に抑えるための国民負担率は35%

　作業班の推計によれば，租税負担率を維持するならば，2050年における国家債務は対GDP比で2050年には137.7%まで高まる。この一方で作業班は，2050年における国家債務をGDPの一定比率に抑えるための必要な租税負担率を算出している。

　まず2050年における国家債務を60%に抑える場合であるが，このために必要な租税負担率は23.7%である。そして，この場合には国民負担率が33.2%となる。さらに国の債務を2010年の水準に近い30%に抑制するならば，租税負担率を25.2%に高める必要があり，この場合の国民負担率は34.8%となる[62]。

◆2つの長期財政推計から得られる示唆点

　国会予算政策処の「金利上昇シナリオ推計」によれば，2060年の国家債務は約300%となる。しかし年金保険料を4%程度高めた12.9%とするとともに，付加価値税の税率を2%引き上げた12%とするなど財政構造改革を行うならば，2060年の国家債務はGDPの65%にとどまる。

　日本の厚生年金の年金保険料率は，2004年の年金改革を受け，13.58%から

61　「作業班資料」19ページによる。
62　同上，23ページによる。

18.3％に引き上げる途上にある。韓国では年金保険料率を，日本の引き上げ前の水準より低い12.9％とするだけで高齢化が進んだ後も健全財政を保つことができる。日本の消費税率は，法律上では2015年8月に10％に引き上げられる。韓国では付加価値税の税率をこれより2％高い水準に引き上げる必要があるが，付加価値税を導入している国の中では，12％でも低水準といえよう。

　よって国会予算政策処の推計にもとづけば，韓国は高齢化が進んでも，それほど高い負担を受け入れずして健全財政を維持できるといえる。

　また作業班の推計によれば，国家債務を30％に抑えるための国民負担率は34.8％である。そしてこの数値は，2011年におけるOECD加盟国の平均値である33.8％[63]と概ね同水準であり，決して受け入れることのできないものではない。つまり高齢化が世界で類を見ない水準にまで高まっても，現在のOECD加盟国並みの国民負担率を受け入れれば，財政の健全性を保つことができる。

　高齢化がここまで進むなか，国家債務の水準を低く抑えることができ，かつ国民負担率もそれほど高まらない理由としては，韓国の社会保障が「低福祉」であることが大きい。つまり高齢化率が40％にも達するなかで，財政の健全性を保ち，国民負担率も過度に高まらないようにするためには，韓国は今後も「低福祉」を選択せざるを得ない。

第4節　社会保障の拡充と実現の困難さ

　「低福祉」で特徴づけられる社会保障によって，今後，急速に高齢化が進んでも健全財政を維持することができる。しかしこのような社会保障によって，高齢者は総じて厳しい生活を余儀なくされている。

　そのようななか，2012年の大統領選挙でパククネ候補が高齢者の支持を集めて当選した。パククネ大統領は，候補者であった時から，高齢者向けの社会保

---

[63] 統計庁ホームページ「e-国の指標」による数値である。元データはOECD "Revenue Statistics"（2011年版）である。

障の充実を公約としていた。そして当選後は公約の実現に向けて，政策の立案を図った。しかし政府によって提示された社会保障政策は，「低福祉」路線の変更からはほど遠い内容であった。さらに政策の一部は，財源の不確実性から縮小する方向で軌道修正されるなど，社会保障制度の拡充が容易ではないことが示された。

本節では，まずパククネ政権が目指した社会保障政策を解説したうえで，それが軌道修正された経緯を見る。そして韓国では社会保障の拡充が難しい理由について検討する。

1．パククネ大統領が目指した社会保障政策
◆高齢者に厳しい社会保障制度

「低福祉」の影響は高齢者層の所得や支出構造に顕れている。OECDのデータベースから得た数値によると，2011年における高齢世代（66〜75歳）の平均可処分所得は，現役世代（18〜65歳）の57.9％に過ぎない。データの制約上，年次は2009年と異なるが，日本が82.6％であることを勘案すれば，韓国では高齢世代と現役世代との格差が大きい。

保健福祉部と韓国保健社会研究院が合同で行った「2011年度老人実態調査」では，65歳以上の高齢者に年間所得と所得源を尋ねている[64]。その結果を見ると，先進国では大半を占めているはずの公的移転所得の割合が28.7％に過ぎない（図4-7）。さらにその内訳は，基礎老齢年金が15.8％，公的年金が9.1％となっている。一方で私的移転所得が24.1％であり，この多くは子からの仕送りと考えられる。また労働・事業所得が30.3％を占めている[65]。

韓国における高齢者所得の28.7％を占める公的移転所得について内訳を見ると，基礎老齢年金が15.8％と多くを占め，公的年金が9.1％と続く。そして基礎生活保障は1.4％に過ぎない。基礎老齢年金が多くを占めている理由は，1人当

---

[64] 調査では高齢者およびその配偶者の所得を尋ねている。
[65] 数値については，チョンギョンヒ他（2012）253ページ表Ⅱ-5-10，255ページ表Ⅱ-5-11の数値から筆者が計算した。

第4節　社会保障の拡充と実現の困難さ

たりに支給される金額は少ないが65歳以上の70%と，広く薄く支給されているためである。そして公的年金が占める比率が低い理由としては，国民年金がまだ成熟しておらず，受給率が低いうえに，受給者の中で完全老齢年金を受け取っている人が少ないことが挙げられる。

今後は国民年金の受給率が高まるとともに，40年間保険料を支払ってから年金を受け取る高齢者が増える。しかし，当初は70%であった所得代替率が40%にまで下げられるので，国民年金だけで豊かな生活を送ることは難しい。さらに18〜59歳のうち公的年金の保険料を支払っている者は，47.9%に過ぎない。よって，年金制度が成熟しても，高齢者の大半が公的年金を受給できるといった状態にはならないと考えられる。

また最低限の生活を維持するための最後のセーフティネットともいえる基礎生活保障は，扶養義務基準が厳しく，受給者になれないケースが少なくない。

最低生計費を貧困ラインとした絶対的貧困率を高齢者世帯について見てみよう。可処分所得基準でみた高齢世帯の絶対的貧困率は2011年で36.1%である[66]。可処分所得は所得再分配後の所得であり，基礎生活保障などの公的移転所得も反映されている。それにもかかわらず，最低生計費に可処分所得が満たない高齢世帯が3分の1を超えている。

もちろんこの数の中には，所得は少ないものの資産をもっている高齢世帯が存在する。しかしながら，扶養義務基準により基礎生活保障を受給できない高齢者は38万2,742人にのぼり，扶養義務基準により基礎生活保障を受給できない世帯の40.8%を高齢世帯が占めているとの研究がある[67]。よってセーフティネットで救われない貧困高齢世帯も少なくないと考えられる。

高齢者は所得の面で恵まれているとはいえないが，支出の面ではどうだろうか。高齢者の支出のうち医療費が占める割合は小さくない。「2011年度老人実

66　キムムンギル他（2012）86ページによる。
67　キムウナ他（2013）16ページによる（この論文は，ソンビョンドン他（2013）『国民基礎生活保障制度扶養義務者基準改正法案に関する研究』保健福祉部・平澤大学　産学協力団の数値を引用している）。

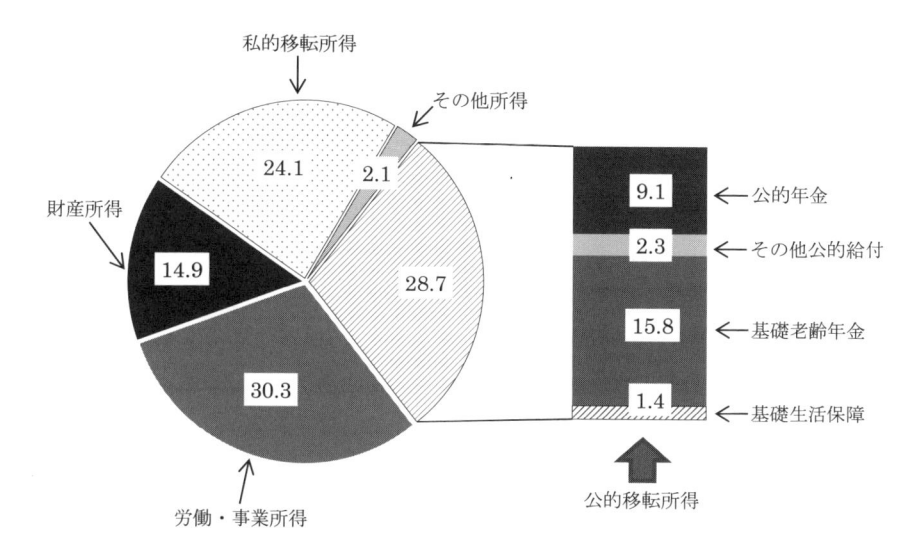

第4章　高齢化にともなう社会保障費増が財政に与える影響

私的移転所得　24.1
その他所得　2.1
財産所得　14.9
28.7
労働・事業所得　30.3
公的年金　9.1
その他公的給付　2.3
基礎老齢年金　15.8
基礎生活保障　1.4
公的移転所得

(注) 高齢者とその配偶者の所得である

図4-7　高齢者の所得源

(出所) 保健福祉部・韓国保健社会研究院 (2011) により作成。

態調査」の結果によれば，高齢者世帯の支出のうち，医療費が24.7%を占めている。食費が占める割合は12.0%であり，食費を大幅に上回る医療費が高齢者の家計に負担をかけている[68]。

このように医療費が消費支出に占める割合が高い理由は，高齢者の医療費が現役世代と比較して軽減されていないからと考えられる。つまり高齢者も，入院で20%，薬局で30%，外来は最低で30%の自己負担を支払う必要がある。医院については，65歳以上の者は，1万5,000ウォンを超過した場合は30%，それ以下の場合は1,500ウォンの定額負担とされているが，これをもって軽減されているとはいえない。

つまり韓国の高齢者は「低福祉」の影響を受け，低い所得の中で，出費がか

68　チョンギョンヒ 他 (2012) 236ページ表II-5-2の数値による。

第4節　社会保障の拡充と実現の困難さ

さむといった厳しい生活を余儀なくされているといえる。

◆ 選挙に対する高齢者の影響力が増加

　2012年に行われた韓国の大統領選挙では，高齢者および高齢者予備軍の投票行動が結果に大きな影響を与えた。まず投票率であるが，50歳代の投票率は89.9％，60歳以上は78.8％であり，平均の75.8％より高い水準である。

　次に年齢別の投票行動である。パククネ候補の相対得票率は50歳代で62.5％，60歳以上で72.3％と高かった。しかし，19歳および20歳代で33.7％，30歳代で33.1％，40歳代で44.1％と対立候補に大きく差をつけられた[69]。

　このように大統領選では，高齢者の投票行動が選挙に大きな影響を与えたが，高齢者の支持を受け当選したパククネ大統領は[70]，就任後にすぐに社会保障拡充策の検討を行った。そして，高齢者政策を重視した社会保障政策を取りまとめ，2013年3月に「国民幸福に向けたあつらえ福祉＜主要政策推進方向＞」を公表した。

　ひとつは国民幸福年金の導入である。これは65歳以上の高齢者すべてに[71]，一人当たり最大の20万ウォン（2万5,568円）を支給する施策であり，2014年7月からの施行を目指した。財源は全額が税である。

　もうひとつは高齢者に対する医療費支援強化である。具体的には，癌，脳血管疾患など，四大重症疾患に対する医療費の本人負担を軽減するため公費を投入することを検討した。この施策は高齢者に対象を絞っているわけではないが，高齢者は四大重症疾患の罹患率が高いため，高齢者の医療費支援との意味合いが強い[72]。

　ただし各政策の内容を見れば，「低福祉」路線からの転換とはいえない内容

69　浅羽（2013）80ページ表2-3による。
70　山口県立大学の浅羽祐樹准教授は，その著書で，パククネ大統領の勝因は高齢者の投票行動であると結論づけている。
71　職域年金の受給者とその配偶者は除く。

220

である。国民幸福年金については，最高でも月額20万ウォンの支給であり，高齢者の「ささやかな幸福」を実現するにも力不足であった。

◆ **高齢者支援策には財政支出増がともなう**

しかし「ささやかな幸福」を実現するには力不足の政策であっても，実施には財源が必要である。2013年5月31日，政府は「パククネ政権国政課題履行のための財政支援実践計画（公約家計簿）」を公表した。これによれば，2013年から2017年までの5年間に必要とされる費用は，国民幸福年金の導入が17兆ウォン（2兆2,000億円），四大重症疾患に対する医療費負担が2兆1,000億ウォン（3,000億円）である[73]。

なお公約家計簿では，高齢者に対する社会保障の充実のみならず，経済復興，高齢者以外も対象となる社会保障，文化育成，平和統一のための基盤構築など，パククネ大統領が掲げた公約実現に必要な費用が示されている。これら公約の実現に必要とされる費用は，5年間で134兆8,000億ウォン（17兆2,000億円）であるが，この財源として，税収増と公共投資などの歳出削減が掲げられている。

2．社会保障の拡充が難しい理由
◆ **負担を高めずして財源の捻出は難しい**

公約家計簿では，公約実現のための費用の財源として，税収増と歳出削減が示された。まず税収増についてであるが，これは税目の新設や税率の引き上げなど直接的な増税ではなく，税の減免措置の縮小，地下経済の陽性化が手段とされている。

先に示したように，現在における国税の減免比率は14.4%となっている。よ

---

72 保健福祉部「国民幸福に向けたあつらえ福祉＜主要政策推進方向＞」（2013年3月21日）24ページ，35ページによる。
73 資金の所要額については，企画財政部・関係部処合同「パククネ政府国政課題履行のための財政支援実践計画（公約家計簿）」（2013年5月31日）13-14ページによる。

って税の減免措置の縮小を行えば，税収増が期待できる。しかし地下経済の陽性化の効果は未知数である。地下経済の陽性化とは，零細事業主などの所得の捕足率を高めることである。韓国政府には地下経済の陽性化に成功した経験がある。

　韓国では2001年より，クレジットカードの使用額に応じて所得控除を受けることができるようにしたとともに，零細商店でもクレジットカードでの支払いに応じることを義務づけた。その結果，クレジットカードの使用が増え，資金の流れが透明化した。そして，法人所得の過少申告が減少し，税収増につながった。しかし今回も，これに匹敵するような所得捕捉策を講ずることができる保障はない。

　また緊縮財政を続けている韓国において歳出の削減も簡単ではない。したがって，社会保障を拡充するための財源を確保するためには，増税など国民負担の引き上げをせざるをえない。

◆ 国民幸福年金の軌道修正

　2013年9月25日に国民幸福年金にかかる政府の報道資料が公表された。報道資料によれば，政府は，生活が苦しい高齢者の心配をなくし，若年・壮年層と未来の子どもの経済的負担を軽減しながら，安定的な公的年金を保障するために「基礎年金導入計画」を確定した。

　まず重要な点は，これまで使用されていた「国民幸福年金」という用語が使われなくなり，「基礎年金」と名称が変更されたことである。これは，議論されてきた国民幸福年金ではなく，性格の異なる年金制度が導入されることを意味する。

　そして国民幸福年金については，65歳以上の全員に最大20万ウォンを支給するとしていたが，対象者からは，生活が相対的に豊かな者は除かれ，65歳以上の70%に限定されることとなった。なお，現行の基礎老齢年金は，65歳以上の70%に支給されている。よって，支給対象面からは「基礎年金」は現行の制度と差がない。

一方，支給額は現行制度とは異なる。現行制度では，国民年金加入者の直近3年間における平均所得月額，いわゆるA値の5％が上限額として支給されることとなっている。具体的には2013年度には，単身世帯で9万7,100ウォン（1万2,413円）が上限額である。よって「基礎年金」では，上限額が概ね倍になる。

ただし，「基礎年金」による負担は，現行の基礎老齢年金と比較して長期的には高まらない。政府は，現行の基礎老齢年金と「基礎年金」について，人口1人当たりの税負担額を試算している[74]。この結果によれば，2040年における人口1人当たりの税負担額は，「基礎年金」の方が，現行の基礎老齢年金より小さい。このような結果となった理由としては，「基礎年金」の上限額は20万ウォンと現行の基礎老齢年金より高いものの，65歳以上の者すべてがこの額を受け取れるわけではないことが挙げられる。「基礎年金」では，国民年金などの所得がある者については，上限からある程度減額された金額が支給される。この結果，「基礎年金」は，支給上限額が低い現行の基礎老齢年金と比較しても，財政に負担をかけないことが予想される。

このように，社会保障拡充策の目玉のひとつともいえる国民幸福年金は，「基礎年金」に軌道修正された。韓国の大統領の権限は強い。その大統領が主張した，「ささやかな社会保障拡充」も軌道修正を迫られた背景のひとつとして，負担増に対する抵抗感を挙げることができる。

社会保障を拡充しなくても，高齢化による社会保障費の自然増のため，将来的に国民負担率が高まることは避けられない。よって最終的に大統領も，将来的な国民負担をさらに高めてまで，社会保障を拡充すべきとまでは国民は考えていないと判断したのではないかと思われる。

---

[74] 保健福祉部「14年7月，上位30％を除外した65歳以上の大部分の老人に20万ウォンの基礎年金を支給」（報道資料：2013年9月15日）。

第4節　社会保障の拡充と実現の困難さ

◆ 均衡財政の放棄による負担の先送りも困難

　国民の負担を当面高めないで社会保障を拡充するためには，増税はせずに社会保障支出を高める方法がある。この方法を採用すれば，堅持してきた均衡財政は崩れ，財政赤字が発生する。財政赤字により発行される国債は，将来世代が返済するのであるから，負担の先送りに過ぎない。しかし，現時点での負担を引き上げずに，社会保障を拡充できることから，この方法が選択される可能性はある。

　しかしこの選択肢は韓国の現状から見て難しい。韓国では財政の悪化に対する拒否反応が強い。この要因として，財政の悪化が通貨危機を招きかねないことを挙げることができる。1997年に韓国は通貨危機に陥ったが，これは経常赤字が積み上がったことが遠因となっている。経常赤字は外国からの資金流入でファイナンスしていたが，突然資金が逆流したことから外貨準備が枯渇してしまい，通貨危機が発生した。通貨危機を引き起こした経常赤字は，企業部門の過剰投資によりISバランスが崩れたことが原因であったが，財政赤字はやはりISバランスを崩し経常赤字をもたらす。

　経常収支の決定メカニズムについては様々なアプローチがあるが，国内部門の資金過不足の変化からISバランスを見てみよう。国内部門は金融，政府，企業，個人の大きく4つの部門に分けることができ，国内部門の資金過不足の合計は海外部門の符号を反転した数値となる。そして資金不足の場合は投資超過，資金過剰の場合は貯蓄超過となる。

　まず海外部門の動きを見ると，危機以前は資金過剰で推移したが，危機以降は逆に資金不足に転じた（図4-8）。海外部門の資金過剰は経常収支の赤字，資金不足は経常収支の黒字を意味し，海外部門の資金過不足の基調変化は，経常収支の基調変化と整合的である。そしてその裏の動きとして国内部門が資金不足から資金過剰に転じているが，これをもたらした動きは企業部門の資金不足幅の縮小である。

　企業部門については，通貨危機以前は平均してGDP比で14％程度の資金不足で推移していたが，1998年以降は5％程度で推移するなど，資金不足が10％ポ

第4章　高齢化にともなう社会保障費増が財政に与える影響

(%)

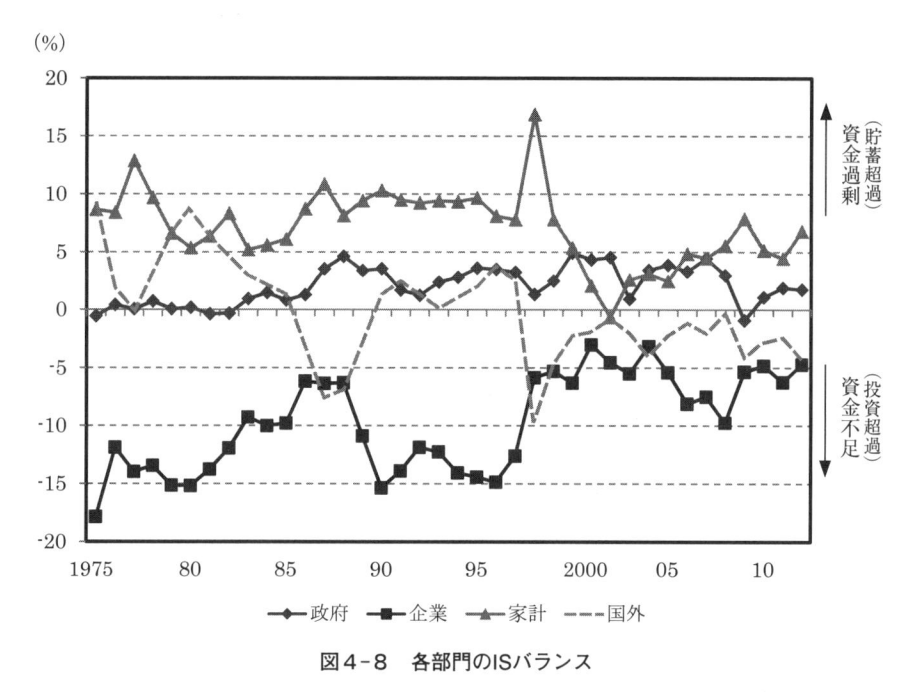

図中右側凡例：（貯蓄超過）資金過剰 ↑／（投資超過）資金不足 ↓

→◆→ 政府　→■→ 企業　→▲→ 家計　----- 国外

図4-8　各部門のISバランス

(出所) 韓国銀行データベースにより作成。

イント近く縮小した。他方，個人部門は1998年を除き9％程度の資金過剰で推移していたが，2000年に入ってから低下する傾向にあり，近年は5％程度で推移するなど，資金過剰幅が縮小した。

　通貨危機の遠因となった経常赤字は，企業の過剰投資にあるとの認識の下，通貨危機以降，政府は企業構造改革を行った。具体的には，負債比率を200％以下に抑制するように財閥企業を指導することなどで投資の抑制を図った。また過剰投資を防ぐため，銀行に対して財閥企業の財務状態の監視を義務づけた。これら努力によって企業部門の資金不足幅が大幅に低下した。

　均衡財政を放棄して財政赤字を発生させることは，政府部門の資金過剰が資金不足に転ずることを意味し，全部門の資金過剰幅を縮小させ，ひいては資金不足，すなわち経常赤字を招く可能性がある。これでは政府の努力により黒字

225

第4節　社会保障の拡充と実現の困難さ

を定着させた経常収支を，自ら再び赤字に戻すこととなり，通貨危機が再来するリスクを高めることとなる。よって政府はもとより，国民レベルでも財政赤字に対する拒否反応が強い。

終 章

　本書では韓国の社会保障制度について，社会保険に分類される国民年金，国民健康保険，公的扶助に分類される基礎生活保障に対象を絞り分析した。さらに社会保障に大きく影響を及ぼす高齢化，また高齢化を背景とした社会保障支出の増大が財政に与える影響について検討した。

　そのうえで，本書では，①韓国の社会保障は整備されている，②社会保険は「低福祉・低負担」で特徴づけられる，③公的扶助は私的扶養の機能を重視しているなどの特徴を有する，④社会保障を適正に提供できる仕組みが整備されている，⑤日本が目指している制度を韓国で導入している例，またその逆の例がある，⑥現状の低福祉を維持すれば，高齢化率が40%となっても中負担で抑えられる，の6点を結論として示したい。

第1節　社会保障制度は整備されている

　社会保障制度が整備されているか否か判断するためには，何をもって社会保障制度が整備されているか示すことが必要である。基準のひとつとして被保障者の範囲が国民全体に及んでいることが考えられる。日本の社会保障制度の変遷において，「国民皆保険・皆年金」の実現はひとつの到達点として捉えられることが多い[1]。また当然のことであるが，社会保障制度が見直される際，保障

1　例えば，厚生労働省が公表した『平成24年版　厚生労働白書』では，「国民皆保険・皆年金が実現」との表現を使っており（平成23年版でも同様の表現が使われている），全国民が年金保険や医療保険の対象となることがひとつの目標として捉えられていたことが推察される。また堀（2004：89-90）も，「国民年金の達成」，「国民皆保険の実現」と記している。

の水準が議論となっても,「国民皆保険・皆年金」の維持は大前提とされている。

韓国において「国民皆保険・皆年金」は,年金保険,医療保険とも達成されている。年金保険は1988年に導入され[2],1999年に国民皆年金が実現した。また医療保険は,一部なりとも加入が強制されるなど実質的な導入は1977年であり,国民皆保険は1989年に達成された。さらに公的扶助の対象範囲については,1999年までの生活保護制度の下では,年齢など外形的な基準によって判定される生活無能力者に限定されていた。しかし,2000年における基礎生活保障制度の導入により,生活能力の有無にかかわらず生活が困窮した者に対象範囲が広げられた。よってこの基準からは,実現の時期こそ遅れたものの,韓国の社会保障制度は整備されているといってよいだろう。

社会保障の水準に関して,堀(2004:50)は,「人間の生存が維持される水準である必要があることは異論がないとしても,それを超えてどの程度にするかは,結局これも国民の合意によるほかない」としている。よって公的扶助によって最低限の保障がなされていることも,社会保障整備の基準のひとつと考えられる。しかし韓国では,1998年まで最低生活を維持するために必要な基準(韓国では最低生計費)が示されず,給付水準は最低生計費を下回った状態が続いてきた。そして1999年になって,ようやく,最低生活を営むために必要な飲食物費や衣類など個々の品目を積み上げて算出する方法(マーケット・バスケット方式)で最低生計費が算出されるようになった。そして,この方式で算出される最低生計費は,絶対額で日本と大きな差はなくなっている。

また,2007年における社会扶助受給者の純所得を国際比較した研究を見ると,単身世帯については,韓国は中位所得の30%程度であり,OECD加盟国の29カ国中14番目に位置する。夫婦および子が2人の世帯では中位所得の40%程度であり10番目に位置する[3]。つまり,韓国では公的扶助によって最低限の保障はな

---

2 公務員年金など一部職域年金は,1960年代から順次導入されていた。
3 Immervoll(2009)12-13ページによる。なおOECD加盟国の29カ国における順位は,住宅関連の給付を含まない数値による。

されていると考えられる。

以上から判断すれば，実現の時期は遅れたものの，韓国の社会保障制度は整備されたといってもよいだろう。

第2節　社会保険は「低福祉・低負担」

韓国の社会保険は，年金保険，医療保険とも「低福祉・低負担」である。まず年金保険の給付であるが，未だに制度が成熟していないため，現在の水準をもって低福祉とはいえない。注目すべきは所得代替率である。韓国では制度発足当初は70％といった高水準の所得代替率であった。しかし財政計算の結果，年金が持続可能ではないとされたことを受け，1998年の「国民年金法」改正で，所得代替率が60％に引き下げられた。さらに2007年の「国民年金法」改正で，2008年に所得代替率を50％とし，さらに段階的に引き下げ，2028年には40％とすることとなった。他方，負担であるが，年金保険料は制定時の「国民年金法」に定められた9％から引き上げられていない。また公費が投入されていないため，税による負担もない。

これを日本と比較する。日本における所得代替率の見通しを，厚生労働省の年金財政ホームページより見ると，2004年度の59.3％から2023年度には50.2％に低下する。これは2004年の年金改正による低下である。一方，同改正により，保険料率は2004年度の13.58％から段階的に引き上げられ，2017年度には18.3％となることが決まっている。また基礎年金の国の負担を3分の1から2分の1に引き上げることで，税による負担も高まった。つまり，韓国の所得代替率は日本より10％ポイント以上低く，保険料率も9％ポイント以上低く抑えられる。そして公費投入も考慮すると，日韓の負担の差はさらに広がる。

さらに国際比較を試みる。OECDによれば，2012年までに行われた改革を反映した年金給付の所得代替率を公表した。これによれば，義務加入年金の所得代替率はOECD加盟国平均で54.0％である。その中で韓国は，39.6％と34カ国中，

低い方から8番目である[4]。また2012年における公的年金の拠出率はOECD加盟国平均で総所得の19.6%であるが，韓国は9.0%と，数字が出ている25カ国中，低い方から2番目である[5]。つまり国際比較で見ても，韓国の負担と給付は低水準であるといえる。

なお韓国の年金保険は成熟していないため負担が小さいとも考えられる。しかし，支給年齢を67歳として，2025年までに保険料率を12.9%に引き上げれば，制度が成熟し高齢化が進んでも，年金保険は持続可能であることが推計されている。12.9%との数値は，2012年における公的年金の拠出率で見れば，低い方から5番目の水準である。つまり低福祉を維持すれば，年金制度が成熟した後も，比較的低負担の状況を維持できると考えられる。

次に医療保険である。給付についてであるが，医療保険の対象となるサービスに対する給付率は2010年で74.5%である[6]。日本の数値は83.8%であるため，韓国の給付率は日本より10%ポイント程度低い。外来を見ると，韓国では医院級の医療機関における自己負担率は30%である。しかし，医療機関の水準が上がるほど負担率が高くなるため，30%である日本と比較して，総じて自己負担率が高い。他方，入院については，韓国の自己負担率は20%であるが，日本は外来と同じく30%である。さらに薬局は日韓ともに30%である。よって自己負担率を見る限り，日韓で大きな差がつくとは考えられない。

一方で，韓国では原則として高齢者の自己負担率が引き下げられていないが，日本では75歳以上は10%，70〜74歳は20%に引き下げられている。よって，韓国で保険の対象となる医療サービスに対する給付率が低い主な理由としては，

---

[4] OECD（2013）135ページによる。厚生労働省によれば，このデータは，①20歳で労働市場に参入し，標準的な支給開始年齢までの間，平均賃金で就労した者が受け取る年金額である点，②2012年までに制度化され，段階的に導入される予定の改革については，すでに導入済みとして算定している点で留意が必要である（厚生労働省のホームページ上の資料である「OECD：Pensions at a Glance2013における年金給付の所得代替率について」による）。そして日本については，財政検証で示している所得代替率とOECDによる数値に乖離がある。

[5] OECD（2013）169ページによる。

[6] シンヨンソク（2012）139ページ表3-30による。

高齢者の自己負担率を引き下げていないことが挙げられる。

　さらに医療費の家計負担の国際比較を見る。OECDによれば，韓国における医療費の家計負担率は2011年で35.2%であり，OECD加盟国平均の19.8%より15%ポイント以上高い。ちなみに日本は2010年の数値で14.4%と，OECD加盟国平均より数値が低い[7]。この数値は，韓国において医療保険による給付水準が低いことを示している。韓国における医療費の家計負担率は，年々低下傾向にあり，給付水準は高まっている。しかし国際比較のうえでは，依然として低福祉といえよう。

　次に負担である。韓国における被用者に対する医療保険の保険料率は，2013年で5.89%であり，毎年高められている。しかし日本では，組合管掌健康保険が平均で8.635%，全国健康保険協会管掌保険は9.787%であり，韓国の保険料率は日本と比較して低水準である。また被用者以外についても韓国における保険料の方が低い。さらに税による負担も見ると，日本では保険料収入の62%に相当する公費が医療保険に投入されているが[8]，韓国では，保険料予想収入の20%に相当する公費の投入にとどまっている。つまり韓国の医療保険は，日本と比べて保険料負担が低水準であり，公費による負担も小さく，総じて低負担といえる。

　以上から，韓国の医療保険も「低福祉・低負担」といえるが，高齢者に対する自己負担率が引き下げられていないことが，全体で見た給付水準を低めていると考えられる。

第3節　公的扶助は扶養能力のある扶養義務者が存在すれば受給不可

　韓国の公的扶助制度である基礎生活保障には，最低水準の生活を保障する仕

---

[7] 保健福祉部・延世大学校医療・福祉研究所（2013）340ページでは，OECDのデータベースから得た経常医療費の家計負担率を掲載している。

[8] 首相官邸「社会保障制度関係参考資料」（第6回社会保障制度改革国民会議資料：2013年3月13日）33ページの保険料を，37ページの公費負担額の総計で除した数字である。

組みが整備されているといえる。この点においては日本も含めた国と違いがないが[9]，韓国では扶養義務者による扶養を優先する原則が強く貫かれている。

　第一に，扶養能力のある扶養義務者の存在が，基礎生活保障受給の欠格要件になるか否かについて，日韓比較してみよう。

　韓国では「国民基礎生活保障法」において，給与の基本原則として，扶養義務者の扶養は給与に優先して行われることを掲げている。そして，受給権者の範囲を，扶養能力のある扶養義務者が存在しない，また存在しても扶養を受けることはできない者で，かつ所得認定額が最低生計費以下である者に限定している。

　日本では，「生活保護法」に，民法に定める扶養義務者の扶養は，保護に優先して行われるものとするとされている。この優先については，親族による扶養がなされていれば公的扶助の必要性がなくなる結果，生活保護を受けることができなくなることを定めたに過ぎないとする「事実上の順位説」，扶養能力のある扶養義務者が存在すれば生活保護法上の保護の欠格要件となるとする「受給要件説」がある[10]。また嵩（2013：6）は，「扶養能力のある扶養義務者の存在のみで保護受給権を否定するわけではないが，扶養義務者の扶養義務が明確なケースでは，実際に扶養が履行されていなくても保護受給権が否定されることがある」点で，行政実務上の扱いは「事実上の順位説」と異なるとしている。

　そして内田（2004：291）は，「事実上の順位説」は「生活保護法」の解釈としては無理があり，公的扶養を優先させるべきであるなら法改正をすべきであるとしている。また嵩（2013：7）は，「事実上の順位説なのか行政実務上の解釈なのか，あるいはその他の解釈なのかという問題は，原理的に公的扶養と私的扶養とをいかに位置づけるのかという問題に行き着くように思われる」としている。

9　無論，社会保障制度が整備されている国との意味である。
10　内田（2004）291ページによる。

嵩（2013：7）は，日本における公的扶養と私的扶養の位置づけについて，「生存権保障を重視して公的扶養を原則として捉える立場に立つのか，あるいは私的扶養の意義・機能も重視する立場に立つのかにより，私的扶養優先の原則の解釈も異なる」としている。

　以上の考え方を含め日本においては，扶養能力のある扶養義務者が存在しないことが公的扶助を受給する要件か否かにつき，様々な見解がある。しかし韓国では，「国民基礎生活保障法」で，受給権者の範囲を定めた条文において，扶養能力のある扶養義務者の存在は基礎生活保障による給与の欠格事項とされていることから，日本のように解釈が分かれる余地はない。

　第二に，扶養義務者の範囲を見てみよう。韓国における扶養義務者の範囲は，直系一親等とその配偶者である。一方，日本は配偶者間，親子間，兄弟姉妹間およびその他の3親等内の親族である。なお，ヨーロッパ諸国を見れば[11]，フランス，イギリス，スウェーデンが，配偶者間および未成年の子に対する親，ドイツが配偶者間，親子間およびその他家計を同一にする同居者である。よってフランス，イギリスなどと比較すれば，日本や韓国はより広い範囲の親族に扶養義務を課している。

　このように韓国では，扶養能力のある扶養義務者の存在が，基礎生活保障受給の欠格要件になり，日本のように欠格要件になるか否か解釈が分かれることもない。さらにヨーロッパ諸国と比較して，扶養義務者の範囲が広い。そして，政府は行政実務において扶養義務基準を厳格に運用している。すなわち，扶養義務基準を，所得面および財産面から定め，この基準を超えた扶養義務者が存在する場合は，原則として受給の対象外となる。扶養能力がある扶養義務者が存在しても，扶養を受けられない場合は受給対象となる。しかしその際の給付に当たっては，扶養を受けられない要件を具体的に定めたうえで，厳格な調査および審査を行っている。

11　厚生労働省社会・援護局保護課「第2回部会等における委員の依頼資料」（第3回社会保障審議会生活保護基準部会資料：2011年6月28日）。

韓国では私的扶養を優先するとともに，扶養義務者の範囲もフランスなどの欧州諸国と比較して広い。しかし私的扶養の位置づけや扶養義務の範囲については，各国における家族のあり方により決められるものであり，これは韓国の社会保障が未整備であることを意味しないと考えられる。

　私的扶養は扶養制度全体が公的扶養に一元化されるための過渡的制度であるとの見解もある[12]。しかし，内田（2004：292-293）は，「家族が扶養しなくても税金で扶養してもらうことになると家族のつながりは弱いものになる」，「家族の扶養義務をそこまで希釈化するのが家族のあり方としてよいのかどうか，議論が必要である[13]」としている。日本や韓国においては，公的扶助制度の理想形が公的扶養への一元化にあるといったコンセンサスは得られておらず，私的扶養に一定の役割が期待されていると考えられる。

　以上を勘案すれば，韓国の公的扶助制度である基礎生活保障は，最低水準の生活を保障する仕組みが整備されているなか，扶養能力のある扶養義務者が存在すれば受給不可とされるなど，私的扶養が優先されるといった特徴を有しているといえる。

第4節　社会保障を適正に提供できる仕組みが整備されている

　社会保障制度が整備されていたとしても，これを適正に提供できる仕組みが整備されていなければ，不正行為の防止が十分になされず，真に手を差し伸べるべき人に対して社会保障を充実させることが難しくなる。この仕組みが整備されることの必要性については異論がないと考えられ，社会保障制度のインフラが整備されているか判断するうえで，ひとつの基準になる。

12　金疇洙・金相琀（2007：739）は，「私的扶養は扶養制度全体が公的扶養に一元化されるための過渡的制度であることを自覚して，イギリスやドイツでのように，生活困窮者に対しては扶養義務者の存否にかかわらず，まず公的扶養をして，その後に公的扶養機関から扶養義務者に求償できるようにするのが望ましい」としている（引用元の括弧内は省略した）。
13　引用元の括弧内は省略した。

日本では，正確な本人の特定ができず，真に手を差し伸べるべき人に対してセーフティネットの提供が万全ではなく，不正行為の防止や監視が必ずしも行き届かない状況にある[14]。さらに，2011年7月11日に閣議に報告された「社会保障・税一体改革成案について」では，社会保障・税に関わる共通番号制度の早期導入を掲げており，これによって，国民の給付と負担の公正性，明確性を確保するとともに，行政のスリム化が可能になるとしている。

　日本では社会保障を適正に提供できる仕組みが十分ではないと考えられるが，韓国ではこの仕組みが整備されている。1962年に個人を特定するための共通番号，すなわち住民登録番号が導入された。当然のことながら社会保障にかかる行政手続きにおいてもこの番号が使われてきたが，特筆すべきは2010年に導入された社会福祉統合管理網であろう。このシステムにより，政府機関や金融機関などが所有している社会保障受給にかかる情報，所得および財産情報を得ることができ，情報も定期的に更新される。よって韓国では，受給資格がない者に対して，行政の見落しにより社会保障を支給することはないといってよい。また社会福祉統合管理網が導入されていなかった時代には，所得および財産情報を得るまでに日数がかかり，情報入手のために多大な労力を投入していたが，導入以降，時間や労力が大きく削減されることとなった。

　また基礎生活保障の医療給与においては，過大な医療サービスの提供や重複投薬などを防止するため，日数制限が導入されている。日数制限を超えた場合には，全額自己負担などの措置が取られるが，医療サービスにかかるデータを電算システム（社会福祉統合管理網とは別のシステム）で管理することで，措置を迅速に講ずることが可能になった。日数制限については，受給者が慢性疾患や難治性疾患を抱えている場合，疾患ごとに管理しなければならない。よって電算システムによる管理がなければ，正確かつ迅速な管理は期待できない。

　韓国では共通番号をフルに活用し，社会保障を的確に提供できる仕組みが整

---

[14]「社会保障・税に関わる番号制度についての基本方針」（2011年1月31日：政府・与党社会保障改革検討本部）による。

備されており，これによって，社会保障財源の適正な使用が実現している。低負担であるため財源が潤沢ではない韓国においては，社会保障財源の適正な使用によって，真に手を差し伸べるべき人に対して，少しでも手厚い保障を行うことができる環境にあるといえる。

第5節　日本が目指している制度を韓国が導入している例やその逆が存在する

　日韓の年金保険，医療保険，公的扶助の各制度を見ると，共通点が多く存在する。例えば年金保険については，両国とも修正賦課方式を採用しており，定期的に長期的な財政計算を行う仕組みも整っている。医療保険については，両国とも原則的にフリーアクセスであり，医院などの登録は必要ない。また本書では取り上げなかったが，保険の対象になる医療サービスについては，医療行為ごとに一律の診療報酬が定められている。さらに公的扶助についても，原則や扶助の種類など類似点が多い。

　しかし異なっている部分も少なくない。年金保険であれば，韓国では日本の第三号被保険者のような制度がない。専業主婦・夫は年金を受給できず，夫あるいは妻の老齢年金に定額扶養家族年金が支給されるに過ぎない[15]。また納付例外特例などにより保険料の支払いを免除されても，その間に対応する年金は受け取れず，年金加入期間にも算入されないため，無年金者が多く発生する環境にある。医療保険については，韓国では，入院，外来，薬局で自己負担率が異なり，外来は高度な医療機関になるほど自己負担率が高まるなど，一律である日本とは異なっている。

　さらに公的扶助は，韓国では外形的に労働能力があると見なされる者について，生計給与を受給するためには自活事業への参加が原則義務づけられている点，医療給与の自己負担額が比較的高めに設定されている点が日本と異なる。

15　離婚時には年金分割の制度がある。

また韓国では，財産評価額に一定の比率を乗じた額を所得に算入する。

　日韓の年金保険，医療保険，公的扶助の各制度については，似ている点，異なっている点があるが，一方が理想としている制度を他の一方が導入していることもある。まず日本が理想としている制度を韓国が導入している例である。日本では1984年から年金の一元化を目指してきた。しかしながら一元化は極めて緩やかなテンポで進んでいるに過ぎない。2015年10月に被用者年金は一元化する予定であるが，自営者など被用者でない者と被用者の年金が一元化する目途は立っていない。

　そのようななか，「社会保障・税一体改革成案について」では，「所得比例年金」と「最低保障年金」の組み合わせからなるひとつの公的年金制度にすべての人が加入する新しい年金制度の創設について，その実現に取り組むとしている。そして保険料方式の報酬比例年金，税方式の最低保障年金といった，新しい年金制度の基本構造を示している。一方，韓国では年金保険の発足当初から一元化しており，国民年金と基礎老齢年金をセットで考えれば，日本が目指している年金制度をすでに取り入れている[16]。

　次に韓国が理想としている制度を日本が導入している例である。年金保険について，韓国ではマクロ経済スライドの導入を検討しているが，未だに実現していない。一方で，日本では2004年の年金改正でマクロ経済スライドを導入している。

　つまり，日韓の社会保障制度は，日本が目指している制度を韓国が導入している例やその逆が存在するなど，お互い参考になる点があるといえよう。

第6節　低福祉により高齢化率40％時にも中負担

　現在のところ韓国の高齢化率は比較的低く，EUの平均値を6％ポイント以

---

[16] ただし韓国の基礎老齢年金の受給額は，日本の最低保障年金が想定している月額最高7万円と比較して，はるかに低水準である。また韓国では公務員年金など一部職域年金が国民年金とは別に存在する。

上下回っているが，2050年には逆に9％ポイント近く上回る。そして2060年には40.1％に達し，日本よりわずかではあるが高くなる。高齢化が進めば，制度に変更を加えなくても社会保障費が増加し，財源を確保するために国民負担を引き上げる必要がある。

　国民負担を高めずに国債などで財源を調達することも可能であるが，これは将来に負担を先送りしているに過ぎない。まさに日本の社会保障は，現在，巨額の後代負担を生みながら，財政運営を行っており，制度の持続可能性や世代間の公平の観点から問題とされている[17]。

　推計によれば，韓国では現状の低福祉を維持しても，負担を現在の水準で維持した場合，財政の持続可能性が損なわれる。しかし付加価値税の税率を10％から12％に引き上げる，年金保険料を9％から12.9％に引き上げる，年金の支給年齢を65歳から67歳に引き上げるといった負担増を受け入れれば，財政の健全性を保つことができる。また，現在における韓国の国民負担率はOECD平均より低いが，これを現在のOECD並みに引き上げることによって，韓国は今後の高齢化に対処できるとも見通されている。ただしこの前提条件は，社会保障を現状のように低福祉で維持することである。

　もちろん韓国が今後，中福祉を選択する可能性もある。現在の韓国は高齢化率がそれほど高くないが，今後，急激な高齢化とともに高齢者層の投票行動が選挙の結果に及ぼす影響が強くなる。よって高齢者に配慮して，年金保険の所得代替率の引き上げ，また医療保険については高齢者の自己負担率の軽減がなされる可能性がある。その場合は，増加する社会福祉の財源を国債など借金によりまかなうのではなく，保険料や税といった国民負担を高めると考えられ，「中福祉・高負担」になる。今後，韓国が「低福祉・中負担」となるのか，「中福祉・高負担」となるのかは，国民の選択にかかっているといえよう。

---

[17] 「社会保障制度改革国民会議報告書」（社会保障制度改革国民会議：2013年8月6日）は，この点を問題視したうえで，現在の世代が享受する社会保障給付について，給付に見合った負担を確保せず，その負担を将来の社会を支える世代に先送る状況を速やかに解消し，将来の社会を支える世代の負担ができる限り少なくなるようにする必要があるとしている。

終　章

　韓国の社会保障は「低福祉・低負担」であるが，低福祉との特徴ゆえに，あまり注目されてこなかった。しかし年金保険，医療保険，公的扶助を見る限り，制度面では整備されている。年金保険や医療保険は低福祉であり，公的扶助は扶養義務者による扶養を優先する原則が強く貫かれているが，これは国としての選択であり，韓国の社会保障が劣っていることを意味しない。

　日本と韓国は，ともに先進国の中で最も高齢化が進む国となる。これによって国民負担は高まることとなるが，負担をできる限り抑えるためには，福祉を切り下げざるを得ない。韓国では現在のところは，「低福祉・低負担」を選択しており，高齢化が進んでも低福祉を維持するかぎり，負担は中程度で抑えられる見通しである。日本の場合は，現在の福祉水準を維持するならば，高負担を避けることができないと考えられる。しかし国民が負担の抑制を望むのであれば，低福祉を選択せざるを得ない。その場合，韓国の社会保障が参考となる。

　また韓国には，社会保障財源を適正に使用するためのインフラが整備されており，真に手を差し伸べるべき人に対して，少しでも手厚い保障を行うことができる環境がある。これはどのような福祉水準を選択しようとも，日本が参考にすべき点である。

参考文献

〈日本語文献〉

浅羽祐樹（2013）『したたかな韓国』NHK出版新書.
阿藤誠（2000）『現在人口学』日本評論社.
井上誠一（2003）『高福祉・高負担国家スウェーデンの分析　21世紀型社会保障のヒント』中央法規.
内田貴（2004）『民法Ⅳ　親族・相続（補訂版）』東京大学出版会.
京極髙宣（2009）「社会保障財源と国民負担率」(国立社会保障・人口問題研究所編『社会保障財源の制度分析』東京大学出版会), pp.41-57.
金疇洙・金相瑢（2007）『注釈大韓民国親族法』日本加除出版.
健康保険組合連合会（2013）『図表で見る医療保障　平成25年度版』.
司空壹（1994）(渡辺利夫監訳・宇山博訳)『韓国経済新時代の構図』東洋経済新報社.
鈴木亘（2010）『財政危機と社会保障』講談社.
嵩さやか（2013）「社会保障と指摘扶養─生活保護における私的扶養優先の原則を中心に」(水野紀子編『社会法制・家族法制における国家の介入』有斐閣), pp.1-14.
高安雄一（2012）『隣の国の真実』日経BP社.
土居丈朗・中里透（2004）「公債の持続可能性」(井堀利宏編著『日本の財政赤字』岩波書店), pp.53-83.
堀勝洋（2004）『社会保障法総論［第2版］』東京大学出版会.

〈韓国語文献〉

カンシンムク 他［강신묵 외］（2013）『건강보험의 이론과 실제［健康保険の理論と実際］』계축문화사［癸丑文化社］.
健康保険政策研究院（2013）『2012년 보험료부담대비 급여비 현황 분석［2012年保険料負担対比給与費の現況分析］』.
国民年金公団（2012）『2012 국민연금 생생통계Silver Book［2012 国民年金いきいき統計Silver Book］』.
国民年金発展委員会（2003）『2003国民年金財政計算 및 制度改善方案［2003国民年金財政計算および制度改善方案］』.
国民年金運営改善委員会（2008）『2008国民年金財政計算国民年金運営改善方向』.
国民年金財政推計委員会・保健福祉部（2013）『제3차 국민연금재정계산 장기재정 전망 결과［第3次国民年金財政計算長期財政見通し結果］』.
国会予算政策処（2012）『2010～2060년 장기 재정전망 및 분석［2010～2060年長期財政見通しおよび分析］』.

参考文献

企画財政部（2011）『2011～2015년 국가재정운용계획［2011～2015年国家財政運用計画］』.
キムトゥソプ［김두섭］（2003）「인구의 성장과 변천［人口の成長と変遷］」（김두섭 외 편［キムトゥソプ 他編］『한국의 인구［韓国の人口１］』統計庁），pp.49-80.
キムムンギル 他［김문길 외］（2012）『2012년 빈곤통계연보［2012年貧困統計年報］』韓国保険社会研究院.
金美坤 他（1995）『生活保護対象者에 대한 補充給与制度導入方案［生活保護対象者に対する補充給与制度導入方案］』韓国保健社会研究院.
キムミゴン 他［김미곤 외］（2010）『2010년 최저생계비 계측조사 연구［2010年最低生計費計測調査研究］』韓国保健社会研究院.
キムソンスク 他［김성숙 외］（2008）『공적연금의 이해［公的年金の理解］』国民年金研究院.
金勝権（2003）［김승권：キムスンコン］「저출산의 원인과 안정화 대책［低出生の原因と安定化政策］」（韓国保健社会研究院『보건복지포럼［保健福祉フォーラム］』2003년 12월 통권 제 86호［2003年12月通巻第86号］），pp.6-21.
キムスンオク［김순옥］（2008）「국민연금 재정방식과 재정평가기준의 모색［国民年金財政方式と財政評価基準の模索］」（ムンヒョンピョ編［문형표 편］『공적연금제도의 평가와 정책과제（Ⅱ）［公的年金制度の評価と政策課題（Ⅱ）韓国開発研究院］』），pp.8-50.
キムウナ 他［김은하 외］（2013）『국민기초생활보장제도 부양의무자 규정 분석과 평가：가족주의（familialism）와 선별주의（selectivism）의 혼합과 그 한계［国民基礎生活保障制度扶養義務者規定分析と評価：家族主義（Familialism）と選別主義（selectivism）の混合とその限界］』2013년 사회정책연합 학술대회 발표자료［2013年社会政策連合学術大会発表資料］.
キムテウァン 他［김태완 외］（2010）『기초생활보장제도 생계보장 평가 와 정책방향［基礎生活保障制度生計保障の評価と政策方向］』韓国保険社会研究院.
キムテウァン 他［김태완 외］（2011）『기초생활보장제도 재정평가 및 재정추계 기본모형 개발연구［基礎生活保障制度財政評価および財政推計基本モデル開発研究］』韓国保健社会研究院.
キムテホン［김태헌］（2005）「가치관 변화와 저출산［価値観の変化と低出産］」（韓国保健社会研究院『보건복지포럼［保健福祉フォーラム］』2005.4），pp17-24.
大韓民国政府（2004）『2005-2009 국가재정운용계획［2005-2009年国家財政運用計画］』.
大韓民国政府（2006）『제1차 저출산・고령사회 기본계획［第1次低出産・高齢社会基本計画］』.
大韓民国政府（2011）『제2차 저출산・고령사회 기본계획［第2次低出産・高齢社会基本計画］』.

ムンサンシク・キムミョンジュン［문상식・김명중］（2013）『국민건강보험론［国民健康保険論］』보문각［宝文閣］.
ムンジンヨン［문진영］（2010）「빈곤과 공공부조제도―기초보장 10년의 평가와 전망―［貧困と公共扶助制度―基礎補償10年の評価と見通し―］」（韓国社会政策学会『2010年度韓国社会政策学会秋期学術大会資料集』），pp.107-128.
閔載成 他［민재성 외：ミンジェソン 他］（1986）『国民年金制度의 基本構想과 経済社会波及効果［国民年金制度の基本構想と経済社会波及効果］』韓国開発研究院.
朴純一 他［박순일 외：パクスニル 他］（1994）『最低生計費計測調査研究』韓国保健社会研究院.
朴宗淇［박종기：パクジョンギ］（1979）『韓国의 保険財政과 医療保険［韓国の保険財政と医療保険］』韓国開発研究院.
朴宗淇 他［박종기 외：パクジョンギ 他］（1981）『社会保障制度改善을위한 研究報告書［社会保障制度改善のための研究報告書］』韓国開発研究院.
パクイルス・イドンホン［박일수・이동헌］（2010）「건강보험 중・장기 재정전망 연구［健康保険中・長期財政展望研究］』健康保険政策研究院.
朴讚用 他［박찬용 외：パクチャンヨン 他］（1998）『最低生計費計測模型開発』韓国保健社会研究院.
保健福祉部（2010）『사회복지통합관리망 백서［社会福祉統合管理網白書］』.
保健福祉部（2012a）『2011 보건복지백서［2011保健福祉白書］』.
保健福祉部（2012b）『2012 주요업무참고자료［2012重要業務参考資料］』.
保健福祉部（2013a）『기초노령연금사업안내［基礎老齢年金事業案内］』.
保健福祉部（2013b）『2013년 국민기초생활보장사업 안내［2013年国民基礎生活保障事業案内］』.
保健福祉部（2013c）『2013 의료급여사업안내［2013医療給与事業案内］』.
保健福祉部（2013d）『2013 자활사업안내［2013自活事業案内］』.
保健福祉部（2013e）『2013 희망리본사업안내［2013希望リボン事業案内］』.
保健福祉部・延世大学校医療・福祉研究所（2013）『2011년 국민의료비 및 국민보험계정［2011年国民医療費および国民保険勘定］』.
保健福祉部・韓国保健社会研究院（2010）『국민기초생활보장제도 10년사［国民基礎生活保障制度10年史］』.
徐相穆［서상목：ソサンモク］（1979）「貧困人口의 推計와 属性分析 ［貧困人口の推計と属性分析］」（韓国開発研究院『韓国開発研究』第1巻第2号），pp.13-30.
徐相穆［서상목：ソサンモク］（1980）「公的扶助事業의 現況과 改善方向［公的扶助事業の現況と改善方向］」（韓国開発研究院『韓国開発研究』第2巻第4号），pp.78-94.
成樂寅［성악인：ソンアクイン］（2011）『憲法学（第11版）』法文社.
シンオンハン［신언항］（2007）「한국건강보험법 시행 30년의 역사와 과제［韓国健康保険法施行30年の歴史と課題］」（大韓医療法学会『의료법학［医療法学］』第8巻제

2号［第8巻第2号］), pp.9-35.
シンヨンソク［신영석 외］(2012)『보건의료체계의New Paradigm구축 연구［保険医療体系のNew Paradigm 構築研究］』韓国保健社会研究院.
ヤンジェジン［양재진］(2008)「한국복지정책 60년［韓国福祉政策60年］」(韓国行政学会『한국행정학보［韓国行政学報］』제42권 제2호［第42巻第2号］), pp.327-349.
呂珊眞 他［여유진 외：ヨユジン 他］(2003)『国民基礎生活保障制度 扶養義務基準改善方案研究』韓国保健社会研究院・保健福祉部.
延河清・閔載成［연하청・민재성：ヨンハチョン・ミンジェソン］(1982)『国民経済와 福祉年金制度［国民経済と福祉年金制度］』韓国開発研究院.
延河清・孫先永［연하청・손선영：ヨンハチョン・ソンソンヨン］(1986)『医療保険拡大改善方案』韓国開発研究院.
オヨンス［오영수］(2011)「국민건강보험에 대한 정부지원 개선방안［国民健康保険に対する政府支援改善方案］」(保険研究院『KiRi Weekly 2011.5.9』), pp.2-10.
医療保険管理公団 (1997)「保険給与費増加要因分析—85～96년 주요제도 변화를 중심으로—［保険給与費増加要因分析—85-96年重要制度変化を中心に—］」(医療保険管理公団『최근의 의료동향［最近の医療動向］』136), pp.1-21.
医療保険連合会 (1997)『医療保険의 발자취［医療保険の足跡］』.
イサムシク 他［이삼식 외］(2005a)『저출산 원인 및 종합대책 연구［低出産の原因および総合対策研究］』低出生・高齢社会委員会 保健福祉部 韓国保健社会研究院.
イサムシク 他［이삼식 외］(2005b)『2005년도 결혼 및 출산 동향조사［2005年度全国結婚および出産動向調査］』低出生・高齢社会委員会 保健福祉部 韓国保健社会研究院.
李相潤［이상윤：イサンユン］(2012)『社会保障論』法文社.
イチェジョン［이채정］(2013)『기초생활보장사업 평가［基礎生活保障事業評価］』国会予算政策処.
チョンガンヒ［전광희］(2003)「한국의 출산력 변천：추이와 예측［韓国の出産力の変遷：推移と予測］」(統計庁『통계연구［統計研究］』제8권제1호［第8巻第1号］), pp33-58.
チョンギョンヒ 他［정경희 외］(2012)『2011년도 노인실태조사［2011年度老人実態調査］』保健福祉部・韓国保健社会研究院.
チョンボクラン 他［정복란 외］(1990)『생활보호제도 개선방안에 관한 연구［生活保護制度改善方案に関する研究］』韓国保健社会研究院.
チェソンウン 他［최성은 외］(2009)『2009 사회예산 분석［2009社会予算分析］』韓国保健社会研究院.
チェソンウン 他［최성은 외］(2012)『2012 사회예산 분석［2012社会予算分析］』韓国保健社会研究院.

崔秉浩 他［최병호 외：チェビョンホ 他］（1995）『国民年金制度의 農漁村地域適用現況과 定着方案［国民年金制度の農漁村地域適用現況と定着方案］』韓国保健社会研究院.
統計庁（2001）『장래인구추계2000～2050［将来人口推計 2000～2050］』.
統計庁（2006）『장래인구추계 2005～2050［将来人口推計2005～2050］』.
韓国開発研究院（1982）『医療保険拡大改善方案―政策協議会資料―』.
韓国開発研究院（1991）『韓国財政40年史　第4巻　財政統計（1）』.
韓国開発研究院（2010a）『한국경제 60년사 Ⅰ―경제일반―［韓国経済60年史Ⅰ―経済一般―］』.
韓国開発研究院（2010b）『한국경제 60년사 Ⅴ―사회복지・보건―［韓国経済60年史Ⅴ―社会福祉・保健―］』.
韓国保健社会研究院（2005）『사회보험사각지대 해소방안 연구［社会保険死角地帯解消方案研究］』.
韓国保健社会研究院（2013）『국민기초생활보장제도의 맞춤형 급여체계 개편방안［国民基礎生活保障制度のあつらえ型給与体系改編方案］』.
ヒョンウェソン［현외성］（2008）『한국사회복지 법제론［韓国社会福祉法制論］』（제5판［第5版］）양서원［ヤンソウォン］.

＜英語文献＞

Choi, Kwang and Soonwon Kwon（1997）"Social Welfare and Distribution Policies", *The Korean Economy 1945-1995: Performance and Vision for the 21st Century*, Korea Development Institute, pp.541-585.
Immervoll, Herwig（2009）"Minimum-Income Benefit in OECD Countries：Policy Design, Effectiveness and Challenges", *IZA Discussion Paper Series No.4627*, Forschungsinstitut zur Zukunft der Arbeit.
Kim, Kwang and Suk, Joon-Kyung Kim（1997）"Korean Economic Development: an Overview", *The Korean Economy 1945-1995: Performance and Vision for the 21st Century*, Korea Development Institute, pp.3-56.
OECD（2013）"Pensions at a Glance 2013".

索　引

あ 行

ISバランス　224
育児休暇　200, 201
育児休暇給与　201
移行給与特例制度　166
遺族年金　51
1種受給権者　131
1種保護対象者　129
医療給付　85, 131
医療給与　122, 127
医療給与資格管理システム　139
医療給与上限日数　135
医療給与総合情報支援システム　139
医療保険　16
医療保険組合　73
医療保険の給付対象　93
医療保険法　4, 73
医療保護　127
医療保護法　128
インターン・援助型事業　162
A値　44, 61

か 行

家計負担率　90, 231
家族関係登録簿　154
家族計画事業　190
加入月数　46
韓国保健福祉情報開発院　153, 172
完全老齢年金　46, 54-55
管理対象収支　206
基準所得月額　42-44, 83
基礎生活保障　115

基礎生活保障費　176
基礎年金　222
基礎老齢年金　39, 59, 222
希望増加通帳　167
希望リボン事業　162
基本年金額　44
給付日数制限　91
給付率　230
教育費負担　196
均衡財政　205, 224
金融財産照会システム　153
金融性債務　203
軍人年金　40
軍服務クレジット　48
計測年　118
敬老年金　59
結婚行動　193
減額老齢年金　54
健康保険保障水準引き上げ方案　92, 94
厚生国報第3号　101
公的移転所得　217
公的扶助　16
公的扶養　232
購買力平価　18
公費投入　69, 229
公務員年金　40
公約会計簿　221
高齢化　22
高齢化社会　184
高齢化率　14, 184, 237
高齢社会　185

245

国債金利　　　212
国民医療保険法　　　79
国民皆年金　　　9, 228
国民皆保険　　　7, 31, 78
国民基礎生活保障法　　　111
国民健康増進基金　　　96
国民健康保険　　　82, 132
国民健康保険医療給付の基準に関する
　　規則　　　85
国民健康保険公団　　　79, 81, 95
国民健康保険財政　　　97
国民健康保険の長期財政見通し　　　99
国民健康保険法　　　79, 96
国民幸福に向けたあつらえ福祉　　　220
国民幸福年金　　　220, 222
国民年金基金　　　67
国民年金公団　　　41, 67
国民年金法　　　29, 39
国民福祉年金法　　　26
国民負担率　　　10, 22, 215
個人医療費　　　89
国会予算政策処　　　208
国家財政運営計画　　　207
国家債務　　　23, 203, 209

さ行

財産基準　　　125
財政安定化　　　64
財政計算　　　63, 236
財政自立度　　　175
最低生計費　　　116, 228
産前・産後休暇　　　199
自営者組合　　　74
支援対象者率　　　112
支援対象者数　　　112
私学年金　　　40
自活事業　　　161

自活奨励金　　　165
自活成功率　　　163
自活特例制度　　　166
自活保護　　　105
自活保護対象者　　　105
支給率　　　44, 49
事業所加入者　　　41
事業所組合　　　74, 75
自己負担率　　　86, 93, 130, 132, 230
事実関係復命書　　　157
市場為替レート　　　18
市場進入型事業　　　162
私的移転所得　　　217
私的扶養　　　232
社会サービス型事業　　　162
社会福祉統合管理網　　　150, 170, 235
社会保険　　　16
社会保障支出　　　10, 14
社会保障指数　　　175
就業適性評価　　　162
就職成功パッケージ事業　　　163
修正賦課方式　　　42, 62, 236
住宅給与　　　122
重複投薬制限　　　136
住民登録番号　　　151, 169, 235
受給標準世帯　　　118
受給率　　　56
出産クレジット　　　48, 198
出産行動　　　195
出産女性再就職奨励金　　　200
出生抑制政策　　　190
条件付き受給者　　　159
少子化対策　　　198
乗数　　　46
消費税率　　　17
将来人口推計　　　186
職域年金　　　40

職業訓練	106	第3次医療機関	86
職場加入者	83	第3次経済開発五カ年計画	5
職場組合	79	第7次経済社会発展五カ年計画	31
所得換算額	126	第2次医療機関	86
所得代替率	13, 30, 40, 46, 64, 229	第2次経済開発五カ年計画	4
所得認定額	125	第2次低出産・高齢社会基本計画 201	
署名書	157	第2種被保険者	75
自立支援計画	162	第2種組合	79
人口減少	211	第4次経済開発五カ年計画	5
人口増加抑制対策	191	第6次経済社会発展五カ年計画	192
人口置換水準	188	脱受給率	163
人工妊娠中絶	191	地域医療保険パイロット事業	77
生活実態調査	118	地域加入者	42, 83
生活必需品	119, 121	地域組合	75, 79
生活保護法	4, 102	地方生活保障委員会	116, 147, 157
生活無能力者	103, 111	地方負担率	175
生業資金融資	106	中位所得	121, 179, 228
生計給与	122, 179	中位推計	186
生計給与対象者数	114	長期財政見通し	33
生計給与対象者率	114	長期滞納者	59
生計保護	108	超高齢社会	185
政府支援金	96	朝鮮救護令	101
絶対的貧困率	218	朝鮮戦争	2, 101, 187
全額自己負担措置	137	通貨危機	224
全加入期間平均基準所得月額	46	積立金	32, 40, 63, 68, 210
全加入者平均基準所得月額	44	定額部分	33, 41
潜在成長率	211	低出産・高齢社会基本法	198
租税負担率	183, 215	定年規制	53
		低福祉・低負担	12, 17, 229, 239
た 行		適用除外制度	37
第1次医療機関	86	統合財政収支	205
第1次経済開発五カ年計画	3, 189	洞地域	86
第1次低出産・高齢社会基本計画 48, 198		同等化指数	118
第1種組合	79	特例老齢年金	54
第1種被保険者	75	都市地域	31, 78
第5次経済社会発展五カ年計画	28		

247

な行

2種受給権者　131
2種保護対象者　129
任意加入者　42
任意組合　77
年金死角地帯　36
年金支給開始年齢　53
年金支払金　67
年金保険　16, 25
年金保険料　40, 67
農漁村地域　31, 77
納付例外者　43, 59
納付例外制度　37

は行

晩婚化　194
B値　46
非計測年　117
非正規職　195
1人当たりGDP　18
不正受給　173
扶養家族年金額　44, 51
扶養義務基準　141, 148, 180
扶養義務者　141, 232
扶養義務者確認調査　155
扶養能力　143
分割年金　51

平均初婚年齢　193
ベビーブーム　187
報酬比例部分　33, 41
保険者　79
保険料収入　96
保険料徴収率　44
保険料賦課点数　84
保険料方式　69
保険料予想収入額　96
保険料率　32, 64, 83
保障機関　115
本人負担上限制　88

ま行

マクロ経済スライド　52, 237
マーケット・バスケット方式　118
未婚率　195

や行

邑面地域　86

ら行

零細民　103
零細民就労事業　105
労働維持型事業　162
労働の非正規化　194
老齢年金　54

【著者紹介】

高安　雄一（たかやす・ゆういち）

大東文化大学経済学部教授
1966年広島県生まれ。
1990年一橋大学商学部卒，2010年九州大学経済学府博士後期課程単位修得満期退学。博士（経済学）。
1990年経済企画庁に入庁。在大韓民国日本国大使館一等書記官，筑波大学システム情報工学研究科准教授などを経て，2013年より現職。専門は韓国経済論。著書に『韓国の構造改革』（2005年：NTT出版），『TPPの正しい議論にかかせない米韓FTAの真実』（2012年：学文社），『隣の国の真実 韓国・北朝鮮篇』（2012年：日経BP社）などがある。

韓国の社会保障
──「低福祉・低負担」社会保障の分析──

2014年3月10日　第1版第1刷発行

著者　高安　雄一

発行者　田中　千津子

発行所　株式会社 学文社
〒153-0064　東京都目黒区下目黒3-6-1
電話　03（3715）1501代
FAX　03（3715）2012
http://www.gakubunsha.com

印刷／シナノ印刷株式会社

©Y. Takayasu 2014 Printed in Japan
乱丁・落丁の場合は本社でお取替します。
定価は売上カード，カバーに表示。

ISBN 978-4-7620-2435-1